フランス教会に見る光の聖書

新装版 ステンドグラスの絵解き

志田政人

日貿出版社

はじめに

　フランス国内の、市町村に点在する教会や礼拝堂の総数はあまりに多く、正確に知ることはできないが、少なくとも2001年現在、モニュマンイストリック（文化財）指定を受けている教会堂の数は、大聖堂も含めて13,270ある。このほかに個人が所有する礼拝堂や城、美術館、博物館などを含めた数は膨大なものになる。もちろんその全てに、素晴しいステンドグラスが残っているわけではないが、私が、どうしても取材したいと考える教会は約2,000カ所ある。その中で今日まで、20数年かけて約900教会のステンドグラスを取材し写真におさめてきたが、本書はその資料を、キリスト教図像学の観点で分類整理し一冊の本にまとめたものである。

　私自身、一人のステンドグラス作家であり、制作者としての観点で集めた資料は学術的には偏ったものであり、各時代を代表する有名な作品や、名所となっている大聖堂、ツアーにも組み込まれているような美術館のステンドグラスなどは、本書ではあまり登場しない。それらのステンドグラスは確かに素晴しいものであり、フランス政府が、税金を投じて大切に保存修復してきた名作である。一つの芸術様式を代表するものや、新しい様式への分岐点となる作品は、多くの優秀な学者達に研究されており、日本語や英語での解説書が、たくさん出版されている。

　しかし私にとって、ある意味では信仰にも近いステンドグラスへの想いは、違った価値観となって存在している。資料や写真として残る物だけではなく、心の中心にしっかりと刻み込まれる、ステンドグラスとの出会いが最高の財産である。

　この本を書くにあたって最も考慮したことの一つに、どの程度、基本的な解説を加えるべきかという点である。

　私の仕事から、周りにいる人々は、造ることも含めてステンドグラスが好きな人、クリスチャンであったり、宗教芸術に興味を持っている人、海外旅行が好きで、ヨーロッパの街を歩きながら、ふと目にとまった教会を訪れたりする人などが多く、そこでの常識とは必ずしも、一般的に知られている事ではないようである。

　私が講演会などで、多くの人と話をして気付いた事は、キリスト教美術や聖書について、意外と知られていない、もしくは勘違いしている人が多い点が幾つかあり、それによって更なる間違いが生ずるケースが多いことである。

　例えば、「ノートル・ダム大聖堂」とか「ノートル・ダム寺院」と言ったときに、パリのシテ島にそびえ建つあの、大聖堂を連想する人が多いが、それは、ほんの80キロ程西に行けばシャルトルのノートル・ダム大聖堂をさし、シャンパーニュ地方ではランスの、ノルマンディー地方ではルーアンやエヴルーの、アルザス地方ではストラスブール、というように各地に存在している。つまり、「ノートル・ダム」（聖母マリア）に捧げられた大聖堂が各地にある訳で、例えば聖ペトロ（仏名サン・ピエール）に捧げられた場合は「サン・ピエール大聖

堂」（ナント、ポワチィエ、トロワなど）、聖ステファヌス（仏名サン・テチィエンヌ）ならばサン・テチィエンヌ大聖堂（ブールジュ、リモージュ、メッツ、サンスなど）となる。ステンドグラスで有名な大聖堂だけを見ても、フランス国内26箇所にノートル・ダム大聖堂が存在している。

　大聖堂以外の教会や、修道院付属の聖堂（アバティアル）などを見ても、私が取材した教会の内、197が「ノートル・ダム教会」である※1。したがって、本文中の写真には、地名と教会名が記載されているが、たくさんの地域のノートル・ダム大聖堂及び教会が登場する。

　次に、キリスト教信者や、少しでもキリスト教に関わりのある人々にとっては、信じられないような、聖書に関わる勘違いが存在している事も事実である。

　ユダヤ教にとっての聖典は「旧約聖書」の部分のみで、キリスト教にとっての聖典は「旧約聖書、新約聖書」が一体となった聖書である。つまり旧約、新約と言う呼び方自体が、キリスト教から見ての呼び名であり、当然ユダヤ教徒は自分たちユダヤ人が神から授かった律法（聖典）※2を、旧約などとは呼ばない。

　一方キリスト教では、この部分（旧約）を神との古い契約と考え、それは救世主イエス・キリストの出現により成就された後、新しい契約（新約）が立てられたと信じられている。つまり旧約、新約の「約」は「訳」ではなく契約や約束の「約」なのである。

　そしてここからが、紛らわしい日本語の訳が原因と思われる勘違いであるが、学校の世界史の授業などで、16世紀マルチン・ルターらの宗教改革によって誕生する、プロテスタントをカトリックに対しての「新教」と呼んだために、その後、日常生活でキリスト教に関わりを持たない多くの人が、新教＝新約聖書の間違ったイメージを持ったのかも知れない。カトリックもプロテスタントも、この狭い日本に100以上あると言われる、キリスト教各派は全て同じ聖書を聖典としている。

　その他、キリスト教における天使と、ギリシャ神話のキューピットを混同している人や（p204）、カトリック教会の神父と、プロテスタント教会の牧師を同じに思っている人など、漠然と、この様な勘違いをしている人は意外に多いようだ。

　私などの、他の宗教に対する乏しい知識を考えても、この様な勘違いは当然の事と思われる。したがって本文中にも、できるだけ言葉（用語）の注釈を同頁内に入れるようにした。また、ステンドグラスについての解説で、特に他との区別に注意が必要なものについては（見分け方）として紹介した。

※1　大聖堂の数は中世から今日まで一定ではなく、一つの都市の旧市街と新市街で２つの大聖堂が存在している場合もあり、古いステンドグラスが残っていない所や、新しくできた所も含めると「ノートル・ダム大聖堂」と呼ばれるものは、はるかに多い。教会や、個人所有の礼拝堂（シャペル）などは、誰もその総数を把握できない程多い。
※2　紀元前11世紀頃から千年以上の歳月をかけてまとめられ、紀元2世紀の初頭ユダヤ教の聖典となる。

フランス教会に見る光の聖書
新装版　ステンドグラスの絵解き　目次

はじめに／2
ステンドグラスの歴史／6

第Ⅰ章　旧約聖書　　13

1. 天地創造　　16
2. アダムの創造　　18
3. エバの創造　　19
4. 誘惑　　20
5. 楽園追放　　22
6. 地上のアダムとエバ　　23
7. アベルを殺すカイン　　24
8. 方舟を造る　　25
9. 洪水　　26
10. ノアの泥酔　　28
11. バベルの塔　　29

アブラハムの物語　　30
12. 三天使の訪問　　30
13. ソドムとゴモラの滅亡　　32

イサクの物語　　33
14. イサクの犠牲　　33

ヤコブの物語　　35
15. ヤコブの夢　　35
16. ヤコブと天使の角力　　37

ヨセフの物語　　38
17. ヨセフの夢解き　　38

モーセの物語　　40
18. 救われる幼児のモーセ　　40
19. モーセと燃える柴　　41
20. エジプトの十の災い　　42
21. 紅海を渡るモーセ　　43
22. マナの拾集　　44
23. ホレブの岩　　45
24. 十戒を受けるモーセ　　46
25. 黄金の子牛　　48
26. サムソンの物語　　50
27. ダビデの物語　　51
28. ソロモンの物語　　52
29. ヨブの物語　　53
30. ダニエルの物語　　55
31. ヨナの物語　　56
32. トビアの物語　　57

取材の旅　　58

第Ⅱ章　新約聖書　　61

洗礼者聖ヨハネ　　64
マリアの物語　　66
1. 金門の邂逅　　66
2. マリアの誕生　　67
3. マリアの神詣で　　68
4. マリアの結婚　　69
5. 受胎告知　　70
6. 御訪問　　74
7. 聖霊降臨　　75
8. 聖母への死のお告げ　　76
9. 聖母マリアの御眠り（死）と戴冠　　77

キリストの生涯　　80
1. キリスト降誕　　80
2. 羊飼いへのお告げ　　82
3. マギの礼拝（三博士の礼拝）　　83
4. 割礼　　84
5. 神殿への奉献　　84
6. 幼児虐殺　　85
7. エジプトへの避難　　86
8. 少年時代のキリスト　　87
9. キリストの洗礼　　88
10. 試み　　89
11. 使徒の召命　　90
12. 大漁の奇跡　　91
13. カナの婚礼　　91
14. ラザロの蘇り　　92
15. パンと魚を増やす　　93
16. シモンの家での晩餐　　94
17. 放蕩息子のたとえ　　96
18. ラザロと金持ちの寓意　　98
19. 変容　　99

キリストの受難　　100
20. エルサレム入城　　100
21. 弟子の足を洗う　　101
22. 最後の晩餐　　102
23. ゲッセマネの園での苦悶　　104
24. ユダの接吻　　106
25. 嘲笑　　107
26. ピラトの前のキリスト　　108
27. 鞭打ち　　109
28. この人を見よ　　110
29. 十字架を負う　　111
30. 磔刑　　113
31. 十字架降下　　116

32. ピエタ	117
33. 埋葬	118
34. 復活	119
35. 我に触れるな	121
36. 不信のトマス	122
37. 昇天	123
最後の審判	124

第Ⅲ章　聖人伝　125

見分け方1	128
見分け方2	131
見分け方3	134
見分け方4	136
見分け方5	138
聖女アガタ	142
聖女アグネス	142
聖アドリアヌス	143
聖女アポロニア	144
聖アントニウス	145
聖女アンナ	146
聖アンブロシウス	147
聖イーヴ	147
聖ウィンケンティウス	148
聖女ヴェロニカ	150
聖エウスタキウス	150
聖エリギウス	152
聖女エリザベト	153
聖女カエキリア	154
聖女カタリナ	156
（聖）カルル大帝	157
聖クリストフォルス	158
聖クレメンス	160
聖大グレゴリウス	161
聖ゲオルギウス	161
聖女ジャンヌ・ダルク	163
聖ステファヌス	163
聖セバスティアヌス	165
聖ディオニシウス	166
聖ニコラウス	167
聖パウロ	169
聖女バルバラ	170
聖ヒエロニムス	171
聖ヒッポリトゥス	173
聖フベルトゥス	174
聖ブラシウス	175

聖フランチェスコ	176
聖女ヘレナ	177
聖マウリティウス	178
聖女エジプトのマリア	178
聖女マグダラのマリア	179
聖女マルガリータ	180
聖女マルタ	182
聖マルティヌス	183
聖ラウレンティウス	184
聖女ラデグンデス	185
聖ルイ（ルイ九世）	186
聖ロック	187

第Ⅳ章　その他の図像　189

四福音史家	190
十二使徒	192
1. 聖ペトロ	193
2. 聖大ヤコブ	194
3. 聖ヨハネ	195
4. 聖アンドレ	195
5. 聖バルトロマイ	196
6. 聖マタイ	196
7. 聖ピリポ	196
8. 聖トマス	196
9. 聖小ヤコブ	197
10. 聖シモン	197
11. 聖ユダ・タダイ	197
12. 聖マティア	197
聖パウロ	197
預言者	198
女預言者	199
エッサイの樹	200
葡萄にまつわる象徴	201
ヨハネの黙示録	202
天使	204
1. 大天使聖ミカエル	205
2. 大天使聖ガブリエル	206
3. 大天使聖ラファエル	206
4. 奏楽の天使	206
無原罪の御やどりの聖母	208
三位一体	209

フランス国内の収録教会等分布図／210
参考文献／214
あとがき／215

ステンドグラスの歴史

※1 現在知られている、焼き絵付け技法による絵画的なステンドグラスとして最古の作例が、ドイツのロルシュ修道院跡から発掘された作品【序-1】で、キリストの頭部ではないかと言われているが、その年代（9〜10世紀頃）とともにはっきりとした確証は無い。次にアルザス地方のヴィッセンブルグ出土の頭部【序-2】、さらにはアウグスブルグ大聖堂の預言者のパネル【序-3】と、ごく少ない作例があげられるが、これらの絵付け技術や表現から見て、これ以前に小規模ながらもしっかりとしたステンドグラスの初期段階があったものと考えられる。

キリスト教におけるステンドグラスの歴史は、現存している最古の作品が9〜10世紀頃の物[※1]であり、内容を論ずる事ができる程多くの作例が見られるのは、さらに後の12〜13世紀であるため、約一千年程でしかない。たったの千年という言い方に違和感を感じられるかもしれないが、図像学の観点で、キリスト教成立直後から始まる様々な研究において、カタコンベの壁に刻まれた文字や模様、その後制作される多くのレリーフやモザイクなどに比べて見た場合の印象である。

それぞれの時代を代表する作品を紹介して、全体の流れを理解してもらうのには膨大な資料と説明が必要なため、ここではテーマを一つに絞り、フランスの「聖母マリア」を描いた各時代の作品を参考に、ステンドグラス史の流れを簡単に説明しよう。

どんな芸術にも言える事であるが、それが時代の最先端を走っている時と、全く忘れ去られたかのような時がある。そういった意味でステンドグラスの最盛期とは、12世紀から13世紀にかけてのロマネスク後期〜ゴシック期にあると言える。

【序-4】はフランスのル・マンにのこる12世紀（1140〜45年頃）の聖母である。キリストの昇天を弟子たちと共に見上げるマリアの姿は、まさにフランスのロマネスクを代表する伸びやかなラインと幾何学的

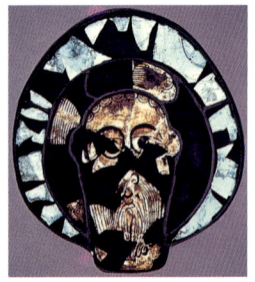

序-1　ロルシュ修道院出土の頭部
9〜10世紀頃
ダルムシュタット（Darmstadt）ドイツ
ヘッセン州立美術館所蔵

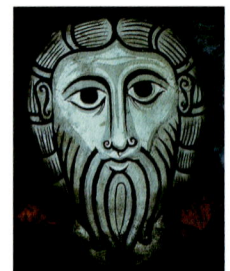

序-2　ヴィッセンブルグ出土の頭部
1070年頃
ストラスブール（Strasbourg）
ウーヴル・ノートル・ダム美術館蔵

序-3　ダビデ王　1100年頃
アウグスブルグ（Augsbourg）ドイツ
アウグスブルグ大聖堂

序-4　キリストの昇天を見守る聖母マリアと使徒　1140〜1145年頃
ル・マン（Le Mans）　サン・ジュリアン大聖堂

に見えるほど簡略化された、シャープなイメージの線描きにより構成されている。同じく12世紀の【序-5】は、ヴァンドームの聖母子像であるが、このアルカイックなイメージを持つ美しい作品も、ロマネスクの特長を備えた名作と言える。ル・マンの聖母にも見られる、布の襞を描いた線は、シャープなV字型をしており、必ずではないが、12世紀のロマネスクと、13世紀のゴシック作品を見分ける参考になる。

　13世紀の大聖堂は、まさにステンドグラスの独壇場と言えるほど、華やかな光につつまれていた。その仕掛人と言えるのがサン・ドニ修道院長シュジェール（p73）である。彼はフランスにおけるステンドグラスの発展に大きく貢献した。【序-6】は彼の理念に基づいて、フランス、ゴシック建築の幕開けとなるパリ郊外のサン・ドニ教会（1144年）にのこる、受胎告知の聖母マリアである。制作年代は前記の2点と同時期であるが、この最先端と言える技法では、すでに布の線がなめらかな曲線で描かれ、窓の分割や、作品の配置などは建築様式としてのゴシックとともに、次世代のステンドグラスに伝えられていった。

　【序-7】や【序-8】は典型的な13世紀スタイルで制作された受胎告知の聖母マリアで、メダイヨンと呼ばれる丸や、様々なかたちのパネルを組み合わせて構成する窓が流行した13世紀の特長をそなえている。

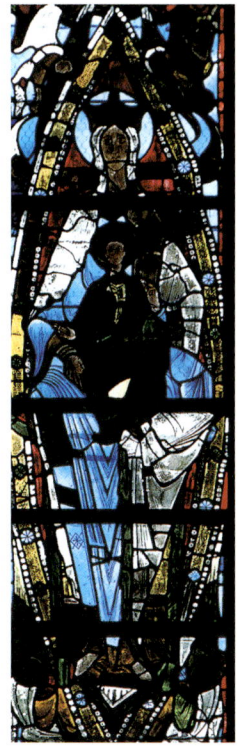

序-5　聖母子　12世紀中頃
ヴァンドーム（Vendôme）
トリニテ修道院礼拝堂

序-6　受胎告知（部分）　1140年頃
サン・ドニ（Saint-Denis）　サン・ドニ修道院教会堂

序-7　受胎告知　13世紀後半
ショロア・メニョ（Choloy-Ménillot）
アサンプション・ドゥ・ラ・ヴィエルジュ教会

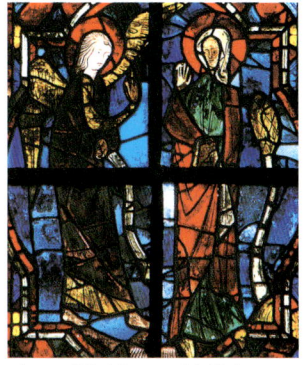

序-8　受胎告知　13世紀後半
トゥール（Tours）　サン・ガティアン大聖堂

さらにこの時代は建築技術の飛躍的な進歩により、巨大化した大聖堂に大面積の壁が出現し、それを美しく装飾するために10メートルを越える直径のバラ窓がたくさん制作された。【序-9】は聖母マリアに捧げられたシャルトル大聖堂の北バラ窓※2で、聖ルイ（p186）の母ブランシュが寄進したこの窓の中央には、聖母マリアが幼子キリストを抱いて描かれ、その周りを様々な形のメダイヨンが王、預言者、天使などを描いて取り囲んでいる。

フランス国内で大切に保存されている13世紀のステンドグラスは、主にゴシック建築の大聖堂に見られ、何度も修復されてオリジナルの部分が少なくなってしまった物も含むと31の大聖堂に、教会や修道院も含むと約150カ所にその姿をとどめている。このためゴシック期のステンドグラスについての研究は盛んで、多くの書物が出版されている。

14世紀は、前世紀に建築ラッシュをむかえた大聖堂の建立も一段落し、代わりに自然災害やペストの流行、さらには各地で戦争がおこり、今日見られる作品も13世紀に比べてはるかに少ない。ただ、この時期の最大の発明とも言える、シルバーステイン※3の技法が、その後のステンドグラスに大きな影響を与えた。【序-10】のマリアは金色の髪で

※2　バラ窓の左右にフランス王家が寄進したことを表す百合の紋章が見られる。バラ窓下のランセットには中央に幼いマリアを抱く母アンナ、ダビデやソロモンなどの旧約聖書の人物が並ぶ。

※3　硝酸銀を含んだ顔料で、ガラスに焼き付けると金色に発色する。

序-9　北バラ窓とランセット　1235年頃
シャルトル（Chartres）　ノートル・ダム大聖堂

序-10　受胎告知（部分）　14世紀中頃
シャルトル（Chartres）　ノートル・ダム大聖堂

あるが、顔と髪の間に鉛桟は無く、この新しい技法により、一枚のガラス片に金色と肌色の二色を得ることに成功した。

　14世紀の特長は、体を象牙の様に反らせて立つ人物が、建物形の天蓋の下に描かれるのが多いことで、自然で優雅な線の動きや、布の質感やボリュームを意識した絵付け技法は、ゴシックの終焉と来るべきルネサンスの兆しを感じさせてくれる【序-11、序-12】。

　私が個人的に興味を持ち、様々な理由から最も好きなのが15世紀のステンドグラスである。説明するのは難しいが、技術的な事や歴史的な事、表現方法が移り変わる微妙な時代である事、そして現存する作品が少ない事などの理由もさることながら、私にとって、この時代のステンドグラスは、目から入る光のみで感じる物ではなく、少しカビくさい張りつめた空気や、かすかに聞こえる祈りの声、そして精神の内側にまで届く、光の力を感じさせる不思議な魅力を持っている。この後ヨーロッパ中の芸術を染めてしまう、ルネサンスの波に、抵抗するかのような素朴な聖母の顔をながめていると、時のたつのを忘れてしまう【序-13、序-14】。フランスにおいては、現在ドイツと国境を接しているアルザス地方に15世紀の名作が多く、イタリアよりもドイツやフランドルの絵画がステンドグラスに与えた影響が強い。

　15世紀末から16世紀はステンドグラスにとって、まさに大生産時代とも言えるほど多くの作例がある。ルネサンスは芸術の様式だけでなく、全ての人々の生活や産業に大きな変化をもたらした。都市

序-11　受胎告知　14世紀前半
ルーアン（Rouen）
サン・トゥーアン教会

序-12　授乳の聖母と寄進者　1325年頃
エヴルー（Évreux）
ノートル・ダム大聖堂

序-13　聖母子（部分）　15世紀
グェンガット（Guengat）　サン・フィアクル教会

序-14　受胎告知（部分）　15世紀末頃
リヨム（Riom）　ノートル・ダム・ドゥ・マルチュレ

はその規模を拡大し、郊外や僻地の、今まで人が住まなかった場所にも町ができ、それに伴って新しい教会が建設された。規模は大聖堂には遠く及ばないが、この時代に出来た教会や礼拝堂は至近距離で鑑賞できる膨大な数のステンドグラスを今日に残してくれた。

　16世紀には、イタリアのルネサンスやドイツ（北方）ルネサンス絵画の、新しい技法をいち早く取り入れて、より絵画的で優雅なマリアが制作された【序-15、序-16】。

　写実的に細部まで表現することにこだわった16世紀は、美しく慈悲深いマリアだけでなく、ごく人間的で、何処にでもいそうな婦人の子育てを想わせる「授乳の聖母」【序-17】や、年老いて眠り（死）につく聖母の姿も、大変リアルに描かれる【序-18】。この時代の聖母マリアは、それぞれの国や地方の女性代表のように表現され、威厳ある美しい女性像として描かれる場合と、親しみ深い万人の母として描かれる事がある。

　17世紀は、ルネサンスの衰退とともに、多くのアトリエは仕事をな

序-15　受胎告知（部分）　1520年頃
ポントゥ・オドゥメール（Pont-Audemer）
サン・トゥーアン教会

序-16　マギの礼拝（部分）　16世紀
ノートル・ダム・デュ・クラン（Notre-Dame-du-Crann）
ノートル・ダム・デュ・クラン教会

序-17　授乳の聖母（部分）
1540〜1550年頃
サン・ブリ・ル・ヴィノウ
（Saint-Bris-le-Vineux）
サン・ブリ・サン・コット教会

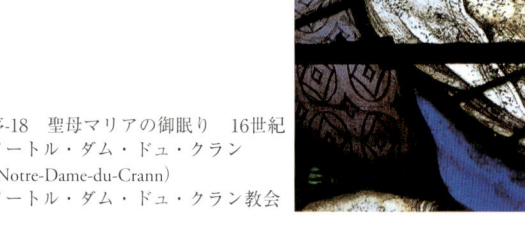

序-18　聖母マリアの御眠り　16世紀
ノートル・ダム・デュ・クラン
（Notre-Dame-du-Crann）
ノートル・ダム・デュ・クラン教会

序-19 受胎告知 17世紀前半
パリ（Paris）
サン・テチィエンヌ・ドゥ・モン教会

※4 ヨーロッパにおけるラファエル前派とアール・ヌーボの動き、さらに日本でお馴染みのティファニーランプなどがこの時期に制作されるが、図像学の観点から記すべき事は少ないので、ここでは触れない事とする。

くし、教会の窓にのこっている作例は、ほんの少しであり【序-19、序-20】、華やかさはあるがステンドグラス本来の魅力である、神聖な光の芸術と言うよりは、「ガラスに描かれた綺麗な絵画」の印象が強い。その他には前世紀に考案されたエマイユ（七宝顔料）の小作品が、貴族や一部の富豪などにより、紋章飾りとして発注されたのみである【序-21】。しかしこの技法は、一枚のガラス片の上に多くの色を載せる事が可能な代わりに、それまでのグリザイユによる陰影焼き付けが持つ素晴らしい耐久性（焼きがしっかりしていれば、数百年は保つ）を失った。技術の未熟な作品は制作後数年で、色の一部がはげ落ちてしまう事もあった。

17世紀から18世紀にかけては、まさに政治、宗教が原因の人災によるステンドグラスの不毛時代であり、それだけでは留まらず過去の傑作を破壊することや、それを守って継承すべき多くの工房も消滅した。バロックの建築様式は、教会の窓に光を遮るステンドグラスを必要としなかったし、各地で破壊や盗難、他国への持ち出し（これは結果的に古典作品を守ることになるが）が相次ぎ、フランスにおいても18世紀で鑑賞に耐える作例は数点しか見あたらない【序-22】。

こうして迎えた19世紀のステンドグラスは、それまで鬱積したものを、一度に跳ね返すかの様に発展した。ガラスの色数や、その他の材料も飛躍的に増え、教会以外に様々な活躍の場を得たステンドグラスは、装飾※4や建築物の一部としても注目されるようになる。そして宗教芸術としてのステンドグラスも、以前にも増して制作されたが、それらは一時代を形成した過去の表現様式（13、14世紀）を模倣したも

序-20 受胎告知（部分） 17世紀
トロワ（Troyes）
サン・マルタン・エ・ヴィネ教会

序-21 ストラスブールの酒蔵管理人の紋章
1618年 ストラスブール（Strasbourg）
ドイツ・ダルムシュタット美術館所蔵

序-22 聖母子 1756年
ストラスブール（Strasbourg）
ウーヴル・ノートル・ダム美術館蔵

のが多く、【序-23、序-24】のように、汚れが少なく表情が画一化された作品が多い。しかしそれは、単にステンドグラス工房が、新しい様式の模索を怠っていた訳ではなく、修復されることなく捨て置かれた透明ガラスの窓に、中世から存在しているステンドグラス窓との調和をとるために、同じ様式の原画をもとに、短期間で大量の作品を制作する必要があったからである。さらに、酸性雨で腐食した部分に、汚れが付着して真っ黒になっていた中世の作品を、できるだけ洗って、堂内を明るくしようとする傾向[※5]があったため、19世紀の模倣作品に裏面の汚しが施される事はほとんどない（現在我々が、古典的な作品を模倣したり、過去の作品を修復するさいには、その年代に応じた汚れを裏面に焼き付ける作業[※6]を行う）。

　ステンドグラスを見慣れない人が、大聖堂内で唯一明るく、手持ちのカメラでも撮影できそうな19世紀のコピー作品を、必死に写している姿をよく見かけるが、できれば、その隣で真っ黒に汚れながらも、神聖な光を創り出している、中世の名作に目を向けて頂きたい。

　20世紀は、と言ってもすでに前世紀になってしまったが、まさに多様化が進んだ時代であり、完全に宗教芸術から離れて歩き出したステンドグラスが、あるものは近代建築の一端を担い、また装飾美術品として進化したもの、当然キリスト教とともに歩み続けるものも存在している。

　近代や現代のステンドグラス作家も[※7]、聖書をテーマとした作品を創っているが、ここでは古典的な作例（17世紀頃まで）の絵解きを目的としているので、これらの名作については別の機会に触れる事にする。

※5　シャルトルの大聖堂のステンドグラスも、一時期完全に汚れを落とす試みが行われたが、その結果、神聖であったはずの光が、無秩序な光に変わり、堂内の調和を著しく損ねたため、現在の修復や洗浄では、完全に汚れを落とすようなことはしない。

※6　パッチィンヌと呼ばれるこの作業は、酸性雨などで痛んだガラス面を再現するために、フッ化水素酸によってガラスに痘痕状の小さな窪みをつくり、そこにグリザイユ（酸化鉄の粉が原料の顔料）を詰め込んで焼成する。汚れの色も、各地方の土壌や、町の建物に使われている石材の色などが微妙に影響するため、考慮が必要である。

※7　ステンドグラスの原画は、マチスやピカソ、レジェやシャガールなど多くの有名画家が手がけており、ルオーのようにステンドグラス職人から画家になった者もいる。

序-23　受胎告知　1898年
トゥル（Toul）　サン・ジョングール教会

序-24　使徒　19世紀
トロワ（Troyes）　サン・ピエール大聖堂

第 I 章

旧約聖書

L'ANCIEN TESTAMENT

L'ANCIEN TESTAMENT

旧約聖書

　大聖堂を飾るステンドグラスは、一度は読んでみたいと思いながらも、分厚く難解そうな聖書を前に躊躇している人を、その気にさせる魅力のある存在と言える。窓には面白そうな場面や興味深いテーマを、予告編のようにちりばめてあるが、結局本編の聖書を読まなくては全体の流れが理解できないのである。

　カトリックの教会で、旧約聖書の場面がステンドグラスに描かれる場合、それは新約聖書のキリスト伝の預型、つまりノアの洪水（p26）はキリスト教の洗礼を、イサクの犠牲（p33）はキリストの磔刑（p113）を、三日後に大魚から出てくるヨナ（p56）はキリストの復活（p119）を、という様に、旧約のそれぞれの場面が、やがて来る救世主キリストの生涯や聖母マリアの処女性などを啓示していると信じられている[※1]。

※1　ルネサンス期においては、旧約聖書の一場面を、ただ歴史的出来事として表現する作品も存在する。

旧約聖書の地

モーセの時代（p40〜）

　その中でも、旧約聖書の創世記や出エジプト記は、実に劇的で読み物としても面白く、今日まで多くの映画、小説、舞台のテーマに取り上げられている。

　ここでも、25項目をその中から選び、膨大な記述の中から、中心的な人物の生涯を軸に全体の話がつながって進む様に構成した。残りの7項目も比較的知名度の高いと思われる王や士師（p50）、預言者（p198）などを選んだが、常に重要な登場人物のみがステンドグラスに描かれる訳ではないので、必ずしも聖書における記述の量に対応する選択ではない。

これらの地図の地名は『聖書』（新共同訳／1987年版）による

天地創造　1500年頃　トロワ（Troyes）サントゥ・マドレーヌ教会

創世記1-1〜31　2-1〜24

天地創造 1

内容

　初めに、神は天地を創造された。地は混沌であって、闇が深淵の面にあり、神の霊が水の面を動いていた。神は言われた。「光あれ。」

　こうして、光があった。神は光を見て、良しとされた。神は光と闇を分け、光を昼と呼び、闇を夜と呼ばれた。夕べがあり、朝があった。第一の日である（創世記1-1〜5）。

　荘厳な、聖書の書き出しにふさわしい文であるが、我々が住む世界の始まりを、一枚の窓にステンドグラスで表現するとしたら、これ程むずかしいテーマは無い。

　この後、2日目に天を、3日目には大地と植物と海を、4日目に太陽や月や星を、5日目に魚や鳥を、6日目にはその他全ての生き物と人間を造り、完成した後、7日目には休息された（これが私たちの、生活サイクルにもなっている日曜日の休日である）。

旧約聖書

I-1　天地創造1　13世紀後半
トゥール（Tours）
サン・ガディアン大聖堂

I-2　天地創造2　1500年頃　トロワ（Troyes）サントゥ・マドレーヌ教会

　中世、特に13世紀頃のステンドグラスに表現された天地創造と、ルネサンス期のそれでは、かなりの違いがあるが、ステンドグラスの技法やテーマの表現形式は必ず前時代の名作に影響されている。それは画家のように一人の作業ではなく、工房単位で制作されるため、長年使用している原画のスタイルを、時代の技法に合わせて変えるさいにも、前時代によしとした形を基準にするからである。

　【I-1】の作品で、左には光を創造した場面、右にはそれを分けた場面が描かれ、神は十字の光輪で表現されている。一方、【I-2】はそれよりも3世紀ほど後のルネサンス期の作例であるが、画面の左に直立した神が描かれ、やはり世界は円の中で展開されていく。ただ神の姿は三重冠（ティアラ）をかぶった豪華な法王の衣装で表される。下段の4枚は神一人であるが、2段目の作品からは、神の背後にその御業を手伝うべく天使が添えられている。

創世記1-26〜30 2-7

2 アダムの創造

内容

前章の6日目で神が創造したのが、最初の人間アダムである。
「神は御自分にかたどって人を創造された。」（創世記1-27）
「主なる神は、土（アダマ）の塵で人（アダム）を形づくり、その鼻に命の息を吹き入れられた。人はこうして生きる者となった。」
（創世記2-7）

I-3　アダムの創造1　1510年頃
シャロン・シュル・マルヌ（Châlons-sur-Marne）
サン・テチィエンヌ大聖堂

I-4　アダムの創造2　16世紀
マルイユ・ル・ポール（Mareuil-le-Port）
マルイユ・ル・ポール教会

　神の前に裸のアダムがひざまづき、神はそれを祝福するポーズをとる【I-3、I-4】。背後には、豊かな楽園の木々が描かれることが多い。聖書に言葉で書かれている内容だけで、ステンドグラスを造るのは大変な作業である。
　「神は御自分にかたどって人を創造された。」（創世1-27）という部分をもって、細部にわたる全ての描写を決定しなくてはならない。アダムの顔つきはどんなか、背丈も神と同じ位にすべきか、髪は長いのか、そして神が土をこねて創った最初の人間、つまり母の存在しないアダムに、胎児と母胎をつなぐ「へそ」があったのか、など際限なく問題が提起される。

創世記2-18〜24

3 エバの創造

内容

神はアダムを創造した後、「人が独りでいるのは良くない。彼に合う助ける者を造ろう。」と、鳥や獣ではない人間の女エバを創造した。

アダムを深く眠らせ、そのあばら骨の一部から女を造り上げた。この時はまだ二人とも裸であることを、恥ずかしがる事はなかった。

I-5 エバの創造1　1525年
サン・フロランタン（Saint-Florentin）
サン・フロランタン教会

I-6 エバの創造2　16世紀
エペルネー（Épernay）
ノートル・ダム教会

　横たわって、もしくは座って眠り込むアダムの脇腹から、エバが神によって引き出される様子が描かれる。ルネサンス以降のステンドグラスは、ミケランジェロの影響もあり、エバが両手を合わせて祈る姿で登場する物が多い【I-5】。

　この時二人はまだ、裸を恥ずかしがる事はないが、【I-6】に見られるように、葉で前を隠しているのは、この時代、ステンドグラスの依頼主としての教会が、作者に対してつけた注文で、露骨な表現が異教的だと考えていたためである。

　因みに、裸であることに気づいた後の二人は、無花果の葉を自分の手で押えて隠している（次頁参照）。

創世記3-1〜7

4 誘惑

内容

エバが狡猾な蛇に騙されて、神に、けっして食べてはいけないと言われていた「善悪の知恵の木」の実を食べてしまい、エバにすすめられたアダムもその実を食べてしまう。

I-7 誘惑1　16世紀
シャロン・シュル・マルヌ
（Châlons-sur-Marne）
サン・テチィエンヌ大聖堂

様々な表現はあるが、変わらぬ決まりは、アダムが向かって木の左、エバが右に位置する事である。エバは実をアダムに手渡し、その後ろでは狡猾そうな蛇がそれを指示している様子が描かれる。

【I-7】のように、この時点で蛇は人間の様な顔や手、そして女性の上半身などをもって描かれる事があり、これはこの後、神が蛇への罰として「お前は、生涯這いまわり、塵を食らう。」

I-8　誘惑2　16世紀
イル・アン・ドドン（Isle-en-Dodon）　サン・アドリアン教会

I-9　誘惑3　1612年
パリ（Paris）　ルーヴル美術館蔵

と言われる前までの姿、つまり悪魔が化けた姿として描かれている。

また【I-8】の様に、すでに実を食べてしまった後の、喉を押さえ、無花果の葉で前を隠している場面も描かれる。

「善悪の知恵の木」※1の実は、無花果やオレンジなど様々な表現があるが、ラテンでの表現、殊に中世以降のステンドグラスにおいては、ほぼ全てがリンゴとして表現されている。

【I-9】はパリのルーヴル美術館所蔵で、1612年に制作された作品であるが、一枚のガラスにグリザイユとシルバーステインで描かれた誘惑のシーンである。

17世紀にはこの作品のように、教会の窓や祭壇画として制作されたものではなく、貴族や豪商の邸宅用につくられた、装飾的で遊びの要素を多分に含んだステンドグラスが多い。この作品もアダムの頭上に、まるでガラスの裏側に本当にとまっているかの様な写実的な蠅が描かれており、見る人を驚かせる意図が感じられる。

※1　この「善悪の知恵の木」とキリストが架けられた十字架の因縁について、「黄金伝説」に興味深い記述が紹介されている。
　アダムが重い病気になったとき、息子のセツが楽園の入口まで行き、父のために天使に頼んで「善悪の知恵の木」の小枝を分けてもらった。戻ったセツはすでにアダムが死んでいたため、その墓（後にキリストが十字架に架けられるゴルゴダの丘といわれる）に小枝を植えた。それが成長してソロモン王の時代（p52）には大木になっていたため、何も知らない王は神殿の木材として切り出して運んだ。ところがその木は、どこにも寸法が合わなかったため、沼の上に小橋としてかけられた。
　やがて、ソロモン王の英知を聞きつけて会いに来たシバの女王（p53注）が、その心眼で、将来大切な救世主に災いをもたらす木と見抜いたため、王はその木を地中深く埋めた。それから長い年月がたち、神に捧げる犠牲獣の血を洗うための池が掘られた時、ちょうど木が埋められた場所から水が湧き出し、その水は万病に効く奇跡の水として知られた。
　そしていよいよ、キリストが処刑されることが決まって、その時期が近づいてくると、池に木が浮かび上がってきた。ユダヤ人たちは、その木を池から拾い上げて十字架を造った、という伝説である。
　さらにキリストの磔刑後、ゴルゴダの丘に埋まっていた聖十字架を、二百数十年後に聖女ヘレナ（p177）が発掘して釘やその他の聖遺物とともに持ち帰った。その後西ヨーロッパからの十字軍や、教会への分与で夥しい破片が世界中に散らばった。有名な物では、フランス王ルイ9世（サン・ルイp186）がパリに持ち帰り、サント・シャペルを建てておさめた破片が知られている。
　ちなみに教会や個人が所有する「真の十字架の破片」と言われているものを合計すると、実物大の十字架1500本程になるという。

創世記3-8〜15

楽園追放

内容

　神の言いつけに背き、「善悪の知恵の木」の実を食べた二人は、自分たちが裸であることに気づき、それを恥ずかしいと感じる。神は罰として二人を楽園から追放し、この時から人間の地上での暮らしが始まる。

上左
I-10　楽園追放1　13世紀後半　トゥール（Tours）サン・ガディアン大聖堂
上右
I-11　楽園追放2　1511年　セッフォン（Ceffonds）セッフォン教会
右
I-12　楽園追放3　13世紀　オッセール（Auxerre）サン・テチィエンヌ大聖堂

　古い図像では神自身が二人を楽園から追放するが、ステンドグラスが全盛の頃、つまり13世紀以降は、剣を携えた天使がその役をする【I-10】。この時マントや翼、そして全身が赤で表現される事が多い。「エデンの園の東にケルビム（p204）と、きらめく剣の炎を置かれた。」と言う記述にあるように、今後人間が再び楽園に戻ることの出来ないように番をするためである。
　二人は恥ずかしそうに前を隠しながら楽園を追われていく【I-11】。
　【I-12】では、これからの地上での労働に備えて、皮の衣を与えられたのち追放される場面が描かれる。

創世記3-16~19

6 地上のアダムとエバ

内容

神の言いつけを守らなかったエバには、苦しんで子を産む事が、アダムには額に汗して労働する事が言いわたされた。

そして何よりも重要な事に、これまで霊的な存在として、楽園で過ごしていた彼らに無縁であった「死」が決して避けられないものとなった。

旧約聖書

I-13　地上のアダムとエバ　1510年頃
シャロン・シュル・マルヌ（Châlons-sur-Marne）サン・テティエンヌ大聖堂

働くアダムとエバは楽園を追放されたときに、主なる神が着せた皮の衣（創世記3-20）を着て描かれ、全ての人間の母となるエバは、最初の子カインに乳をあたえながら、手には糸紡ぎの道具を持って働いている【I-13】。

この他には、土を耕すアダムや、鍛冶屋の仕事をしている図が描かれる事もある。

23

創世記4-8

アベルを殺すカイン 7

内容

アダムとエバの最初の子カインは耕す者となり、弟のアベルは羊を飼う者となった。

カインは土から収穫した物を、アベルは肥えた羊の初子を神への捧げ物として供えたが、神が目を留めたのはアベルの子羊だけであった。激しく怒ったカインは、弟アベルを野原に呼び出して殺してしまった。

カインは逃亡者としてのしるしを付けられて、地上をさまよう者となった。

I-14　アベルを殺すカイン1　16世紀
レ・ザンドリー（Les Andelys）
ノートル・ダム教会

I-15　アベルを殺すカイン2　1510年頃
シャロン・シュル・マルヌ（Châlons-sur-Marne）
サン・テチィエンヌ大聖堂

人類最初の殺人シーンを描いたこの図では、カインが家から離れた野でアベルを殴り殺す場面【I-14】が描かれる。武器はこん棒や鍬、石などもあるがステンドグラスに描かれる場合は【I-15】にあるように、ロバの下顎の骨がほとんどである。

創世記6-9〜22

方舟を造る

8

内容

　地上には人類が栄え、人々は神を畏れる事を忘れて生活していた。

　アダムとエバの子、セツにつながる直系の子孫で、アダムから数えて10代目がノアである。彼はこの時代で唯一、神を畏れ従う無垢な人であった。

　神は地上から全ての人間を滅ぼす決意をしたが、ノアの家族と、地上の生き物それぞれ、ひと番（つがい）を残す事を決め、ノアに命じて洪水を乗り切るための巨大な方舟を造らせた。

I-16　方舟を造る　1440年頃
ゼッティン（Zetting）
サン・マルセル教会

　旧約聖書の中でも最も有名な話である「ノアの方舟」についての図像は大変多いが、そのほとんどが次章の洪水を描いた物である。

　ステンドグラスも例外ではなく、【I-16】のように、鋸や斧を並べて方舟を造るノアの姿を描いている作品は少ない。

　絡まる葡萄のつるに囲まれて描かれるこのステンドグラスは、旧約聖書の名場面を、預言者たちが説明するかのように配置されている。

創世記7-1～9-17

洪水 9

内容

　神は、40日40夜雨を降らせ、それは大洪水となって地上を襲い、全ての命を奪い去った。人で生き残ったのは、ノアとその妻、息子のセム、ハム、ヤフェトそしてそれぞれの妻だけであった。ノアとともに方舟に乗った雄雌ひと番の生き物を除いた、全ての家畜や動物も息絶えた。

　やがて水が減って方舟がとまり、地上が乾いたかを知るためにノアは烏と鳩を放つが、とまる場所が見つからなかったためノアのもとに戻った。その後もう一度放たれた鳩は、オリーブの葉をくわえて来たので、地上が乾き始めた事を知った。

　地上に立ったノアは神のために祭壇を築き、すべての清き動物の中から選んで献げ物とした。

　神は今後二度と人間を滅ぼす事はしないと約束し、契約のしるしとして虹をかけた。

I-17　洪水1　16世紀　レ・ザンドリー（Les Andelys）ノートル・ダム教会

I-18 洪水 2 　13世紀
カンタベリー（Canterbury）イギリス　カンタベリー大聖堂

I-19 アララト山につくノア　16世紀
ブリエンヌ・ル・シャトウ（Brienne-le-Château）
サン・ピエール・サン・ポール教会

　旧約聖書を描いたステンドグラスの中で、特に描かれることの多いテーマであるが、細部にわたる表現や、描かれているシーンの時間差などが微妙に違う作品が多い。
　【I-17】は、まさに洪水の真っ最中で、地上の人間や動物が水中に見え隠れしている様が描かれているが、同時に、右端に立つノアの頭上にはオリーブの葉をくわえた鳩が描かれている。上段にはノアの家族が、中段の檻には空飛ぶ鳥たちが、そして下段には動物たちが見えている。【I-18】は13世紀の作品であるが同様に、洪水真っ最中でありながら、オリーブをくわえた鳩も描かれている。
　一方、【I-19】では、地上の水がひいてアララト山の頂きに止まった方舟から、ノアの手のみが出て鳩を放している。周りの木や岩に溺れた人間の死体が転がっている。
　旧約聖書の諸場面は、新約聖書やその他キリスト教における、様々な決まり事の預型として解釈されるが、この全てを流した洪水自体が、教会における洗礼を意味するとも言われる。

創世記9-20~27

10 ノアの泥酔

旧約聖書

内容

洪水の後、そこから始まる全世界の人々の祖となったノアは、農夫となって葡萄をそだてた。

ある日、葡萄酒に泥酔したノアは、天幕の中で裸になって寝てしまった。それを見つけた息子のハムは、兄弟のセムとヤフェトを呼んで、父のだらしない姿を嘲笑した。

二人はそれを見ないように顔を伏せて、父に布を掛けてその姿を隠した。

目覚めて全てを知ったノアは、ハム以外の二人を祝福し、ハムにたいしては、兄達の奴隷の奴隷になり呪われろと告げた。

I-20　ノアの泥酔1　1525年頃
ヴィ・ル・コントゥ（Vic-le-Comte）
サント・シャペル・デ・コントゥ・ドーヴェルニュ教会

I-21　ノアの泥酔2　1513年頃
オーシュ（Auch）　サント・マリー大聖堂

ステンドグラスには、天幕に裸で寝ている姿ではなく、葡萄畑で下半身をはだけて眠り込むノアの姿が描かれる。これは、ノアが農夫として葡萄を育てた事や、飲んだのが葡萄酒であることを示すためである。顔を手で覆って、父の恥ずかしい姿を見ないようにする兄達と、平気で嘲笑するハムの姿が描かれる【I-20、I-21】。

創世記11-1～9

バベルの塔

内容

ノアの子孫はその子供達を経て、いくつもの民族に別れ地上に増えていったが、まだこの時世界中が同じ言葉を話していた。

シンアルの平地に移り住んだ人々は、天まで届く程高い建物を建てて、その名を世界に轟かせることを望んだ。

この様子を見た神は、今後この様な、神を畏れぬ行いが出来ないように、言葉を乱してお互いに話が通じないようにした。このため塔は完成することなく、皆は四方に分かれて散っていった。

旧約聖書

I-22　バベルの塔　19世紀
ヴィ・ル・コントゥ
（Vic-le-Comte）
サント・シャペル・デ・コントゥ・ドーヴェルニュ教会

ブリューゲルなど、16世紀のフランドル画家が好んで描いたテーマであるが、フランスでは、ステンドグラスの作例は少ない。

【I-22】は石を削る者や土を運ぶ者、背後では数層に積み上げられた塔の前に、駱駝を使った作業が行われているが、聖書には「石の代わりにれんがを、しっくいの代わりにアスファルトを用いた。」とある。

29

創世記11～22

アブラハムの物語

ノアの子、セムから数えて10代目が、旧約聖書の族長の中でも最も重要な役割をもつイスラエル民族の祖、アブラハムである。

彼は神に選ばれ、妻のサラ、甥のロト（p32）とともに祖国を離れてカナンをめざしシケム（パレスティナ）に到達した。民族の父となるアブラハムだが、80歳を過ぎた妻のサラには子ができなかった。そこでサラは女奴隷のハガルを、夫のもとにおき、86歳のアブラハムは初めての子イシュマエルを得る。

旧約聖書

創世記18；1-15

12 三天使の訪問

内容

依然としてサラとの間には、子を授からなかったアブラハムのもとに、神の使いである三人の天使が訪れる場面。

これより前、神はアブラハムに現れ、新しい契約を結び、それまで名のっていたアブラムと言う名をアブラハムに、妻のサライはサラと名のることを命じ、二人の間に子が授かる事も告げる。

100歳になるアブラハムと90歳の妻サラには、信じがたいお告げであったが、三人の天使たちも同じ事を伝えた。

アブラハムは大切な家畜のなかから選んだ子牛を料理させ、焼いたパン菓子や乳で天使達をもてなした。この時アブラハムは、彼らを単数で呼んだことから三位一体を表すものとされる。

I-23　三天使の訪問1（I-25部分）

I-24　三天使の訪問2　13世紀
オッセール（Auxerre）
サン・テチィエンヌ大聖堂

I-25　三天使の訪問3　17世紀後半
パリ（Paris）
サン・テチィエンヌ・ドゥ・モン教会

　ひざまづいたアブラハムが、神の使いを接待する場面が描かれ、背後では柔らかい子牛をさばく召使いの様子や、パン菓子や飲物が用意されている【I-23】。13世紀の作品【I-24】ではアブラハムの背後で手伝うサラの姿も見られる。

　この場面は、次項目である「ソドムとゴモラの滅亡（創19）」と深い関係があるため、数枚のステンドグラスで旧約聖書の諸場面を表現している窓の場合、続けて描かれる事が多い。

　ここで例にあげた17世紀のステンドグラス【I-25】の最大の特長は、アブラハムの天幕を訪れた天使たちの二人が、その足でソドムとゴモラの町を滅ぼしに行く様が、同じ画面の中に、近景から遠景へと時間を追って描かれている点にある。これは当時最も流行っていたエマイユ技法（透明なガラス用の七宝顔料）を用いる事により、それまで違う色のガラスを鉛桟でつなぎながら画面を構成していた部分を、一枚のガラス片に数色の色彩を焼き付ける事を可能にしたためである。従来の技法のみでは、小さなガラス片がたくさんの鉛桟で分割されるため、どうしても画面構成上うるさくなってしまう。

　中央部分にたくさんの鉛桟が入っているのは、割れてしまった部分を鉛桟で修復しているためで、完成当時はかなり少ない数のガラス片（窯での焼成に限界があるため一辺が30センチ角程度が限界）であったと思われる。

創世記19

13 ソドムとゴモラの滅亡

旧約聖書

内容

アブラハムの甥で、ともに祖国を出てカナンへ向かったロトは、その後彼らと別れ、神を忘れて享楽にふける町ソドムで唯一、心正しく生きていた。

神は、ロトの一家を心配したアブラハムのとりなしで、十人でも神を畏れる者がいたなら、ソドムの町を滅ぼす事を思いとどまる約束をした。

しかし、その十人さえも正しい心の者がいなかったソドムとゴモラの町は、アブラハムの天幕を訪れた天使のうち二人に、硫黄の火で滅ぼされてしまった。ロトとその家族のみが、二人の天使に導かれて町を脱出するが、ロトの妻は「後ろを振り返ってはいけない」と言う警告をきかずに振り返ったため、一瞬にして塩の柱にされてしまう。

I-26 ソドムとゴモラの滅亡 13世紀 カンタベリー（Canterbury）イギリス カンタベリー大聖堂

【I-26】の画面右側には崩れて燃え上がるソドムとゴモラの町が描かれ、中央には後ろを振り返った妻が、真っ白な塩の柱になっている。左側には、赤と黄の光輪が見える天使に導かれたロトと二人の娘が、真っ直ぐに前を見ながら町を離れる姿が描かれている。

創世記22～

イサクの物語

　アブラハムが100歳、妻のサラが90歳にして、神の告げた通り待望の男の子が生まれた。サラはこのお告げを聞いた時、あまりに信じられない事なので顔を伏せて苦笑してしまったため、その子の名はイサク（笑い）と名付けられた。
　一方、女奴隷ハガルとその子イシュマエルは、後継者争いを恐れたサラの進言で荒野へ旅だったが、神はイシュマエルも一つの民族の父とする事を約束した。ちなみに、今日でも続いている二民族（ユダヤとアラブ）の争いは、その宗教的問題もさることながら、イサクが祖先のユダヤと、この時追われたイシュマエルを祖先とするアラブの、3700年にも及ぶ異母兄弟争いの形になっている。

旧約聖書

創世記22

イサクの犠牲

14

内容

　ある日、神はアブラハムに、大切なひとり息子イサクを生け贄に差し出すようにと命ずる。彼は、若者二人と息子のイサクをつれて、三日かけて指示された場所へ向かった。
　そこから、イサクに生け贄を焼く薪を背負わせ、自分は火と刃物をもって祭壇を築く場所まで登った。途中、不安に思ったイサクは、捧げ物は何処にあるのかを父に聞くが、アブラハムは本当の事が言えずに、神が用意して下さると答えた。

　やがて祭壇ができ、息子のイサクに目隠しをして、剣を振り下ろそうとしたその時、天から声がして、「その子に手を下すな。何もしてはならない。あなたが神を畏れる者であることが、今、分かったからだ。あなたは、自分の独り子である息子すら、わたしにさずけることを惜しまなかった。」といった。気がつくと近くの茂みに、雄羊が一頭角を絡めて動けなくなっていたので、それを捧げ物とした。神は特別にアブラハムを祝福して、その子孫の繁栄を約束した。

I-27　イサクの犠牲1　1513年頃
オーシュ（Auch）サントゥ・マリー大聖堂

旧約聖書

I-28　イサクの犠牲2　1513年頃
オーシュ（Auch）サントゥ・マリー大聖堂

　薪の束を背負ったイサクが、剣を持ったアブラハムとともに歩く場面【I-27】と、目隠しされて祭壇にひざまづくイサクに、剣を振り下ろそうとしているアブラハムの姿が描かれる。【I-28】では、天使がその手を止めているが、12世紀の【I-29】では天から現れた神の手が、光を発してアブラハムを止めている。
　この場面は、旧約聖書だけでなく新約聖書にとっても大切で、例えば大切な独り子、イエスを十字架にかけなくてはならなかった父なる神や、自分を生け贄にするための薪を背負って歩くイサクは、十字架を背負ってゴルゴダへ向かうキリストの預型として描かれる。

I-29　イサクの犠牲3　1150～1155年頃
シャロン・シュル・マルヌ（Châlons-sur-Marne）
サン・テティエンヌ大聖堂

34

創世記25-1〜
ヤコブの物語

　前章に記したように、生け贄にされることを免れたイサクは40歳になり、アブラハムが下僕に命じて探した娘、リベカと結婚し20年後に待望の子供を授かった。

　それは双子の男子で、兄はエサウ（色が赤く、とても毛深い子であった）と弟はヤコブ（兄のかかとを掴んで生まれてきた）といった。父イサクが好んだのが、狩りを得意とする実直な性格のエサウで、母リベカの愛したのは、家の周りを離れず、頭を使う仕事を得意としたヤコブである。

　やがてイサクは年老いて、目もかすんできたため、エサウを自分の後継ぎとして祝福することにした。ところが、その話を聞いたリベカは、エサウが獲物を捕りに出かけているうちに、ヤコブを呼んで策をさずけた。ヤコブは毛深いエサウに化けるため、手や首に子山羊の毛皮を巻き付けて、目の見えない父イサクに自分がエサウだと思わせてしまった。こうして父を騙して、長子権と祝福を獲得したヤコブであったが、兄エサウの復讐を恐れ、ハランに住む伯父のもとへ逃げる事になる。

旧約聖書

創世記28-12〜22
ヤコブの夢
15

内容

　ハランに住む伯父（母リベカの兄）のもとへ行く途中、ある場所で野営していてヤコブは夢を見た。天まで達する階段が伸びて、神の御使いたちが上ったり下ったりしていた。そこに神が立ち、この地をヤコブとその子孫に与えることを約束する。目覚めたヤコブは枕にしていた石に油を注ぎ、そこを「神の家」ベテルと名付けた。

> 　天まで伸びる階段は、ステンドグラスでは梯子として表現され、神の御使いは天使たちとして描かれる【I-30】。
> 　次頁【I-31】の背景には小さく、次章の「ヤコブと天使の角力」が描かれている。

I-30　ヤコブの夢1　1440年頃
ゼッティン（Zetting）　サン・マルセル教会

旧約聖書

I-31　ヤコブの夢 2
16世紀中頃
ブリ・コントゥ・ロベール
（Brie-Comte-Robert）
サン・テチィエンヌ教会

旧約聖書

　やがて伯父のラバンのもとに着いたヤコブは、伯父の二人の娘レアとラケルに出逢う。妹のラケルを嫁にもらうため7年間伯父のもとで働いたが、婚礼の日にやってきたのは姉のレアであった。伯父に騙されたヤコブはその後さらに7年間働き、やっと妹のラケルをも妻に迎えることができた。

　姉のレアからは、ルベン、シメオン、レビ、ユダ、イサカル、ゼブルン、妹のラケルからは、ヨセフ（p38）、ベニヤミン、それぞれの女召使いから、ダン、ナフタリ、ガド、アシェルが生まれ、この12人の男子がユダヤ12部族の祖となった。

創世記32-23〜33

16 ヤコブと天使の角力

内容

　ヤコブは昔、自分がだまして長子権と父の祝福を奪った兄エサウに詫びるため、セイル地方へ向かった。

　途中、川を渡ろうとしたヤコブは、そこで一人の御使いと出会い、二人は夜明けまで格闘した。ヤコブに勝てないとわかった御使いは、彼を祝福する事を約束し、ヤコブにイスラエル（神と人と闘って勝った者）と名乗る事を許す。

　天使の姿をした御使いと、上半身裸のヤコブが組合っている様子が描かれる。古い図像では神そのものと闘う場合もあるが、ステンドグラスでは、祝福を受けるまで決して離さないようにしっかりと天使を抱え込むヤコブが描かれる【I-32】。

（見分け方）

　ステンドグラスにはよく、聖人や聖女の魂が天使に抱かれて天に昇る図が描かれるが、その場合、大人の魂も小さな子供のように描かれ、胸の前に手を合わせた祈りのかっこうで表現されるため、天使と同じ大きさのヤコブが組み合っているこの場面と見分ける事は簡単である。

I-32　ヤコブと天使の角力　15世紀末
カンペール（Quimper）　考古学博物館蔵

創世記40〜
ヨセフの物語

　イスラエル（ヤコブ）は年老いてから授かった末の子、ヨセフを誰よりも愛した。ヨセフは、夢を見て未来の出来事を予知する能力が備わっていたため、自分が皆の支配者となる事を告げ、それを妬んだ兄たちに荒れ野の穴に放り込まれた。父は愛する息子が獣に襲われて死んだと信じ、大変悲しんだ。その後ヨセフの波乱万丈の人生が始まる。

　ちょうどそこを通りかかった、ミディアン人の商人に穴から助けられたが、彼らはヨセフを銀20枚でイシュマエル人に売り渡した。こうしてエジプトに連れて行かれたヨセフは、王の侍従長ポティファルの奴隷として働くことになった。まじめに働き信用を得たヨセフは、やがてポティファルの財産を管理するまでになったが、有能で姿も美しい彼に想いを寄せた、ポティファルの妻に言い寄られ、断ったことで罠にはまり、とうとう投獄されてしまう。

　獄中で、王の給仕役たちの夢を解いてやったことがきっかけとなり、二年後ついにファラオ（王）に呼び出される。

創世記40-1〜41-36
17 ヨセフの夢解き

内容

　ファラオは不思議な夢を見た。ナイル川のほとりで、よく肥えた美しい7頭の雌牛を、後から来た、やせて醜い7頭の雌牛が食い尽くしてしまった。次にみた夢は、よく実った7本の穂が、実のならない干からびた7本の穂に飲み込まれるものであった。誰も解く事が出来なかったこの夢を、ヨセフはこう解いた。2つの夢は、これから神が行う同じ事を示していて、それはエジプトにおける7年間の大豊作と、その後に起こる7年間の大凶作であると。豊作のあいだに出来るだけ作物を蓄え、その後の大凶作に備える事を進言したヨセフは、ファラオに信用され宮廷の責任者となった。一日にして囚人の身からエジプトで王の次の位を得たのである。

　斯くして夢は現実となり、エジプトは大飢饉の間も豊かに生活し、同じく飢饉に襲われた周辺の地から、多くの民が食料買い付けに訪れたが、その中にかつてヨセフを穴に放り込んだ兄たちもいた。ヨセフは兄たちを許し、父ヤコブとも感動的な再会を果たして、その後全ての一族をエジプトに呼び寄せた。

　こうして創世記の章は終わり、次の出エジプト記へとつながっていく。

I-33 ヨセフの夢解き　1499年頃　トロワ（Troyes）　サン・ピエール大聖堂

　ベッドで眠るファラオの周りに肥えた7頭の牛と、痩せてあばらの浮き出た牛が、そして麦の穂が描かれる【I-33】。これは一連のヨセフの生涯を描いた作品の一部であり、単独で描かれる場合は、麦の穂を束ねたものだけが眠るファラオとともに描かれる事もある。

（見分け方）
　眠る王が描かれるステンドグラスは、この他には「エッサイの樹」（p200）があるが麦ではなく、太い樹が直接王の体から生えているため、見分けやすい。

旧約聖書

旧約聖書

出エジプト記2〜
モーセの物語

前章で、ヤコブをはじめとする、イスラエルの民がエジプトに移り住んでから300年が過ぎ、かれらの子孫はおびただしい数に増えた。もはやヤコブの時代を知る者もなく、エジプト王は、イスラエル人を奴隷として過酷な強制労働に駆り立てた。それでも増え続ける民に恐怖さえ感じた王は、生まれるイスラエル人の男子を全てナイル川に流す命令を出した。

後に全イスラエルの指導者となるモーセが、レビ族（イスラエル人）の夫婦の間に生まれたのはこんな時代であった。

彼の生涯は劇的な出来事の連続で、宗教映画や小説のテーマとしても多く扱われるため、旧約聖書の登場人物中、最も知名度は高いであろう。

出エジプト記2
救われる幼児のモーセ 18

内容

モーセの母はどうしても我が子を捨てる事が出来ずに、3ヶ月の間隠れて育てたが、隠しきれなくなり、籠に入れた赤ん坊のモーセをナイル川の葦の茂みに置いた。

ちょうどそこへ、水浴に来ていたエジプト王の娘が籠を見つけ、イスラエルの子と知りながらも泣く子を哀れんで拾ってしまう。心配して見ていたモーセの姉が機転をきかせ、その子の乳母にと実の母親を連れてきた。こうしてモーセは、実の母に育てられながらも、王女の子として認められた。

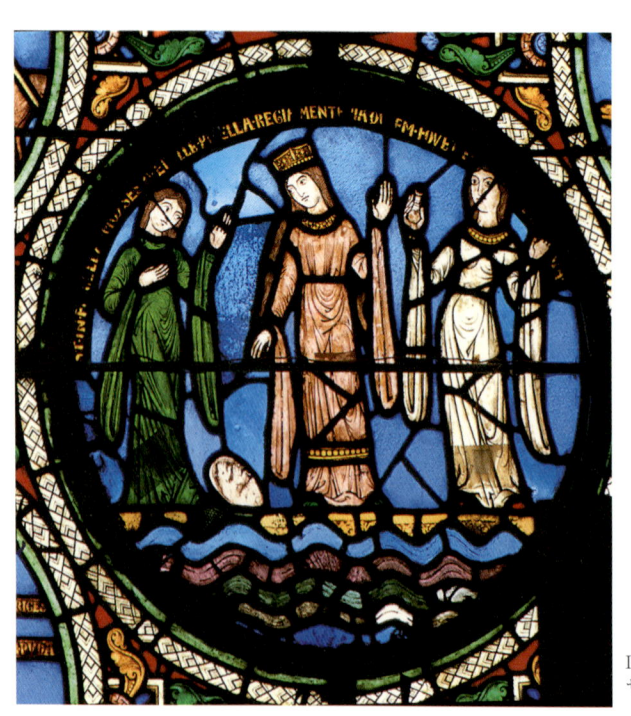

ナイル川を表す流れの上に、小さな籠に入った赤ん坊のモーセがいる。中央で王冠をかぶっているのがエジプト王の娘、その周りには侍女たちが驚いた様子で描かれている【I-34】。

やがて成人したモーセは、重労働で苦しめられている同胞の姿に心痛めた。ある日、ヘブライ人を殴っていたエジプト人を殺してしまい、それが王に知れてモーセはミディアンの地※1まで逃げのびた。ミディアンの祭司には7人の娘がいたが、モーセは水飲み場で彼女たちを助けた事から、その一人ツィポラを妻にして羊飼いとなり、この地にとどまった。

※1　紅海を渡った現在のサウジアラビア側

I-34　救われる幼児のモーセ　1140年〜1145年頃
サン・ドニ（Saint-Denis）　サン・ドニ修道院教会堂

出エジプト記3-1~14

19 モーセと燃える柴

内容

それから数年がたったある日、モーセが羊の群を連れて神の山、ホレブのそばまで来たら、柴の中に燃え上がった炎に、神の御使いを見た。そこが神聖な場所であることを告げられたモーセは、急いで履き物をぬいだ。

神はモーセに、エジプトで苦しめられているイスラエルの民を導きだし、カナンの地へ赴く事を指示する。なかなか承知しないモーセであったが、奇跡を行う杖や神の加護、そして雄弁な兄アロンが同行する事で納得した。

I-35　モーセと燃える柴1　1140年～1145年頃
サン・ドニ（Saint-Denis）　サン・ドニ修道院教会堂

I-36　モーセと燃える柴2　13世紀
ラオン（Laon）　ノートル・ダム大聖堂

炎の輪の中に現れる神に、あわてて履き物を脱ぐモーセ、その周りで不思議そうに柴を眺める羊の群が、円形の画面に見事に配置されている。モーセの顔を描いたグリザイユは、長年の間にかなり剥がれて正確に顔の表情は見られないが、まさに12世紀の傑作と言える【I-35】。

一方、【I-36】はそれより後の13世紀の作品であるが、モーセは杖を置いて静かに履き物を脱ぎ、羊の数は少ないが、柴に前足をかけるポーズの羊はやはり【I-35】の影響を受けていると思われる。

妻子を連れてエジプトに旅立ったモーセは、神の山、シナイ山で兄のアロンと出会い、二人はイスラエルの長老たちを集めて神の言葉を伝えた。モーセが行う奇跡やアロンの言葉に説得された民は、彼らを信じてひれ伏した。

ところがエジプト王は、頑なに彼らの出国を認めなかったため、モーセは神の力を借りてエジプトに様々な災いを仕掛ける。

出エジプト記7-12

20 エジプトの十の災い

内容

エジプトの十の災いとは、

- ナイル川の水が血に変わる
- 蛙が大発生する
- 土の塵が、ぶよに変わって人々を襲う
- あぶの群が発生する
- 家畜が疫病にかかる
- 人や家畜が、膿みの出る腫れ物に悩まされる
- 雹に打たれて人や家畜が死ぬ
- いなごが大発生する
- 3日間エジプト全土が闇に覆われる

そして最後の災いが、

- エジプト人の全ての初子が一夜にして死ぬ[※1]

という恐ろしいものであった。以上の災いは、全てエジプト人にのみふりかかり、特に最後の災いは王の子供の命も奪った。

※1 イスラエルの民は神がモーセに告げたように、捧げ物とした子羊の血を玄関に塗ることにより、この難を過ぎ越す事ができた。これがイスラエル民族にとって最も大切な行事「過越祭」（すぎこしさい）の起源である。
犠牲の子羊を焼き、種なしパン（酵母を入れない）とともに祝う。

I-37 エジプトの災い　1140年～1145年頃
サン・ドニ（Saint-Denis）　サン・ドニ修道院教会堂

ステンドグラスに、災いの全ての場面が描かれる事はなく、モーセの生涯を描いた場面の一つとして、いくつかの災いをまとめて表される事が多い。【I-37】では天から現れた手が、雹やあぶや蛙を降らせ、下には血色に染まったナイル川が描かれている。

（見分け方）

エジプト人の初子が死ぬ場面では、神の使いである天使が、幼児を殺害している場面として描かれるが、新約聖書の「幼児虐殺」（p85）は武装した兵士がそれを行うので見分けやすい。

天使による殺戮では、「ヨハネの黙示録」の四天使の解放（p202）があるが、この場面で殺されるのは幼児ではなく大人である。

エジプト王も国中の魔術師を集めてモーセの奇跡に対抗したが、ことごとく破れて、ついにイスラエル人がエジプトから去る事を認めた。

しかし間もなく考えを翻した王は、エジプト中の戦車に、選り抜きの兵を乗せて彼らを追撃した。

出エジプト記14-1～15-21

21 紅海を渡るモーセ

内容

　紅海の岸で、海を背後に宿営していたモーセたちに追いついた軍は、猛然とかれらに襲いかかった。恐れ動揺する民の前で、モーセが海に向かって手を上げると、神が起こした強い東風により、海水が分かれて乾いた道が現れた。イスラエルの民が岸にたどり着いた後、モーセが海に手を差し伸べると海はもとに戻り、追ってきたエジプト軍を飲み込んでしまった。

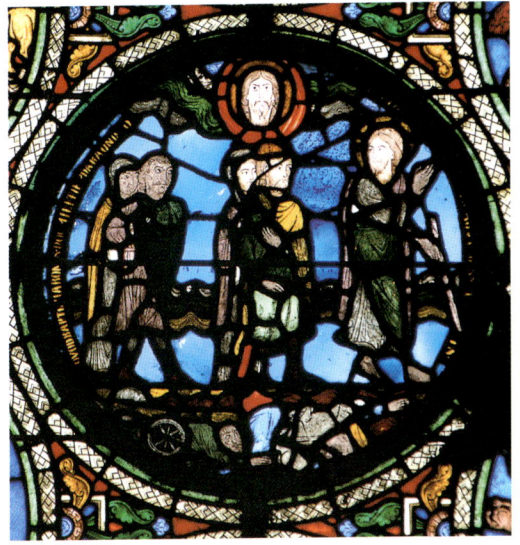

旧約聖書

I-38　紅海を渡るモーセ1　1140年～1145年頃
サン・ドニ（Saint-Denis）サン・ドニ修道院教会堂

I-40　紅海を渡るモーセ3　1534年頃
コーデベック・アン・コウ（Caudebec-en-Caux）　ノートル・ダム教会

I-39　紅海を渡るモーセ2　13世紀
スワッソン（Soissons）
サン・ジェルヴェ・エ・サン・プロテ大聖堂

　映画などでも知られる、この有名な場面は、モーセが杖を振り上げると海が真っ二つに割れて、その中に現れた道を恐る恐る進んでいく民、両脇には巨大な壁のようにそそり立つ海水、それを追撃するエジプト軍が炎の壁を越えて迫ってくる、といったダイナミックな場面が印象的であるが、中世のステンドグラスに描かれるのはかなり違っている。

　【I-38】は杖を持つ先頭のモーセに導かれて、紅海を渡るイスラエルの民を描いているが、気を付けて見ると、彼らの足下にまるで埋められているかのようなエジプトの兵士や戦車の車輪が見える。これより少し後の作例【I-39】では、荒れる波間に見え隠れする兵士や馬が描かれる。

　16世紀に入ると【I-40】のように、紅海で溺れるエジプト軍の様子がリアルに描かれるが、モーセが海を割って進む様子が描かれることは少ない。

43

こうしてエジプト軍の脅威から解放されたモーセたちは、シュルの荒れ野へ向かったが、何日も水にありつけずに、やっとたどり着いたマラでは、苦くて飲めない水しか得られなかった。そこでモーセが祈り、神から与えられた木を投げ込むと、それは甘い水へと変わった。

民は事ある毎に不平を言い、奴隷であっても腹いっぱい食べられたエジプトを懐かしんだ。そのつどモーセは神の力で奇跡をおこし問題を解決していった。

出エジプト記16-13〜16

22 マナの拾集

内容

さらにカナンを目指して進む彼らは、やがてシンの荒れ野に入ったが、今度は食べ物の不足を嘆き、また不平を言う。そこでモーセが神に祈ると、朝に宿営の周りに降りた露が蒸発して、そこには神が与えたパン、「マナ」が残った。人々は毎日このマナを拾い、カナンの地へたどり着くまでの40年間命をつないだ。さらに夕方にはたくさんの鶉(うずら)が宿営に飛んで来るため、充分な肉も得ることができた。

　ステンドグラスで「マナ」は、天から降る白い餅のように表現されることが多く、人々はそれぞれの入れ物で集めている【I-41】。

　17世紀の【I-42】では、天幕の前に立つモーセとアロンが天を指し、背後の空には鶉の群も描かれている。マナは、その日の分だけ拾い、神に感謝して黄金の壺に入れて食べられたという。画面でモーセの足下左にそれが描かれている。毎日拾う事を面倒がって、よけいに保存するとそれは虫が付き臭くなったという。これは、後にキリスト教に受け継がれ、必要以上の財産をこの世に持つ事を戒めるものと考えられる。

　シンの荒れ野を出たイスラエルの民は、そのまま進みレフィデムに宿営したが、そこには飲み水が全く無かった。民の不平を聞いたモーセは再び神に助けを求めた。

I-41　マナの拾集 1　1534年頃
コーデベック・アン・コウ（Caudebec-en-Caux）　ノートル・ダム教会

I-42　マナの拾集2　17世紀前半　パリ（Paris）　サン・テチィエンヌ・ドゥ・モン教会

出エジプト記17-1～6

23 ホレブの岩

内容

不平を言う長老達を連れてホレブの岩まできたモーセは、神に指示された様に、エジプトでナイル川を打った杖で、岩を叩くとそこから水が出た。

モーセ[※1]が杖で岩を打ち、そこから水が流れ出す様子が描かれる【I-43】。また、その水で喉を潤すイスラエル人や家畜が描かれる事もある。

（見分け方）

岩を叩いて水を得る図像は、聖人伝に多く、ル・マンの聖ユリアヌス（p131）や、子羊によって清水の湧き出る場所を見つけた聖クレメンス（p160）などの図像と似ているが、司教姿で描かれる彼らと、モーセの服装は全く違うので分かりやすい。

※1　モーセを描いた絵画やステンドグラス、彫刻などにも見られる、頭に生えた角のような物は、彼が十戒を受けて山から降りてきた時、その顔が光を発して眩しく見えた記述に由来していると言われるが、はっきりとしたことはわからない。
　いずれにしてもモーセを見分ける重要なポイントであるが、11世紀以降から現れるこの表現を、ルネサンス期の教会ではあまり好まず、ステンドグラスでも光の放射や普通の光輪に描いたりもした。

I-43　ホレブの岩　1440年頃　ゼッティン（Zetting）　サン・マルセル教会

旧約聖書

旧約聖書

出エジプト記20-1〜17　申命記4-5〜13

24 十戒を受けるモーセ

モーセ率いるイスラエルの民は、エジプトを出て3ヶ月目にシナイ山に到達した。
麓の荒れ野に宿営して、モーセは神の山、シナイ山へと登った。

内容

山の頂でモーセは神から、イスラエルの律法となる「十戒」を授かる。その内容は以下、十の戒めである。

1. わたしをおいてほかに神があってはならない。
2. いかなる像も造ってはならない。
3. あなたの神、主の名をみだりに唱えてはならない。
4. 安息日を心に留め、これを聖別せよ。
5. あなたの父母を敬え。
6. 殺してはならない。
7. 姦淫してはならない。
8. 盗んではならない。
9. 隣人に関して偽証してはならない。
10. 隣人の家を欲してはならない。隣人の妻、男女の奴隷、牛、ろばなど隣人のものを一切欲してはならない。

山頂で、雲の上に現れた神から、2枚の石板に刻まれた十戒を授かる場面が描かれる【I-44】。

（見分け方）

神や天使から、何かを受け取る場面を描いたステンドグラスは、他にもいくつかあり、例えば福音史家聖ヨハネが、雲に包まれた輝く天使から巻物を受け取る場面【I-45】で、受け取るのは、巻物か書物でしかもヨハネは、それを口に運んで飲み込む姿が描かれる。

モーセが十戒を受ける場合も初期の図像では、石版でなく巻物の場合があるが、ステンドグラスでは、二枚の石板がほとんどである。

I-45　天使から巻物を受け取るヨハネ　16世紀中頃
サン・ミッシェル・シュル・オルジュ（Saint-Michel-sur-Orge）
サン・ミッシェル教会

I-44 十戒を受けるモーセ　1534年頃　コーデベック・アン・コウ（Caudebec-en-Caux）　ノートル・ダム教会

旧約聖書

旧約聖書

出エジプト記32-1〜20
黄金の子牛
25

モーセがシナイ山で神から十戒を受けている間に、麓の宿営に残され不安になった民は、兄のアロンに頼んで黄金の子牛を造り、その前で祭りを行っていた。

内容

十戒が刻まれた石板を持って山をおりたモーセは、そこで偽りの神（黄金の子牛）に捧げ物をしている民を見て激しく怒り、石板を岩にたたきつけて粉々にしてしまった。

さらに、黄金の像を焼いて砕き、水にまいて民に飲ませてしまった。イスラエルの民が、まだ本当の神を崇めることを知らない事に激怒したモーセは、神を畏れない同胞3,000人を殺した。

その後、再び石板をもってシナイ山に登ったモーセは、神にもう一度十戒を受けて後、40日とどまって山を降りた。

こうして、神とイスラエルの民に初めて本当の契約が成立したが、その後もシナイ半島をさまよい、モーセはカナンの地を目の前にし、120歳でその生涯を終えた。

I-48　モーセと青銅の蛇2　1140年〜1145年頃
サン・ドニ（Saint-Denis）サン・ドニ修道院教会堂

I-46　黄金の仔牛　1140年〜1145年頃
サン・ドニ（Saint-Denis）サン・ドニ修道院教会堂

I-47　モーセと青銅の蛇1　1525年頃
ヴィ・ル・コントゥ（Vic-le-Comte）　サント・シャペル・デ・コントゥ・ドーヴェルニュ教会

旧約聖書

　祭壇を築いて、その中におさまった金の子牛を拝むイスラエルの人々が描かれる【I-46】。

（見分け方）
　同じくモーセのステンドグラスで、高い所に祭られた像を仰ぎ見ている図【I-47】があるがこれは民数記21-4に書かれた「青銅の蛇」を表す。再三不満ばかり言い、神を畏れない民に怒った神は、毒蛇を送って多くの民が死んだ。モーセは神に祈り、その指示で青銅の蛇を造って竿の先に掲げたところ、それを仰ぎ見た者は蛇に噛まれても死ぬことは無かった。
　ルネサンスにおいては、はっきりとした蛇の形で描かれるが、古い作例では【I-48】のように見分けずらい物もある。興味深いのは、旧約聖書の場面であるこの青銅の蛇の背後に、キリストの磔刑図（緑色の柱部分）が重ねて描かれていることで、これは、このステンドグラス制作を指示した、サン・ドニ修道院長シュジェールが、この場面を、新約聖書の磔刑の預型として考えたことを示す。

旧約聖書

イスラエルの民がカナンに到達して後、モーセの後継者、ヨシュアに率いられてカナンの地を占領する話が「ヨシュア記」、その時期イスラエルの12部族が各地で戦い、それぞれの国を成立させていく話が「士師記」である。

士師記13〜16

26 サムソンの物語

※1 士師とは、カナンの占領から王国成立までのイスラエルにおいて、敵と、軍事的もしくは政治的に戦うための指導者として神が選んだ者。

内容

士師※1の一人であるサムソンは、ダン族の生まれで、神を畏れる事を忘れたイスラエルの民が、その罰として40年間ペリシテ人に支配されていた頃、彼らの手から民を解放すべく生まれてきた怪力の持ち主である。

サムソンは素手でライオンを裂いたり、ロバの顎骨(あごぼね)で一度に千人のペリシテ人を打ち殺したりしたため、多くの者が彼を捕まえようと狙っていた。

やがてソレクの谷の、デリラというペリシテ人の女を愛するようになった彼は、自分の力の源が、一度も切った事のない髪であると話してしまう。デリラからそれを聞いたペリシテ人に捕まり、目をえぐられたうえ、牢に入れられた。ある日ペリシテ人たちは、彼らの神ダゴンを奉った神殿で、長年の敵サムソンを捕らえた祝いをして、その席で彼を見せ物にしていた。しかしサムソンの髪は、すでにのびて力は充分満ちていたため、手探りで見つけた柱を力いっぱい押して建物もろとも崩してしまった。サムソンは、そこにいた全てのペリシテ人を道連れにして死んだ。

I-49 ライオンを裂くサムソン　1330〜1340年頃
ミュールーズ（Mulhouse）　サン・テチィエンヌ教会

サムソンの物語は映画などにもなり有名であるが、ステンドグラスに描かれる場合は【I-49】のように、獅子の口に手をあてて引き裂こうとしている図が多く描かれる。力の源である髪が、豊かに描かれる事が特長である。
（ライオンが描かれる他の図像との比較はp134を参照）。

サムエルはイスラエル最後の士師で預言者である。ペリシテ人との戦いが激しくなり、民は、他の国々と同じように強い指導力のある王を求めた。神にうかがいをたてて、若く美しいサウルを初代の王に選んだが、彼は神の意思に背いたため遠ざけられた。

新しい王は、ベツレヘムのエッサイ（p200）の息子のなかにいるという神のお告げに従って、サムエルは彼の末っ子、ダビデに油を注いだ。

サムエル記・上16　列王記2　歴代誌・上11

27 ダビデの物語

内容

サウル王からは神が離れたため、彼は常に悪霊に悩まされていたが、竪琴で心を静めるダビデのうわさを聞き、自分のもとへ呼び寄せた。サウルの軍とペリシテ人の軍がにらみあっていた戦地（エラの谷）で、敵の最強の兵士で大男のゴリアトと一騎打ちをする事になった少年ダビデは、石投げ紐で敵の眉間をねらい見事ゴリアトの首を討ち取った。

その後サウルの家臣として活躍するが、その人気が王に妬まれて、命さえ狙われるようになったため、荒れ野を逃亡する羽目になる。やがてダビデをしたって集まった兵はダビデ軍となり、様々な苦難と闘いのすえついにイスラエルの王となる。

王国は安定し名実ともに大王となったダビデだが、自分の家臣ウリアの妻バト・シェバに想いを寄せて、ウリアを戦地に送って殺してしまった。神はダビデの行いを罰し、やがてバト・シェバとの間に生まれた子を、7日目に死亡させたため、ダビデは自分の行いを心から後悔した。

I-50　竪琴を奏でるダビデ　1515年
オータン（Autun）　サン・ラザール大聖堂

最も多いのが、悪霊を追い出す力のある竪琴を奏でる図【I-50】で、その他にはゴリアトの首を誇らしげに持つものや、羊飼いの姿でライオンを棒で打ち殺す【I-51】場面が描かれる。

I-51　ライオンを殺すダビデ　19世紀
オッセール（Auxerre）　サン・テチィエンヌ大聖堂

列王記・上1〜10

28 ソロモンの物語

内容

　パト・シェバとの間にできた子を失ったダビデは深く悲しんだが、その後生まれた末っ子のソロモンがダビデの後を継いで第3代のイスラエル王となった。彼は「知恵の王」として国を治め「契約の箱」を納めるための神殿や、王宮を建設した。

　彼の生涯の物語は、いくつかの有名な逸話によって知られているが、そのどれもがソロモンの知恵を示すものである。

旧約聖書

I-52　ソロモンの審判1　1200年頃
ストラスブール（Strasbourg）　ノートル・ダム大聖堂

I-54　ソロモン王とシバの女王　1270年頃
ストラスブール（Strasbourg）
ウーヴル・ノートル・ダム美術館蔵

I-53　ソロモンの審判2
16世紀中頃
ディジョン（Dijon）
地方裁判所

最も多く描かれるのは「ソロモンの審判」で、この話は後世のキリスト教に登場する聖人達や、その他の伝説にも引用される有名な逸話である。

　ある娼家に住む二人の遊女が、ソロモン王のもとにやってきて訴えた。二人は同じ頃に出産したが、一方の女は不注意で子供を死なせてしまったため、もう一人の子を夜中にこっそり取り上げて、死んだ自分の子をその懐に置いてきた。二人はどちらも生きている子を自分の子だと主張して譲らず、証人もいなかった。そこでソロモンは剣を持ってきて、生きている子を二つに裂いて、二人の母親に半分づつ与えよと指示した。すると一方の女は、どうせ手に入らぬ子なら死んでしまった方が良いと同意したが、もう一人の女は、子供を生かしたまま相手の女に渡してくれと懇願した。これにより我が子を哀れむ、本当の母親を見定めたソロモンの知恵に、国中の皆が畏れ敬った。

　【I-52】は12世紀のステンドグラスであるが、死んだ子供の顔が青白く描かれているのがわかる。

　さらに、正義や法を守る象徴として引用されるこの逸話は、裁判所の法廷にも好んで描かれ、【I-53】に見られる様にフランス、ディジョンの地方裁判所の窓を飾る、信仰を表す女性像の上部に、細かく描かれている。

　次に【I-54】は知恵の王として知られるソロモン王のうわさを聞き、シバの女王※1が、その真偽を確かめようと訪ねて来た場面である。彼の知恵と、彼が建てた宮殿に感心した女王は、駱駝に乗せて運んできた香料、金、宝石を全て王に捧げた（キリストにたいする三博士の礼拝（p83）の預型として）。

　この時シバの女王が、渡る事をためらった小橋に使われていた木が、後にキリストの十字架になる。

※1　シバの女王は、アフリカのエチオピアか、エジプトを治めていたと考えられていたため、このステンドグラスのように黒人として描かれる事が多い。

ヨブ記

ヨブの物語
29

内容

　ウツの地に住む、心正しく神を畏れる人ヨブは、7人の息子と3人の娘、そして東の国一番の富豪と言われる、たくさんの家畜や財産を持っていた。

　ある日、サタン（悪魔）は神に、ヨブが神を畏れるのは、神が彼の家族や財産を守っているからで、もしそれを奪ったらきっとヨブは神に呪いの言葉を吐くだろう、とけしかけた。ヨブの信仰を信じた神はサタンに、ヨブの命は奪わない条件付きで彼を苦しめる事を許した。そしてヨブの不幸が始まった。

　まず、使用人が殺されて家畜を奪われ、天からの火で被害を受け、長男一家を嵐で失ったが、それでもヨブは神を非難する事はなかった。次にサタンはヨブを頭のてっぺんから足の先まで、ひどい皮膚病にして苦しめた。妻もそんなヨブを見て、神を呪って死ぬ事をすすめる有り様であった。

　藁灰の中に裸で座って、陶器の破片で体をかきむしるヨブを哀れんだ三人の友が、彼を見舞いに来るが、そこで彼らとヨブは自分の正義について長い議論をする。

旧約聖書

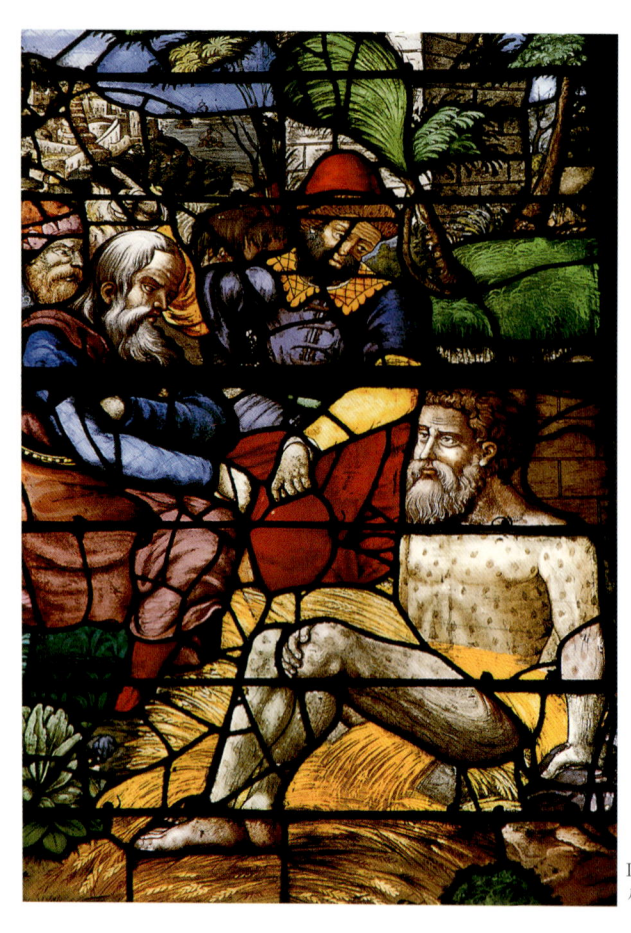

　この世に生まれた事を呪い、罪の無い自分に試練を与える神にさえ議論をしかけたが、自分の間違いと神の完全さに気付いたヨブは、悔い改めて赦される。
　その後、神はヨブを以前の状態に戻して2倍の富を与え、以前にも増して彼を祝福した。

I-55　ヨブと三人の友人　1570年頃　ルーアン（Rouen）　サン・パトリス教会

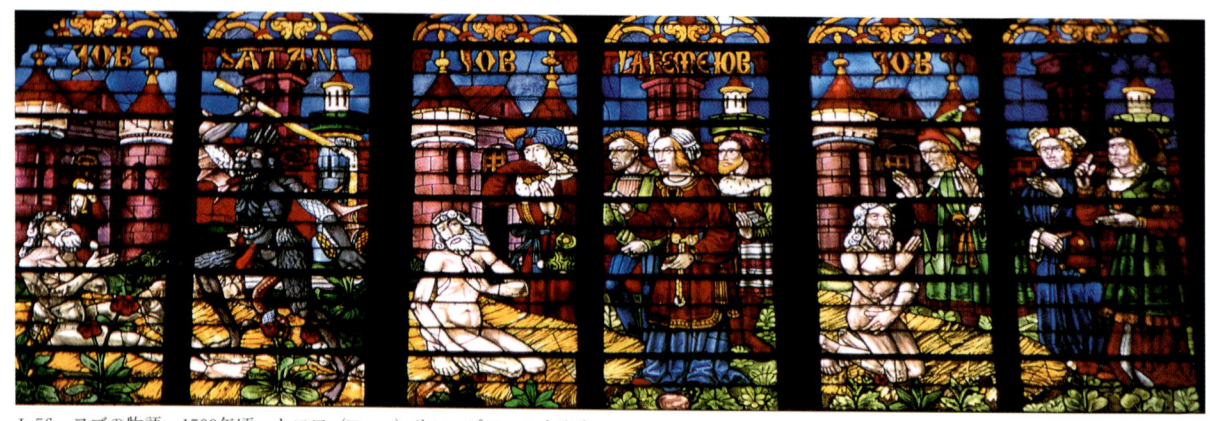

I-56　ヨブの物語　1500年頃　トロワ（Troyes）サン・ピエール大聖堂

　藁灰の中に裸で座るヨブの体は、ひどい皮膚病に侵されていて、手にはそれをかきむしるための陶器片が握られる。彼と議論する3人の友人、エリファズ、ビルダド、ツォファルが険しい顔で描かれる【I-55】。
　【I-56】は、サタンがヨブを苦しめる様子や（左）、妻が彼を見捨て、皆が鼻をつまんで嫌がる様子（中）、それに3人の友人との議論（右）が描かれている。

（見分け方）
　同じく全身のできものに苦しむ貧しきラザロ（p98）と似た表現の作例があるが、周りの様子やラザロの体をなめる犬が描かれる事で見分けられる。

ダニエル書

ダニエルの物語

30

内容

　ダニエルはイスラエルの貴族出身であるが、バビロンの王ネブカドネツァルに捕らえられて、宮廷に仕えるために育てられた。

　彼は神に選ばれた預言者で、王の不思議な夢を解きあかした。それは頭が純金、胸と腕が銀、腹と腿が青銅、すねが鉄、足は鉄と陶器でできた巨大な像が、一つの石で粉々に砕かれる夢[※1]であった。金の頭はバビロンを表し、それに続く第二、第三の帝国もやがて来る石、つまり神の王国によって滅びるであろうと解いた。この夢解きによってダニエルは王の信頼を得て、その後三代に渡って国の高官をつとめた。

　もう一つの重要な場面はダレイオス王の時代、ダニエルを陥れようとした役人達が、30日間バビロン王のみを崇める法を作り、それに従わずエルサレムに向かって祈るダニエルを捕らえ、獅子の穴に投げ込んだ事件である。神は天使を送ってダニエルを無傷で守り、反対に彼を陥れようとした役人達は、家族もろとも獅子にかみ殺された。

※1　この、人の手によらず山から出た石は、汚れ無き乙女（聖母マリア）から出たキリストが古い王国を破壊する啓示とも考えられた。

旧約聖書

I-57　獅子の穴のダニエル　1499年頃
トロワ（Troyes）　サン・ピエール大聖堂

　最も多く描かれるのが「獅子の穴のダニエル」【I-57】で7頭の獅子とともに描かれるが、構図の関係で2頭の時もある（獅子が描かれる他のステンドグラスの比較はp134の見分け方参照）。

　その他には、ネブカドネツァル王の夢を解いた場面が描かれる【I-58】。単独の立像ではイザヤ、エレミヤ、エゼキエルと並んで四大預言者の一人として描かれることも多い。

I-58　ネブカドネツァル王の夢　1499年頃
トロワ（Troyes）　サン・ピエール大聖堂

旧約聖書

31 ヨナの物語
ヨナ書

内容

　ヤロブアム二世統治下のイスラエル王国で生まれた、アミタイの子ヨナは預言者であった。ある日ヨナに臨んだ神は、アッシリアの大都市ニネベに行き、その悪行を悔い改めなければ、滅ぼされると言う事を伝える神命を与えたが、大役に恐れたヨナは、タルシシュ行きの船に乗って違う方向へと逃亡した。

　やがてヨナの乗った船は、神の起こした嵐で沈没しそうになり、その原因を知った船乗りたちは仕方なくヨナを海に放り込んだ。嵐は止み、海に投げ出されたヨナは、大きな魚に呑み込まれて、3日3晩その体内で過ごした。改心して神命に従う事を約束したヨナは魚から吐き出され、ニネベの説得にあたった。すると異邦人であるニネベの住民は、王を初めとして全員が悔い改めて、灰をかぶって断食したため、神はニネベを滅ぼす事をやめた。

　一方、ヨナはニネベの町を出て、東に陣取りこれから起こる事を眺めていた。強い日差しを遮るために神は一日にして、とうごまの木を茂らせヨナに日陰をつくってやった。結局ニネベには何も起こらず、とうごまの木も、一夜にして虫が枯らせてしまった。強い日差しと、ニネベを赦した事を不満に感じたヨナは、神に抗議したが、それに対する神の言葉は「お前は、自分で労することなく得た、とうごまの木でさえ惜しむのに、12万もの命や家畜を、創造主の神が惜しまずにいられようか。」という戒めであった。

I-59　魚に呑まれるヨナ　1525年頃
ヴィ・ル・コントゥ（Vic-le-Comte）
サント・シャペル・デ・コントゥ・ドーヴェルニュ教会

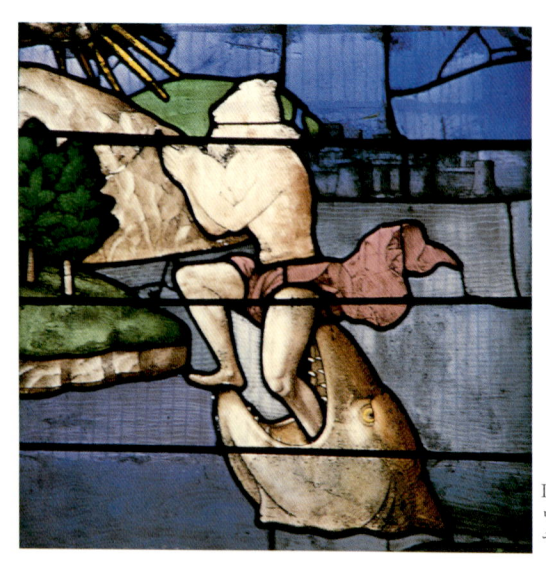

　多くは、船から海に放り投げられ、同時に大きな魚に呑まれる場面が描かれる。
　また、改悛したヨナが祈る姿で、魚から吐き出される場面も描かれる【I-59、I-60】。
　3日3晩魚の中にいたのち、吐き出される話は、後にキリストの復活の象徴として考えられる。さらに神命を逃れるヨナは、怠惰な聖職者たちへの戒めと考えられた。

I-60　魚から吐き出されるヨナ　1525年頃
ヴィ・ル・コントゥ（Vic-le-Comte）
サント・シャペル・デ・コントゥ・ドーヴェルニュ教会

トビト記（旧約聖書続編）※1

トビアの物語

※1　第二正典、もしくは外典と呼ばれ、紀元前三世紀頃から書かれた。現在ヘブライ語の聖書には含まれないが、神聖な書物として、教会のステンドグラスや絵画のテーマとしても使われている。

内容

　ナフタリ族アシエルの家系に属する、心正しいトビトは雀の糞が目に入り失明してしまった。年老いたトビトは息子のトビアを呼んで、メディア地方のガバエルに、20年前に貸した金の徴収を頼む。メディアまでの道も、相手の顔も知らないトビアは、信頼できる道案内を探しに外に出ると、そこには神の使い大天使ラファエル（p206）がいた。しかし、トビアはそれが天使であることに気付かぬまま、二人はともに旅に出る。

I-61　魚を捕らえるトビア　1500年頃
トロワ（Troyes）　サン・ピエール大聖堂

　途中、チグリス川の辺りで大きな魚が飛び出して、足を洗おうとしていたトビアを呑み込もうとしたが、ラファエルの指示でその魚を捕まえる事ができた。その魚から、胆のうと心臓と肝臓を取り出して身は焼いて食べ、残りは捨てた。

　旅を続ける二人は、メディア地方に入り親戚のラグエルの家に泊まったが、そこの娘サラには悪魔がとりついていた。ラファエルは、先程の魚の肝臓と心臓を燃やす事をトビアに教えて、彼は悪魔を追い出すことに成功した。

　めでたくサラと結婚したトビアは、その後も順調に旅を続け、お金の徴収も済んで帰途についた。家に帰ったトビアはラファエルに言われたとおり、魚の胆のうを父トビトの目に塗ると、白い膜がとれて見えるようになった。

　ついに本当の姿を現した天使ラファエルは、今後も神を讃えるようにと言い残して消えた。その後トビトは112歳、トビアは117歳まで生きて天に召されたという。

> 　大きな魚を捕らえる場面や【I-61】、サラのベットの脇で魚の肝臓や心臓を焼く場面【I-62】、父トビトの目に胆のうを塗る場面などが描かれる。
> 　大天使ラファエルがステンドグラスに登場する、数少ない図像の一つである。

I-62　サラとトビア　1500年頃
トロワ（Troyes）　サン・ピエール大聖堂

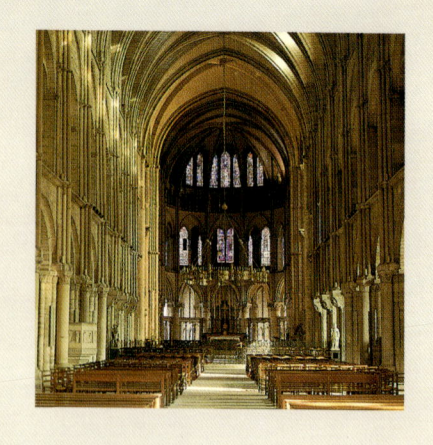

取材の旅

　車に撮影機材を積み、広大な葡萄畑を縫うように続く道を、胸躍らせて走ると、道は畑の起伏に合わせてゆっくりと上下し、遠い教会堂のとんがり屋根が見え隠れしながらだんだんと近づいてくる。
　フランスで、小さな町にも必ずある教会の全てが、ミサや行事に使われているわけではない。過疎化した町や管理する者がいなくなってしまった教会堂は、維持費の節約や盗難防止のため、数十年にわたってその扉を硬く閉ざしている。そして、そのような所にかぎって忘れ去られたかのように、素晴らしいステンドグラスが残っているのである。
　さて目的の村に入ったら、真っ直ぐに教会へ行く。小さな村では教会堂より高い建物はないので、それはすぐに見つけることが出来る。まず2～3箇所ある扉のどこかが開いていないかを確かめる。大聖堂や中規模都市に幾つかある教会堂を除けば、ほとんどの教会はドアにしっかりと鍵がかけられているからである。全ての扉が施錠されていた場合は、まず正面ドア付近に貼られている紙でミサや行事の時間を調べる。しかしこれは、あまりあてにならない。特にその紙が遠い昔からそこに貼られている事を証明するかのように、変色して今にもはがれ落ちそうな場合はなおさらである。それにもし、本当にミサやその他の行事が行われるにしても、その時間内は無神経に入る事や、写真を撮ることも出来ない。
　手紙や電話で、前もって開けてもらう約束をしている時を除いて、たいていの場合は、その村の誰かが持っているであろう鍵を探す事になる。
　まず第一に教会のすぐ隣や向いの、住所が1番の家を訪ねる。小さな町の場合はたいてい、教会に近い順に家の番号が若く、特に1番は、プレイズビテール（PRESBYTERE　司祭館）であることが多く、神父や教会関係者が住んでいるからである。仮にその人が持っていなくても、誰が鍵を管理しているかの情報は得ることが出来る。少し大きな村ならばメール（MAIRE　村長、区長のいる建物）、観光地ならばオフィス・ドゥ・トゥーリズム

(OFFICE DE TOURISME　観光案内所)、かサンディカ・ディニシアティヴ (SYNDICAT D'INITIATIVE　観光案内所)、そして家が10～20軒程度の小さな村では、昔から教会の墓地などを掃除しているお年寄りが持っている場合が多い。

　さて運良く、鍵を持っている人物が見つかったからといって、必ず開けてもらえる訳ではない。15年程前までは大抵の場合、何も言わずに鍵を渡してくれたが、ここ数年は、修復工事中で危険だからとか、もう何年も開けていないから等の理由で断られる事が多くなった。たとえ開けてくれるにしても、誰かがその鍵を持って一緒に、こちらの作業が終わるまで、その場で待っているのである。当然、写真撮影にはそれなりの時間がかかるので、その間ずっと後ろで待つ人の、視線を感じながらの作業となる。

　そもそも教会の鍵を預かっている人はお年寄りが多く、さらに入口までの石段がとても長かったり、冷え込む冬場だったりするときは、とても申し訳なく、ゆっくりと写真を撮っている事が出来ないのである。

　従って私は、少しでも早く正確に撮影出来るように、出発前に有りとあらゆる資料を動員し、その教会堂の何処の窓にどの作品があるのかを調べる。そして現場での撮影時間が充分には無い場合を想定し、どのステンドグラスを優先的に撮影するかの順位等を決め、ノートにまとめておくのである。一度の海外取材で1500～2000枚くらいの写真を撮るため、このノートは帰国してフィルムを整理する際にも大変大事な資料になる。

　時間との勝負になる夕暮れ時などは、移動する車内で既に三脚の足をのばしておいたり、教会に飛び込んだら、初めに写す作品を決めて、それに見合った望遠レンズをセットしておいたりもする。

　失敗したら今度はいつ来られるかわからないため、特に大切なステンドグラスの写真は、同じ角度や距離から何枚も写す。数十メートルも離れた作品を望遠レンズで狙う時には、目の疲れや気力の無さが直ぐに反映されるため、その緊張感はかなりのものになる。

　こうした旅を20年以上も続けていると、計画通りに行かない事が多々ある

が、時には奇跡的なタイミングの良さで作品に巡り会う事もある。

　以前、真冬のブルターニュ地方を取材していて、町外れの小さな礼拝堂にある数点の作品を、古い資料の記述を頼りに訪ねた時、町の誰に聞いても鍵の在処がわからず、しかもその礼拝堂が個人所有のものであったため、数年にわたって誰も中に入ったことが無く、所有者も不在と言うことで、仕方なくそこを立ち去った。

　しばらく車を走らせて、いくつめかの村にさしかかったとき、ふと目に付いた小さなカフェがあった。寒さと空腹を感じて、そこに立ち寄り、熱いショコラを飲んで人心地がついたところで店の主人に、それとなく数キロ先の例の礼拝堂の話をしたところ、所有者から数年前にその鍵を預かっているとの事、早速階段の下の物入れを探して見つけた、古い大きな鍵を快く貸してくれたのである。

　少し日が傾きかけてきた時間だったので、頼んだサンドイッチも待たずに車に飛び乗り、先程の礼拝堂を目指した。

　重くきしむ扉をゆっくりと開けると、そこには数年間だれに見られる事もないのに、確かに存在していたステンドグラスの、光に染められた神聖な空気が、まるで手でつかむことが出来るかのように存在していた。堂内にゆっくりと一歩踏み込むと、ちょうど私の体の分だけ、ほんのりかび臭い空気が外に出ていくのが見えたような気さえした。

　こういう時は、まさにこのステンドグラスが、数百年もの間この空間で私が来るのを待っていてくれたような、ずうずうしい考えに浸ってしまう。我を忘れてシャッターをきり続けふと気がつくと、フィルムの残り枚数を表示する数字が読みとれない暗さになっている。太陽が沈もうとする薄暮は、ステンドグラスを最も美しく神聖に、そして悲しく見せる時間帯である。一日に数分間しかないこの時こそ、私とステンドグラスの間が、と言うより数百年前にこれを制作した作家との距離が、最も近く感じられる時であり、自分にとって何事にも代え難い最高の時である。

第Ⅱ章

新約聖書

LE NOUVEAU TESTAMENT

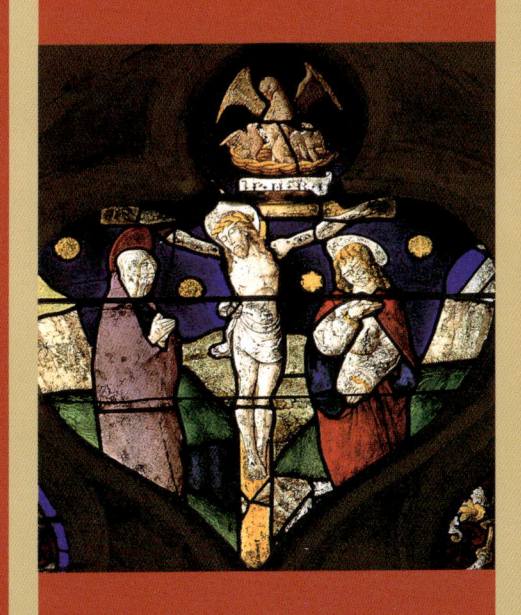

LE NOUVEAU TESTAMENT

新約聖書

　新約聖書は紀元後50年頃から150年頃にかけて書かれたもので、それまで、使徒や、生前のイエスを知る人々の口頭で伝えられていた救世主イエス・キリストの生涯や教えを、伝道するさいの聖典としてまとめた物である。397年に現在、新約聖書聖典とされる27書が定められた。

　とくに最初の部分に書かれている、四つの福音書（マタイ、マルコ、ルカ、ヨハネ）を原典として多くのステンドグラスが制作されたが、全てキリストの生涯を伝えているにも関わらず、これらは細部でかなりの違いがある。「共観福音書」と呼ばれる、マタイ、マルコ、ルカによる3福音書は、かなりの部分が共通の資料に基づいて書かれているため、第四福音書の、ヨハネによる福音書と区別される。

　本書においてもステンドグラスに描かれた図像が、どの福音書、もしくは外典や伝説をもとに描かれたかをできるだけ記載した。

　新約聖書に関しては、旧約聖書からのつながりを考えて、「洗礼者聖ヨハネの生涯」「聖母マリアの生涯」「キリストの生涯」の順に3章に分けて、それぞれの人物が重複して登場する場合は、その場面における中心人物の章に入れた。

　これは旧約聖書や聖人伝を描いたステンドグラスにも共通する事であるが、各人物の生涯におけるたくさんの場面が、一枚の窓を分割して描かれる場合と、単独の場面が窓いっぱいに描かれる事がある。前者の場合、右頁の写真に見られるように下から上へ話が進み、最上部で物語が完成するように描かれることが多い。特に、殉教して天に召される聖人などの生涯は、そのまま空へ消えていくかのように描かれるため、この配置が重要になる。

新約時代のパレスチナ

この地図の地名は『聖書』（新共同訳／1987年版）による

新約聖書

聖母マリアの生涯とキリストの受難　13世紀末
ショロア・メニョ（Choloy-Ménillot）　アサンプション・ドゥ・ラ・ヴィエルジュ教会

左パネル（聖母マリアの生涯）下から　1.受胎告知　2.御訪問　3.降誕　4.マギの礼拝　5.神殿への奉献
右パネル（キリストの受難）下から　1.ピラトの前のキリスト　2.鞭打ち　3.十字架の道行き　4.磔刑　5.キリスト復活後の墓

Saint-Jean-Baptiste

（仏語）サン・ジャン・バプティスト

洗礼者聖ヨハネ

洗礼者聖ヨハネは、聖人の項目に入れる事も、キリスト出現前の、最後の預言者とする事もできる存在であるが、聖書での重要性、今日まで、この聖人の名で捧げられた教会数、そしてステンドグラスに描かれる数の多さで、他を凌駕しているため別項目とした。

4つの福音書が全て、洗礼者聖ヨハネの話を前章に持ってきて、後から来る本当の救い主、キリストの先駆として「主の道を整え、その道筋をまっすぐにせよ。」という役割を果たすべく、荒れ野に現れた事を強調している。

彼の生涯と描かれる伝説は次のようなものであった。

新約聖書

マタイによる福音書3　マルコによる福音書1　ルカによる福音書1、3　ヨハネによる福音書1

内容

エルサレム神殿の祭司ザカリアとエリザベト（p153）の間に生まれた※1ヨハネは、荒れ野での修行後、ヨルダン川で天の国が近い事を伝えて、悔い改める多くの人々に洗礼を与えていた。

やがてキリストがやってきて彼に洗礼を受けるが（p88「キリストの洗礼」参照）ヨハネは皆に「わたしは水で洗礼を授けるが、その方は

※1　ザカリアとエリザベトは、マリアと同じく天使によって告知を受けたが、自分たちが高齢で、しかも妻が不妊症だと思っていたため、その言葉をすぐには信じなかった。罰として口が利けなくされたザカリアは、天使に聞いたその子の名「ヨハネ」を板に書いて、エリザベトの出産をむかえたが、ヨハネ誕生と同時に言葉が戻った。

II-2　聖ヨハネの首を受け取るサロメ　16世紀前半
コンシー・レ・ポ（Conchy-les-Pots）　サン・ニケーズ教会

II-1　サロメのダンス　1530年頃
モンコントゥール（Moncontour）　サン・マチュラン教会

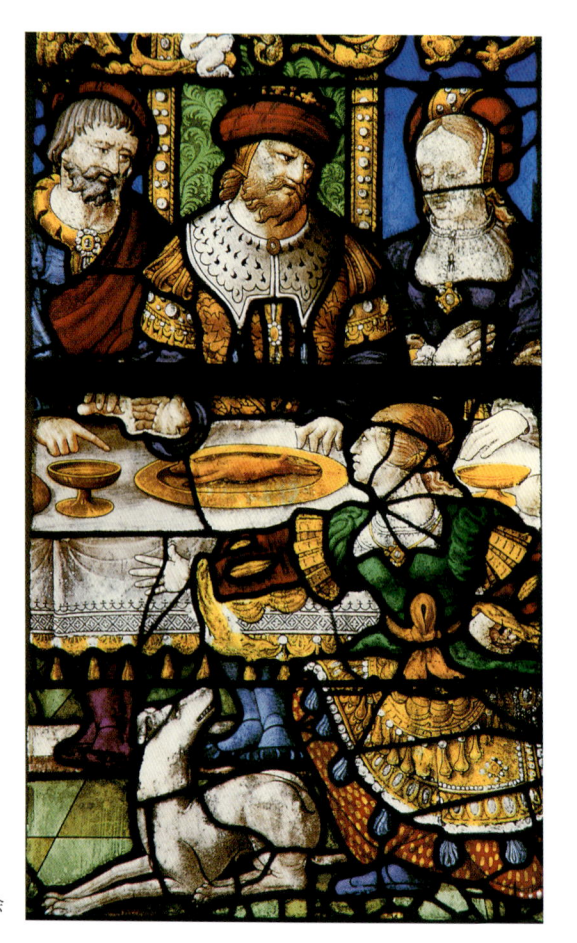

※2 ヘロデは自分の妻を離縁して、異母兄弟の妻、ヘロディアスを横取りした。

聖霊で洗礼を御授けになる」と言いイエスを真の救世主と認める。
　その後、ヘロデ大王の息子のヘロデ・アンティパスのおこない※2を批判して捕らえられたが、ヨハネの人気が高かったため、すぐには殺す事ができなかった。そこで妻のヘロディアスと申し合わせて、彼の誕生祝いの席で娘のサロメが踊り、その褒美に何でも好きな物を与える約束をした。公衆の面前で約束した事は、覆すことができない事を利用して、サロメに「洗礼者ヨハネの首、が欲しい」と言わせたのである。こうしてヨハネは牢から引き出されて、首をはねられた。

Ⅱ-3　洗礼者聖ヨハネ　15世紀
ルーアン（Rouen）　ノートル・ダム大聖堂

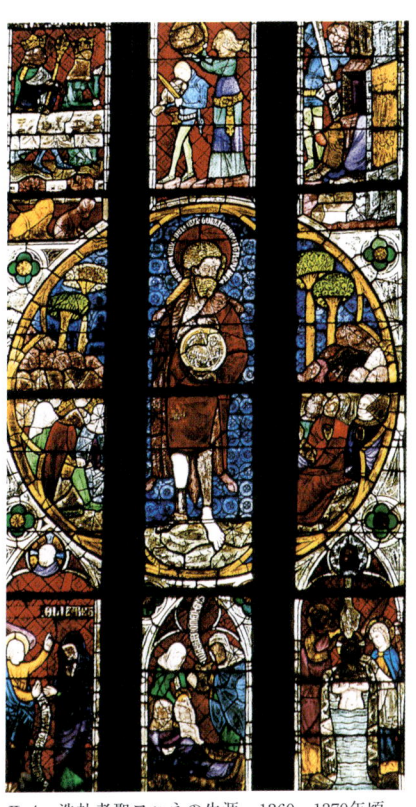

Ⅱ-4　洗礼者聖ヨハネの生涯　1360～1370年頃
ニーダハスラッハ（Niederhaslach）　サン・フロラン教会

　これが有名な、「サロメのダンス」であり、ヨハネの生首を、大皿に載せて舞うサロメの図像が生まれた。神秘的に踊るサロメと、それを見るヘロデとヘロディアスの図【Ⅱ-1】や、刎首される場面、ヨハネの首を皿に受け取るサロメ【Ⅱ-2】、などの場面も描かれる。
　通常、彼は本の上に載せた子羊、葦の棒の十字架、それに結んだ十字の旗、などを持ち、裸足にらくだの毛衣か苦行者の格好で描かれる【Ⅱ-3】。
　洗礼者聖ヨハネの生涯を表したステンドグラス【Ⅱ-4】の中央に立つヨハネは、聖書の「らくだの毛衣を着、腰に皮の帯を締め」にしたがい、野性味あふれる姿で描かれる。上段はヨハネの刎首と、皿に首を載せたサロメ、テーブルでそれを見るヘロデとヘロディアスで、下段は「エリザベトへのお告げ」とヨハネの誕生、右端が「キリストに洗礼を授けるヨハネ」である。

Vierge
（仏語）ヴィエルジュ

聖母マリアの物語

新約聖書

聖母マリアの生涯はキリスト降誕の後、キリストの生涯（p80～p124）と重なるため、ここでは「金門の邂逅」から「御訪問」までの代表的な場面と、キリストの昇天後の「聖霊降臨」から「聖母マリアの戴冠」までを紹介する。

1 金門の邂逅

内容

マリアは、ナザレに住むイスラエル人、ヨアキムとベツレヘムのアンナを両親として生まれた。

二人は神を畏れる心正しい人であったが、結婚後20年間、子ができなかった。ある日、ヨアキムはエルサレム巡礼に出かけた帰り、天使のお告げを受け、間もなく妻アンナが女の子を産む事を告げられる。天使はその子をマリアと名付ける事や、そのマリアから救い主が生まれることを告げ、急いでエルサレムの金門に行くようにと言う。同じ頃アンナのもとにも、天使が現れ、彼女も金門へ向かった。

金門の前で再会を果たした二人は、神に感謝して喜び合った。

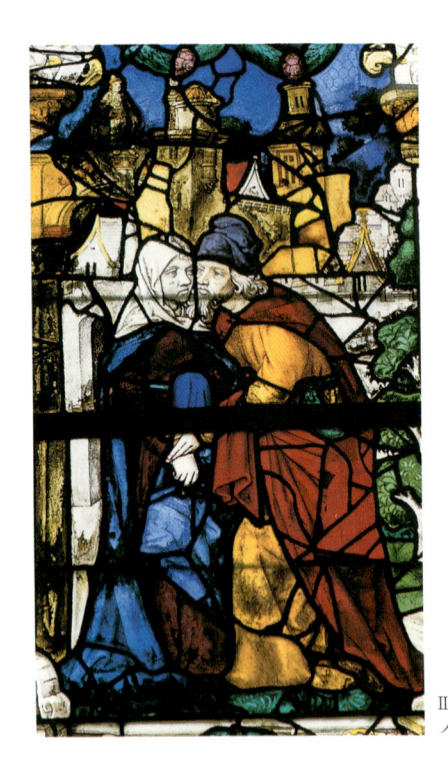

Ⅱ-6　金門の邂逅２　16世紀初頭　シャンポー（Champeaux）　サン・マルタン教会

Ⅱ-5　金門の邂逅１　16世紀前半　ノジョン・ル・ロワ（Nogent-le-Roi）　サン・シュルピス教会

金門とは、エルサレムのヘロデ神殿の東門をさし、ステンドグラスに描かれる時にはその名の通り、金色のガラスや顔料が使用される事が多い。門の前で抱擁する二人は、年老いた夫婦に描かれ【Ⅱ-5】、接吻している様に描かれる事もある。

背後の門が閉められて描かれるのは、マリアの純潔を表す「閉じられた門」（エゼキエル書44-2）を意味している【Ⅱ-6】。

2 マリアの誕生

内容
　天使の告げた通りにアンナは女の子を出産し、その子はマリアと名付けられた。

Ⅱ-7　マリアの誕生 1　16世紀中頃
クール・シュル・ロワール（Cour-sur-Loire）
サン・ヴァンサン教会

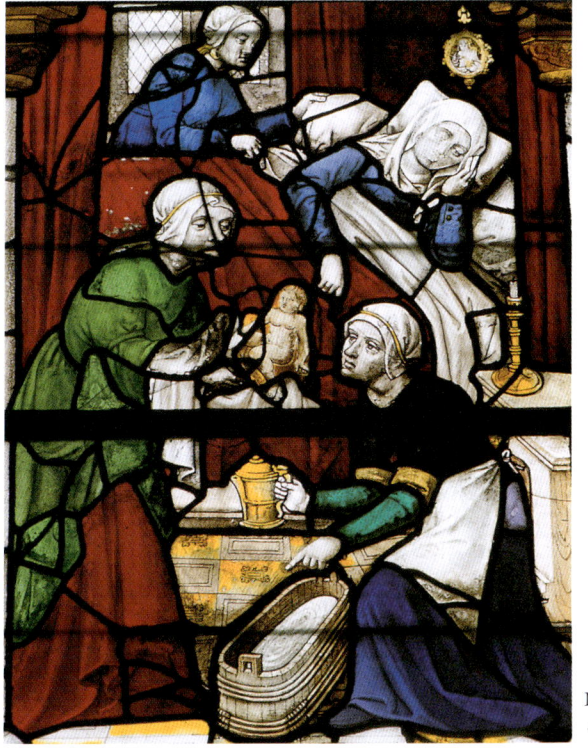

　聖書には記述が無いため、新約外典や伝説、そして「キリストの降誕」を参考に制作された。作例のほとんどは15世紀以降で、単独に描かれる事は少なく、マリアの生涯における一場面として描かれる。
　アンナは寝台に横たわり、召使い達が産湯の準備や、マリアのための寝台を運んでいる【Ⅱ-7、Ⅱ-8】。ヨアキムが描かれる場合と、アンナと女達だけの場合がある。

Ⅱ-8　マリアの誕生 2　16世紀前半
ノジョン・ル・ロワ（Nogent-le-Roi）　サン・シュルピス教会

3 マリアの神詣で

新約聖書

内容

ヨアキムとアンナは子供が授かったら、その子を神に捧げて奉仕させる事を誓ったため、3歳になったマリアを、エルサレムの神殿に連れていった。

丘の上にある神殿への階段を、幼いマリアは一人で登ったという。

無事に供犠をすませた両親は帰っていき、残ったマリアは14歳になるまで神殿に仕え、日ごと神や使いの天使を感じて過ごした。

Ⅱ-9 マリヤの神詣で 16世紀 シャロン・シュル・マルヌ（Châlons-sur-Marne）サン・テチィエンヌ大聖堂

心配そうに見守る、ヨアキムとアンナが左に描かれ、マリアはしっかりと神殿への階段を登り、上にはレビ人の祭司が待っている。

多くのステンドグラスがこの階段を15段で描くのは、「詩編」120〜134の都もうでの歌15章に由来すると言われる。【Ⅱ-9】では右下に燔祭（犠牲の動物を焼いて神に捧げる）ための動物が売られている。ちなみに燔祭の動物は雄で、裕福な人は雄牛や雄羊、貧しい人は鳩で代用したという。

4 マリアの結婚

内容

マリアが14歳になった頃、その将来を話し合った祭司たちの長、ザカリアに天使が現れ、国中のダビデの血をひく男(独身者と寡夫)に棒を持たせて集め、神がしるしを与えた者を夫に選ぶように告げた。

ヨセフ(p87)もダビデの一族であったが、自分が高齢のため杖をもって行かなかったため、誰にもしるしは現れなかった。もう一度集められた時にヨセフが杖を持つと、たちまち杖に花が咲き、聖霊が舞い降りた。

こうして二人は結婚することになった。

Ⅱ-10　マリアの結婚　1545年　ジゾール(Gisors)サン・ジェルヴェ・エ・サン・プロテ教会

大祭司の前で、マリアに指輪を送るヨセフは必ず杖を持ち、先端に花が咲いた杖の上には、鳩の姿の聖霊がとまっている【Ⅱ-10】。

ルカによる福音書1-26〜38

5 受胎告知

内容

　ヨセフと婚約したマリアのもとに、お告げの天使、聖ガブリエル（p206）が、訪れて神の言葉を告げた。
　「おめでとう、恵まれた方。主があなたと共におられる。」
　「マリア、恐れることはない。あなたは神から恵みをいただいた。あなたは身ごもって男の子を産むが、その子をイエスと名付けなさい。その子は偉大な人になり、いと高き方の子と言われる。神である主は、彼に父ダビデの王座をくださる。彼は永遠にヤコブの家を治め、その支配は終わることがない。」（ルカによる福音書1-28、1-30〜33）

　マリアは聖処女として聖霊によって身ごもり、キリストは原罪無くしてこの世に降臨した。旧約聖書のイザヤ書にある「見よ、おとめが身ごもって、男の子を産み」（7-14）の成就であり、救世主キリストの、そしてキリスト教そのものの始まりでもある。

Ⅱ-11　受胎告知1　1140年頃
サン・ドニ（Saint-Denis）　サン・ドニ修道院教会堂

Ⅱ-12　受胎告知2　1155年頃
アンジェ（Angers）　サン・モーリス大聖堂

Ⅱ-13　受胎告知3　1448〜1450年頃
ブールジュ（Bourges）　サン・テチィエンヌ大聖堂

II-14 受胎告知 4　16世紀　シャロン・シュル・マルヌ（Châlons-sur-Marne）サン・アルパン教会

新約聖書

Ⅱ-16　受胎告知6　1520年頃
ポントゥ・オドゥメール
（Pont-Audemer）
サン・トゥーアン教会

Ⅱ-15　受胎告知5　1545年
ジゾール（Gisors）　サン・ジェルヴェ・エ・サン・プロテ教会

Ⅱ-17　アンナへのお告げ　1500年頃
エルブッフ（Elbeuf）　サン・ジャン教会

「受胎告知」は聖母マリアの生涯で最も作例が多く、キリスト教にとってもマリアの処女性を証明する大切な教義である。

古くは2世紀にその作例を見るが、ステンドグラスでも12世紀の作品がいくつかある。その後13～16世紀にかけてフランスでは、マリアの生涯の一場面としてだけでなく、単独の図像として多くの教会の窓を飾った。私自身、生涯の研究テーマの一つとして、各時代の作例を取材しているが、その数は500以上にのぼり表現も様々である。

確かに、我々制作者から見ても、美しく慈悲深いマリアと、優雅で神聖な大天使ガブリエル、そして、そこにある緊張感は大変魅力的なテーマといえる。

そもそも、ルカによる福音書に書かれたこの文章だけで「受胎告知」の図像が描かれる訳ではなく、その他様々な外典や伝説がこの物語を伝えているため、作者が何を参考にし、どの作品に影響されたのかを見極める必要がある。

【Ⅱ-11】は12世紀の代表的な作品で、天使聖ガブリエルが手に棕櫚の葉（殉教を示す）を持ち、マリアには聖霊が降りている。二人の間には「アヴェ・マリア」（めでたしマリア）の文字が書かれる。足下にひれ伏しているのは、この場面とは全く関係ない、このステンドグラスの依頼者、サン・ドニ修道院長シュジェールである。彼はゴシック建築の父と言われ、フランスにおけるステンドグラスの発展にも貢献した。

【Ⅱ-12】は同じく12世紀の作品であるが、マリアと聖ガブリエルの他に侍女が一人描かれており、これは外典に書かれている、大祭司がマリアに侍女を付けたという記述に由来すると思われる。

【Ⅱ-13】は15世紀の名作といわれる受胎告知である。中央に美しい羽根と衣装の聖ガブリエル、向き合うマリアは宝石を散りばめた光輪にシルクのようなガウンを着ている。二人の両脇には、使徒の聖ヤコブ（左）と聖女カタリナ（右）が描かれるが、この聖人たちは、ステンドグラスを教会に寄進した15世紀の大富豪、ジャック・クールと妻の守護聖人である。

王家に取り入って、巨万の富を蓄えた彼は、このステンドグラスでも自分の姿は描かずに、背景の天蓋やトレサリー（窓上部の三角部分）の形そのものを、フランス王家の紋章である百合の形にして献上した。しかし皮肉なことに、この数年後ジャック・クールは、国王の信頼を失って失脚することになる。

【Ⅱ-14】は16世紀の典型的な作例で、場所の設定はナザレのマリアの家、手には本を持ち、紫色の室内着に青のガウンを着たマリアに、鳩の形をした聖霊が降りる。数色に分かれた色の羽根を持つ大天使聖ガブリエルは笏を持ち、足下には純潔を象徴する白百合、二人の間には、めでたしマリアの文字が踊る。

【Ⅱ-15】は同じ16世紀の作品であるが、透明なガラスのみを使用して、そこにグリザイユとシルバーステイン（酸化銀による金発色の顔料）で描いた、絵画的なステンドグラスである。左上には神自ら聖霊を送る姿が描かれ、手前の糸車はヤコブ原福音書の記述にある、マリアが神殿の幕を織るために割り当てられた糸と思われる。井戸端で水を汲んでいるところが描きそえられる事もある。

【Ⅱ-16】にあるように、大きな窓数枚に渡って描かれるダイナミックな作品がルネサンス期にはたくさん制作された。この動きのある華やかな受胎告知は、1520年に制作され、それはまさに、ステンドグラス作家たちが活躍し、腕を競った時代である。

(見分け方)

受胎もしくは死に関して、天使のお告げを受ける図像は他にいくつかある。

見分けづらい物は「エリザベトへのお告げ」、「アンナへのお告げ」【Ⅱ-17】、そして「聖母マリアへの死のお告げ」(p76)であるが、いずれも受胎告知のマリアに比べて、年老いて描かれる事が一番の違いである。その他細部の違いについては各章を参照。

ルカによる福音書1-39〜56

6 御訪問

内容

前章の「受胎告知」の場面で、お告げの天使聖ガブリエルはマリアに、「あなたの親類のエリザベトも、年をとっているが、男の子を身ごもっている。」と告げたため、彼女はすぐに、ユダの町に住むエリザベトを訪ねた。

二人の妊婦が祝福し合う場面が「御訪問」である。マリアの挨拶を受けたエリザベトは、胎内で子がおどったのを感じたという。この子が、後にキリストに洗礼を授け、救世主の先駆けとなる、洗礼者聖ヨハネ（p64）である。

その後マリアは3ヶ月間エリザベトのところに滞在してから、自分の家へ帰った。

Ⅱ-18　御訪問1　16世紀初頭
エルブレイ（Herblay）　サン・マルタン教会

Ⅱ-19　御訪問2　1545年
ジゾール（Gisors）　サン・ジェルヴェ・エ・サン・プロテ教会

若いマリアと、年老いたエリザベトが抱擁、もしくは手を取り合っている場面が描かれる【Ⅱ-18、Ⅱ-19】。

場所は屋外で、エリザベトがマリアを迎えるかたちに表現され、周りには夫のザカリアや侍女、時には天使たちが見守る。

妊婦であることを示すように、二人の腹部は膨らんで描かれ、マリアのお腹にそっと手を当て、祝福しているエリザベトの様子が描かれる。

使徒言行録2-2

聖霊降臨

内容

キリストの昇天後10日、つまり復活の40日後に、エルサレムに集まっていた使徒や信者たち、そして聖母マリアのもとに、預言どおり聖霊が降りた。

激しい風の音とともに、炎の舌のかたちをした聖霊が使徒たちの上に降り、彼らはそれぞれ異国の言葉を話し始めた。これにより、キリストが常に彼らと共にいる事を示して勇気づけ、世界へ向けての伝道が始まる。

新約聖書

Ⅱ-20 聖霊降臨1 15世紀後半
サン・サンス（Saint-Saëns） サン・サンス教会

Ⅱ-21 聖霊降臨2 15世紀末
サン・ジュリアン（Saint-Julien） サン・ジュリアン教会

「聖霊降臨」は聖母マリアの生涯における一場面と言うより、使徒たちやキリスト教の教会、及びその伝道活動の始まりを意味する象徴的な場面であるが、ステンドグラスにおいて、マリアが中心に描かれる美しい窓が多数存在しているため、この章に分類した。

【Ⅱ-20】は文献の記述に従って、舌の形の炎（聖霊）が天から降り注ぎ、中心の聖母マリアに向けて、鳩のかたちをした聖霊が真っ直ぐに降りている。

【Ⅱ-21】は、大きな鳩のかたちの聖霊がとどまり、そこから長い炎が使徒たちに向かってのびている。

75

8 聖母への死のお告げ

新約聖書

内容

マリアが何歳まで生きたかについては、72歳であったという説や60歳、80歳など諸説あるが、聖書にはキリスト昇天後のマリアについての記述はなく、信者たちが後に伝えた伝説にたよるしかない。

ある日、聖母マリアが一人でいるときに、キリストの事を想って泣いていると、彼女のもとに天使が現れて、3日の後、天に魂が迎えられるであろう事を伝えた。

この時、死を知らせに現れた天使は、「受胎告知」のときと同様に聖ガブリエルだという説や、同じ大天使の聖ミカエル（p205）であったという説もある。

Ⅱ-22　聖母への死のお告げ　1510年頃
クレネー・プレ・トロワ（Creney-près-Troyes）　サン・オヴォンタン教会

年老いたマリアのもとに、天使が棕櫚の葉[※1]を手渡している。マリアが心静かに、死のお告げを受けている様子が描かれる【Ⅱ-22】。

（見分け方）

「受胎告知」との違いは、百合や聖霊、「めでたしマリア」の文字などが描かれないことであるが、最大の違いはマリアが頭巾をかぶった老女に描かれることである。

「エリザベトへのお告げ」や「アンナへのお告げ」では、年老いた女性が告知を受けるが、天使が棕櫚の葉を持って現れることはない。

※1　パレスチナに多く茂っていた「なつめ椰子」の葉で、いつも緑色をしているため、永遠の喜びや栄光を表し、特に聖人伝において、キリスト教の信仰を捨てずに殉教した者だけが持つことのできる、殉教聖人の証しとされる。

聖母マリアの最後を飾る一連の物語は、文献の違いや解釈、また美術表現の流行などの影響を強く受けるため、各時代や表現形態（絵画、彫刻、レリーフ、そしてステンドグラスなど）によって大きな違いがある。

　ここでは15〜16世紀のステンドグラスで最も作例が多い表現を紹介する。

新約聖書

聖母マリアの御眠り[※1]（死）と戴冠

[※1] 死を「御眠り」と書くのは、蘇りを信じた特別な言い方。

[※2] マリアはキリスト（神）の母であるが、人間であるために、自分の力のみで天に昇ることはできない。キリストによって天に上げられるため、被昇天と言う。

内容

　伝道のために世界各地に散らばっていた使徒たちも、お告げを受けて集まり、聖母マリアの枕元で見守る。ヨハネに棕櫚の葉を手渡した後、息をひきとったマリアの魂は、天使によってキリストのもとへと運ばれる。

　伝説によると、聖母マリアは3日後に蘇り、その後、被昇天[※2]したと言われる。

　天の玉座に迎えられたマリアは、父なる神、キリスト、聖霊、そして無数の天使たちに囲まれて戴冠する。

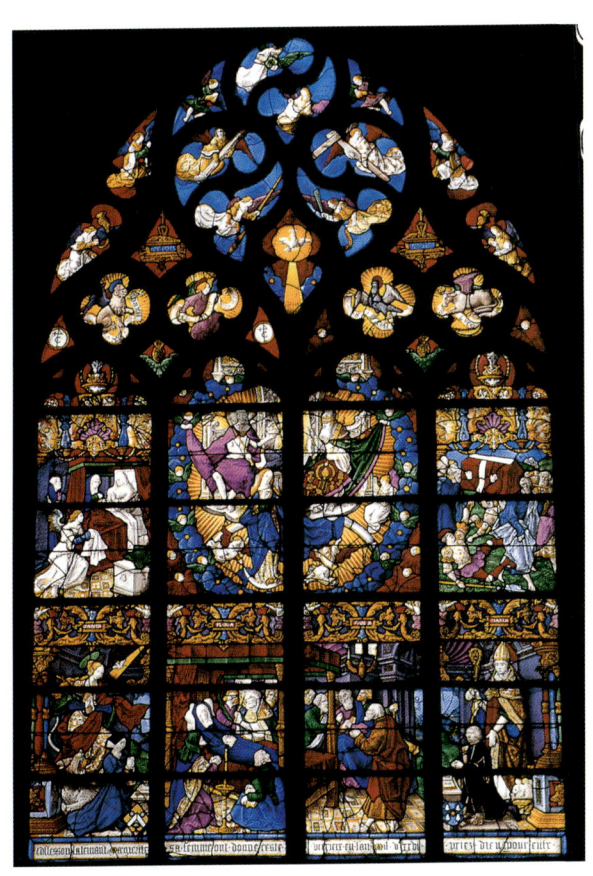

Ⅱ-24　聖母マリアの御眠り2　1220〜1225年頃
サン・カンタン（Saint-Quentin）　サン・カンタン教会

Ⅱ-23　聖母マリアの御眠りと戴冠　1526年
シャロン・シュル・マルヌ（Châlons-sur-Marne）
ノートル・ダム・アン・ヴォー教会

新約聖書

Ⅱ-25　聖母マリアの御眠り1　16世紀
ノートル・ダム・デュ・クラン（Notre-Dame-du-Crann）
ノートル・ダム・デュ・クラン教会

Ⅱ-25の部分

Ⅱ-26　聖母マリアの戴冠　16世紀　ノートル・ダム・デュ・クラン（Notre-Dame-du-Crann）　ノートル・ダム・デュ・クラン教会

　【Ⅱ-23】は上記の一連の物語を一枚の窓に表現したものである。
　窓の下段は地上の様子、中段では戴冠の様子が、そしてトレサリーには天を舞う天使や聖霊が描かれる。北方ルネサンスの旗手、アルブレヒト・デューラーの原画による豪華なステンドグラスである。
　【Ⅱ-25】も同じ場面を描いているが、寝台に横たわるマリアを囲む使徒たちの様子が細かく描かれており、枕元で吊り香炉を振る聖アンデレ、棕櫚の葉を持つ聖ヨハネ、足下で臨終の聖水をかける聖ペトロなどが描かれている。

　中央の丸い雲には、キリストがマリアの魂（魂は常に小さな子供の姿で表現されるため、たとえマリアでも、小さな女の子に描かれる）【Ⅱ-25の部分】を抱いて祝福のポーズをしている。
　【Ⅱ-24】は13世紀の「聖母マリアの御眠り」でこの場合、枕元が聖ペトロ、足下が聖パウロ、そして中央でマリアの胸に耳を付けて鼓動を聞いているのが聖ヨハネである。
　戴冠の様子を描いた作品は特に美しく、多くの天使たちに囲まれて祝福を受けるマリアが描かれる【Ⅱ-26】。

Christ
（仏語）クリストゥ
キリストの生涯

新約聖書

キリストの生涯は、その誕生を描いた「キリストの降誕」から始まり、様々な奇跡やたとえ話、そして神秘的な出来事である「変容」までの場面と、死を覚悟して向かう「エルサレム入城」から「磔刑」、復活後の「昇天」までの受難場面とに分けられる。

大聖堂においても、祭壇付近の最も大切な窓を飾る多くのステンドグラスが、これらの場面をテーマとしており、キリスト教の教義に直接関わる重要な図像がたくさん含まれている。

ルカによる福音書2-1〜20

1 キリスト降誕

内容

「聖母マリアの生涯」（p66〜79）で、エリザベトの家から戻ったマリアと、天使のお告げで、妻マリアが聖霊によって身ごもったことを知った夫のヨセフは、出産に備えたが、ちょうどその頃ローマ皇帝アウグストゥスが、全領土を調査するための住民登録を強制した。全ての住民は、自分の生まれ故郷に帰って登録せねばならず、ヨセフも身重のマリアを連れてガリラヤのナザレから、ユダヤのベツレヘムまで旅[※1]することになった。

しかし、いっせいに皆が故郷を目指したため、ベツレヘムの町に到着しても二人は、宿屋を見つけることができなかった。歩き回ってやっと見つけた馬小屋で、その夜マリアは一人の男の子を産んだ。マリアはその子を布にくるんで、飼葉桶に寝かせた。

※1　直線距離でも120キロ以上ある。

Ⅱ-27　キリスト降誕1　16世紀　ノートル・ダム・デュ・クラン（Notre-Dame-du-Crann）ノートル・ダム・デュ・クラン教会

80

Ⅱ-28　キリスト降誕2　1598年頃
ラ・フェルテ・ミロン（La-Ferté-Milon）　サン・ニコラ教会

Ⅱ-30　キリスト降誕4　1466年頃
ヴュー・タン（Vieux-Thann）　サン・ドミニック教会

Ⅱ-29　キリスト降誕3　16世紀前半
エルヴィ・ル・シャテル（Ervy-le-Châtel）
サン・ピエール・エ・リアン教会

めの鳩を持つ羊飼いたちなどである【Ⅱ-27】。
　【Ⅱ-28】では、天使が楽器を演奏したり、ヨセフがロウソクに明かりをともしている。
　まるで宗教劇の一幕の様に描かれた【Ⅱ-29】では、布にくるまれたキリストを眺める牛とロバ、右下の牛は「キリストの降誕」を最も詳しく伝えている、ルカによる福音書の著者、聖ルカ（p190）を象徴している。
　また【Ⅱ-30】に見られるように、降誕図の背景として、次章の「羊飼いへのお告げ」が描かれることもある。

（見分け方）
　「キリストの降誕」以外で神聖な人の誕生場面、例えば「マリアの誕生」（p67）、「洗礼者聖ヨハネの誕生」などとの大きな違いは、出産がベットで行われることはなく（ごく希に例外あり）、生まれた子供を産湯に入れたり、妊婦の世話をする侍女がいないことである。その他牛やロバなど、降誕図にしか描かれないものも決め手になる。

　降誕の図像もかなり初期の段階からあるため、その表現は時代によって様々であるが、背景は粗末な小屋、聖母マリアとヨセフが、飼葉桶か地面に敷いた藁の上に寝るキリストを礼拝している。他によく描かれるものとしては、キリストを見つめる牛とロバ（イザヤ書1-3「牛は飼い主を知り、ろばは主人の飼葉桶を知っている。しかし、イスラエルは知らずわたしの民は見分けない。」から、ユダヤ教徒に、キリストが救世主だと言うことを見せる意味がある）、見守る天使たちや、燔祭のた

新約聖書

ルカによる福音書2-10〜20

2 羊飼いへのお告げ

新約聖書

内容

　ちょうどキリストが生まれた頃、ベツレヘム郊外の草原で、夜通し羊の番をしていた羊飼いたちのもとに、光に包まれた天使が現れて、今日ベツレヘムで救世主が生まれたことを告げた。

　羊飼いたちは急いで町に向かい、そこで天使の告げたとおり、飼葉桶で眠る乳飲み子を見つけて礼拝した。

Ⅱ-31　羊飼いへのお告げ　16世紀前半
ノジョン・ル・ロワ（Nogent-le-Roi）　サン・シュルピス教会

　前章の「キリストの降誕」の背景に描かれる場合と、単独の場面として表現されることがあり、後者の場合、羊の群と番犬、数名の羊飼いたちが夜の草原に描かれ、光に包まれた天使のお告げを聞いている【Ⅱ-31】。

　p80の【Ⅱ-27】に見られる様に、マリアたち以外で最も最初にキリストを礼拝したのは、この貧しい羊飼いたちであった。

マギの礼拝
（三博士の礼拝）

内容

キリストが生まれた頃、ユダヤはローマ帝国の属領として、ヘロデ王が治めていた。東方の博士たちが救世主誕生を知らせる新星を見つけて、その場所をきくためにヘロデ王を訪ねた。

初めてそれを知ったヘロデ王は、自分の地位を脅かすかもしれない子の居場所をつきとめようと、博士たちに、見つけたら自分にも知らせるように依頼した。

その後、星の導きでイエスの小屋にたどり着いた博士たちは、ひれ伏して拝み、黄金、乳香[※1]、没薬[※2]を贈り物として捧げた。

博士たちは夢で、ヘロデ王のもとには寄らないようにとお告げがあったため、別の道を通って帰った。

※1 神聖な物への捧げ物で、燃やして良い匂いがする樹脂。
※2 没薬は死体を埋葬するさいに防腐剤として塗る。

Ⅱ-32 マギの礼拝1 16世紀
サン・プアンジュ（Saint-Pouange）
サン・プアンジュ教会

Ⅱ-33 マギの礼拝2 16世紀
ノートル・ダム・デュ・クラン（Notre-Dame-du-Crann）
ノートル・ダム・デュ・クラン教会

Ⅱ-33の部分

マギは占星術の学者、博士、または王とも訳され、その数も聖書には書かれていない。

初期キリスト教においては2人や4人の表現もあるが、贈り物が、黄金（ユダヤの王に）、乳香（神に）、没薬（受難の人の死に）の3点であることから3人とされ、6世紀以降はメルキオール（一番年老いてアジアを象徴する）、バルタザール（中位の年齢でヨーロッパを象徴する）、ガスパール（一番若くアフリカを象徴する）という名まで与えられる。三王の礼拝として、世界中にキリストが救世主であると伝える意味があった。特にステンドグラスでは、アフリカを表すガスパールは肌の黒いムーア人として、グレーや濃い紫のガラスが使われ、見分けやすい【Ⅱ-32】。

【Ⅱ-33】でガスパールの背後に見えるのは、救世主を探すヘロデ王の兵で、後の幼児虐殺を暗示させる。

ルカによる福音書2-21

割礼

※1 割礼とは男子の性器の包皮を切り取ることで、神がアブラハム（p30）に、イスラエルの民が神の子であることを約束するために命じた。当時ユダヤ人男子は生後8日目に割礼を受けた。

内容

幼子（キリスト）は降誕から8日後、割礼※1を受けたのちイエスと名付けられた。

これは天使からの受胎告知で、決められていた名であった。

ユダヤ教の神殿で、ナイフを持った祭司が割礼を行っている場面が描かれ、裸のイエスはヨセフかマリアが支える【Ⅱ-34】。

Ⅱ-34　割礼　1545年頃
ジゾール（Gisors）
サン・ジェルヴェ・エ・サン・プロテ教会

ルカによる福音書2-22〜40

神殿への奉献

※1　お清めの期間とは、律法によって定められたもので、女性が男子を出産したさい7日間は汚れた者とされ、お清めの期間は33日間で、それが過ぎると初めて神殿へ供え物ができる。

内容

聖母マリアの、お清めの期間※1が過ぎたので律法に従い、ヨセフとマリアはイエスを連れて、山鳩一つがいか、家鳩の雛二羽を生け贄に捧げるため、エルサレムの神殿へ出かけた。その地で、心正しく神を畏れて暮らすシメオンに出逢うが、彼は救世主に会うまでは決して死なないと告げられていた。イエスを見たシメオンは、ついに自分の目で救い主を見たことを神に感謝し、同時にマリアとイエスの受難を予告する。

左にはヨセフと、キリストを抱くマリアが描かれ、救世主を直接抱く事を畏れたシメオンが白い布でキリストを受け取る【Ⅱ-35】。

Ⅱ-35　神殿への奉献　1345年頃
ストラスブール（Strasbourg）　ノートル・ダム大聖堂

マタイによる福音書2-16〜18

6 幼児虐殺

内容

　三博士たちが、キリストの居場所を知らせずに帰国してしまったので、怒ったヘロデ王は、ベツレヘム周辺の男児で2歳以下の者を皆殺しにする命令を出した。

　こうして罪のない子供たちは、ヘロデ王の兵たちによって虐殺された。

Ⅱ-36　幼児虐殺1　19世紀（13世紀様式）
サン・ドニ（Saint-Denis）　サン・ドニ修道院教会堂

Ⅱ-37　幼児虐殺2　1527年
シャロン・シュル・マルヌ
（Châlons-sur-Marne）
ノートル・ダム・アン・ヴォー教会

　殺された幼児たちは、キリスト教での最初の殉教者となり、この場面は多くのステンドグラスに表現された。

　12〜13世紀の作例では、殺戮の残酷さや、遠くから見ても場面の内容が分かり易いように、兵士が剣で幼児の首を切断する場面が多く描かれるが【Ⅱ-36】、16世紀になるとルネサンスの影響で写実的な表現が可能になることや、教会の窓が低い位置にあり、比較的近い距離で作品が見られるため、兵士から子供を守ろうとする母親たちの、悲痛な表情が中心に描かれるようになる【Ⅱ-37】。

マタイによる福音書2-13〜15

7 エジプトへの避難

内容

　三博士が帰ったのち、ヨセフの夢に現れた天使は、ヘロデ王がイエスの命を狙っていることを告げ、マリアとイエスを連れてエジプトの地へ避難するようにと伝えた。

　やがてヘロデ王が死ぬと、再びヨセフに天使が現れ、イエスの命を狙う者が死んだので、イスラエルに帰るようにと告げる。

　7歳になったイエスは両親とともにイスラエルに帰るが、ヘロデ王の後を、その息子アルケラオが継いでいたため、一家はガリラヤ地方のナザレに住んだ。

Ⅱ-38　エジプトへの避難1　19世紀（13世紀様式）
サン・ドニ（Saint-Denis）　サン・ドニ修道院教会堂

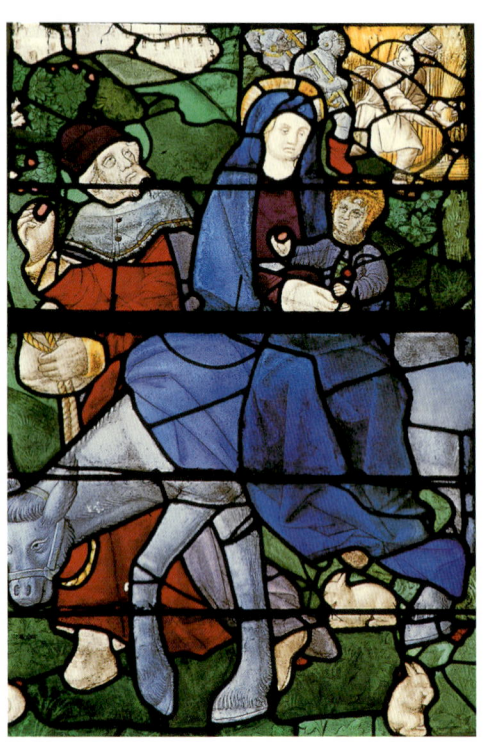

Ⅱ-39　エジプトへの避難2　16世紀
ノジョン・ル・ロワ（Nogent-le-Roi）
サン・シュルピス教会

　聖母マリアが幼児のキリストを抱いてロバに乗り、その手綱をヨセフが引いている【Ⅱ-38】。
　木陰で休息する一家が描かれる事もある。
　画面左に、腰の折れた像のような図が描かれているが、これはイエスたちが、ヘリオポリス近くの町に着いた時、神殿にあった異教の神々の像が全て破壊された奇跡を表し、同時に偶像崇拝そのものの否定でもある。

　【Ⅱ-39】はイエスがかなり成長しているように描かれるが、背後に描かれた「麦の穂の奇跡」[※1]や手に持つ「ナツメ椰子の実」[※2]などからエジプトへの避難を描いたものだとわかる。

※1　イエスたちがエジプトに避難したとき、畑に麦をまく農夫に出逢ったので、もしヘロデ王の追手が来たら、ちょうど麦をまいた時に、彼らが通り過ぎたと伝えるように頼んだ。すると一晩で麦の穂は収穫できる大きさに成長したため、翌日訪ねたヘロデの兵たちは、もう遠くへ逃げたと思い、追うのをやめたという。

※2　エジプトへの避難の途中、一行はナツメ椰子の木陰で休息した。イエスが手を上げると、木が独りでに枝を下げて、その実を彼らに与え、根から水も噴き出した。

8 少年時代のキリスト

内容

　少年時代のキリストでは、12歳のキリストが過越祭にエルサレムへ行き、神殿内で学者たちを相手に問答していた場面が有名であるが、それ以外にも父ヨセフの、大工仕事を手伝ったり、手を引かれている場面が描かれることもある。

Ⅱ-40　少年時代のキリスト　1508〜1510年
サン・ジュリアン#（Saint-Julien）　サン・ジュリアン教会

Ⅱ-41　キリストとヨセフ　1543年頃
ブーズモン（Bouzemont）　サン・ジョルジュ教会

　向かって左が母マリアの糸紡ぎを、右が大工仕事をする父ヨセフ※1の手伝いをする様子が描かれている【Ⅱ-40】。
　また聖人像などと並んで、ヨセフに手を引かれる幼いイエスが象徴的に描かれることも多い【Ⅱ-41】。この時ヨセフの持つ杖には、「マリアの結婚」（p69）に記した、勝利者を象徴する花が咲いている。

※1　聖母マリアの夫で、キリストの義父（キリストは神の子であるから）
　マリアの処女性を印象づけるため、結婚当初から高齢（14歳のマリアと結婚した時に、すでに80歳だったと言われる）に描かれる。大工であったヨセフは、だいたい禿頭で有髭として描かれ、彼を表すアトリビュート（p128）も、花の咲いた杖以外には、大工道具の鋸や斧などがある。キリストが18歳もしくはその後に死んだといわれ、少なくともイエスが磔刑に架けられた時には、もうヨセフはこの世にはいなかった。

マタイによる福音書3-13~17　マルコによる福音書1-9~11　ルカによる福音書3-21~22

キリストの洗礼 9

新約聖書

内容

30歳頃までナザレで過ごしたイエスは、ヨルダン川で多くの人々に洗礼を授けていた洗礼者ヨハネ（p64）を訪ねて、自分も彼から受洗しようとした。

ヨハネは、洗礼を授けてもらいたいのは、自分のほうであると言ったが、イエスは「今は、止めないでほしい。正しいことをすべて行うのは、我々にふさわしいことです。」（マタイによる福音書3-15）といってヨルダン川に入り、ヨハネから洗礼を受けた。

イエスが水から上がると、神の霊が鳩のように降って「これは、わたしの愛する子、わたしの心に適う者。」と言う声が、天から聞こえた。

Ⅱ-42　キリストの洗礼1　16世紀
ノートル・ダム・デュ・クラン（Notre-Dame-du-Crann）
ノートル・ダム・デュ・クラン教会

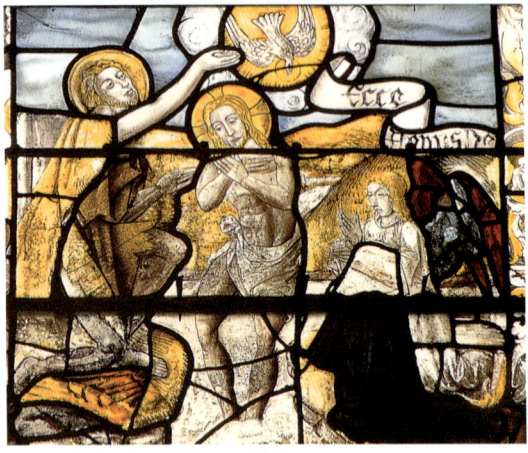

Ⅱ-44　キリストの洗礼3　16世紀
エルビス（Herbisse）　アサンプション教会

Ⅱ-43（Ⅱ-42の部分）

3つの福音書が述べている事でわかるように、キリストの生涯で重要な意味を持つ場面の一つで、ステンドグラスの作例も多く、単独で一枚の大きな窓をうめる事が多い主題である。

【Ⅱ-42】のようにヨルダン川に入って、ヨハネに洗礼を受けるキリストの姿は、腰に巻いた布一枚で、その服はわきの天使が持っている。洗礼者ヨハネは、「らくだの毛衣を着、腰に革の帯を締め」と聖書にある通り、野生味あふれる姿で描かれる。

対照的に、まわりの天使たちの衣装や風景が、豪華に美しく描かれる【Ⅱ-43】。

キリストの頭には鳩の姿の聖霊が降り、神の言葉が描かれる【Ⅱ-44】。

マタイによる福音書4-1~11　ルカによる福音書4-1~13

10 試み

内容

　受洗後、イエスは聖霊に導かれて荒れ野へ行き、そこで40日間絶食をして悪魔の誘惑にあう。はじめに悪魔は、空腹を覚えたイエスに「神の子なら、これらの石がパンになるように命じたらどうだ。」と言う。これに対しイエスの答えは「『人はパンだけで生きるものではない。神の口から出る一つ一つの言葉で生きる』と書いてある」。大変有名なこのせりふは、今日の我々もよく引用する。次に悪魔はイエスを、エルサレムの神殿の高い屋根に運び上げ、神の子ならば飛び降りても天使が助けるだろう、と言って試すが、イエスは「『あなたの神である主を試してはならない』とも書いてある」と答える。最後に悪魔は、イエスを高い山の上に連れていき、自分を拝んだら、この国々をすべてあげようと言うが「退け、サタン。『あなたの神である主を拝み、ただ主に仕えよ』と書いてある」と言って全ての誘惑を退けた。

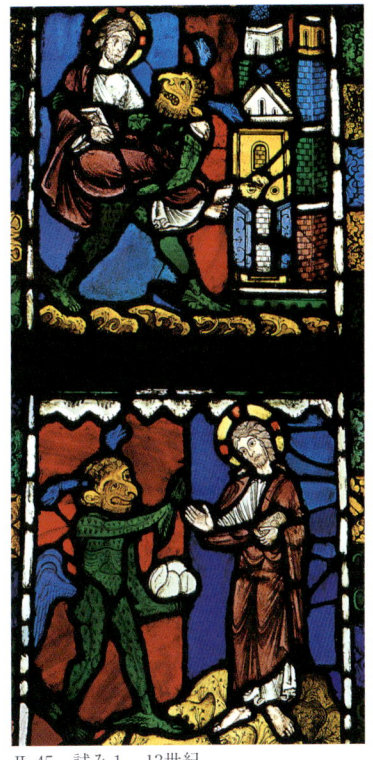

Ⅱ-45　試み1　13世紀
ロンドン（London）イギリス
ヴィクトリア・アンド・アルバート美術館蔵

Ⅱ-46　試み2　1461年頃
ワルブール（Walbourg）　ワルブール教会

　三つの試みのうち幾つかが描かれる場合と、全ての話が描かれる場合がある。
　【Ⅱ-45】は一つめの試み（下）で石を持つサタンと、二つめの試みでイエスを抱えて、神殿の屋根に登る悪魔が描かれる（上）。

　【Ⅱ-46】は一枚のステンドグラスに、三つの試みが同時に描かれているが、キリストの生涯を描く連作の場合この形が多く、特に15世紀以降はこの表現が多い。

マタイによる福音書4-18～20　マルコによる福音書1-16～18　ヨハネによる福音書1-40～42　その他

11 使徒の召命

内容

　弟子（使徒）たちを召命する場面は幾つか書かれているが、ステンドグラスに描かれるのは、ガリラヤで伝道を始めたイエスが、湖の辺りで網を打っていたペトロとアンデレに「わたしについて来なさい。人間をとる漁師にしよう」と言った場面である。魚の網を繕っていたヤコブとヨハネもこのとき召命された。

　その後、徴税人であったマタイなど、最初の弟子12人[※1]の使徒が、家族や財産を捨ててキリストに同行した（p192）。

※1　12という数は、イスラエルの12部族に由来する。

Ⅱ-47　使徒の召命　16世紀　レ・ザンドリー（Les Andelys）ノートル・ダム教会

【Ⅱ-47】はガリラヤ湖で、ペトロとアンデレを召命している場面を描いているが、画面左は、漁をしている二人にイエスが話しかける場面が、右には彼らが網を捨ててそのままイエスに従った様子が描かれる。

ルカによる福音書5-4~7

12 大漁の奇跡

内容

　前章の「弟子の召命」について、ルカによる福音書だけが少し違う内容に書かれている。それによると、イエスがゲネサレト湖畔で群衆に話をしようとしたら、その数があまりに多かったので、ちょうど岸で網を洗っていた漁師シモン、ペトロに言って、彼らの船で湖上からの説法を始めた。やがて話終えたイエスはシモンに、沖に漕ぎだして網をおろすように言った。すると昨夜は全くとれなかった魚が、網を破る程多くかかったため、ヤコブやヨハネを呼んで手伝わせた。この奇跡を目の当たりにした四人は何もかも捨ててイエスに従った。

> 　キリストが左端に座り、四人の漁師が網いっぱいの魚を船に引き上げている。
> 　この時点ではまだ弟子ではないが、四人が12使徒の最初の弟子になるため、すでに全員の頭部に光輪が描かれる【Ⅱ-48】。

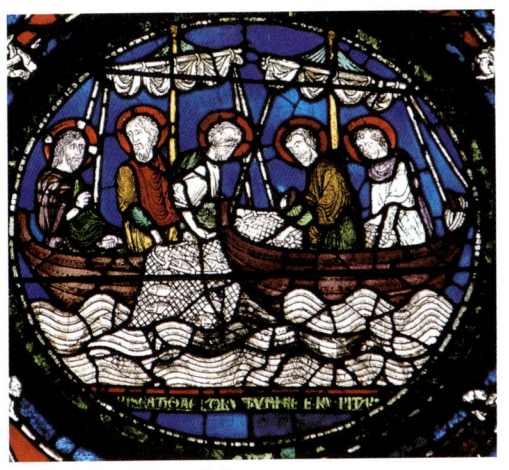

Ⅱ-48　大漁の奇跡　13世紀
カンタベリー（Canterbury）イギリス　カンタベリー大聖堂

ヨハネによる福音書2-1~11

13 カナの婚礼

内容

　イエスが公の場で最初におこなった奇跡が、母マリアや弟子たちと一緒に招かれた、カナの婚宴の席であった。ぶどう酒が無くなったことを聞いたイエスは、大きな水瓶6つに水を満たすよう伝え、それをぶどう酒に変えた。

> 　イエスやマリア、それに弟子たちが並ぶ食卓の前に、ユダヤ人がお清めに使うための瓶が6つ置かれている。召使いが、その瓶に水を汲んでいるところが描かれている【Ⅱ-49】。
>
> （見分け方）
> 　「最後の晩餐」や「シモンの家での晩餐」との見分けは簡単で、まず「最後の晩餐」（p102）では、キリストは中央に座り、聖母マリアや女性が描かれる事はない。
> 　「シモンの家での晩餐」はテーブルの下に髪の長い女が必ず描かれる（p94）。
> 　そして「カナの婚礼」では水瓶と、それに向かって祝福している姿で見分けやすい。

Ⅱ-49　カナの婚礼　13世紀
カンタベリー（Canterbury）イギリス　カンタベリー大聖堂

ヨハネによる福音書11-1〜44

14 ラザロの蘇り

内容

　イエスが、家族ぐるみで友人であったベタニアのラザロ（マルタとマグダラのマリアの弟）が、イエスの旅行中に死んだ。

　葬られてから4日後、イエスがマルタたち姉妹とともに墓を訪れ、墓の石を取り除いてラザロの名を呼ぶと、すでに腐敗して匂っていたラザロが蘇った。

Ⅱ-50　ラザロの蘇り 1　1360年頃
ニーダハスラッハ（Niederhaslach）　サン・フロラン教会

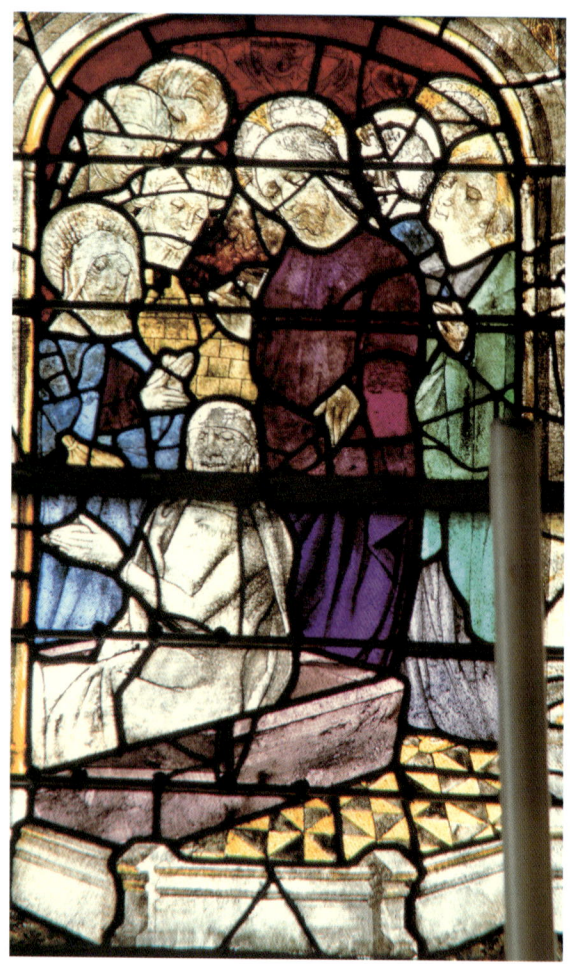

Ⅱ-51　ラザロの蘇り 2　15世紀末
ロクロナン（Locronan）　サン・ロマン教会

　「ラザロの蘇り」は、イエスがおこなった蘇りの奇跡の中で、最も多くステンドグラスに描かれている。

　【Ⅱ-50】で墓場から立ち上がったラザロは、ミイラのように布でぐるぐる巻きにされて描かれる。イエスは「ほどいてやって、行かせなさい」と言った。

　【Ⅱ-51】のように、手を合わせて祈るラザロが描かれることもあり、背後の人々の中には、死臭が漂っていた事を表すように、顔や鼻を手で覆っている人もいる。

マタイによる福音書14-13～21、15-32～39　マルコによる福音書6-34～44、8-1～9
ルカによる福音書9-10～17　ヨハネによる福音書6-1～14

パンと魚を増やす 15

内容

イエスの話を聞くために集まった群衆が、空腹を満たすのに充分な食料が無かったため、弟子たちは彼らを解散させようとしたが、イエスが神に祈ってパンをさくと全員に行き渡った上にたくさんの食料が余った。

パンと魚を増やす奇跡は、マタイとマルコ両福音書には2度書かれており、一度目が5片のパンと2尾の魚を増やし、5,000人を満腹にさせた上、12かご余ったと言うもので、もう一度が7片のパンと少しの小魚を4,000人に分けてなお7かご余った話である。

ルカとヨハネの福音書では、前の奇跡（5,000人に分けて12かご余り）のみが記述されている。

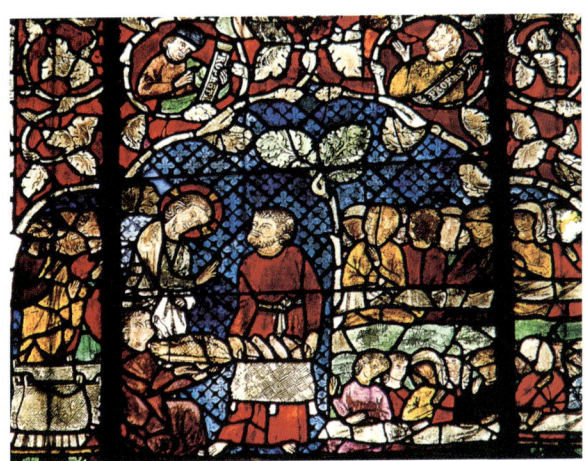

ステンドグラスでは、前の奇跡が描かれる事が多い。

【Ⅱ-52】では、弟子が2尾の魚と5片のパンをイエスの前に持っていき、右には数人の束になって座っている、多くの民衆が描かれている。

【Ⅱ-53】は17世紀の作品でエマイユ（七宝顔料）による細かい描写がなされているが、右に残ったパンが、正確に12かご描かれている。

Ⅱ-52　パンと魚を増やす1　1345年頃　ストラスブール（Strasbourg）　ノートル・ダム大聖堂

Ⅱ-53　パンと魚を増やす2　17世紀前半　パリ（Paris）サン・テチィエンヌ・ドゥ・モン教会

マタイによる福音書26-6〜13　マルコによる福音書14-3〜9　ルカによる福音書7-36〜50　ヨハネによる福音書12-1〜8

シモンの家での晩餐 16

※1　その油を買うお金があるなら、貧しい人に施すべきだと考えた。

※2　この「罪の女」が、ヨハネによる福音書の、ラザロの家での、マグダラのマリア（p179）と同一視されてしまったため、違った形での、聖女マグダラのマリア伝説が広がった。

内容

4つの福音書のうち、マタイとマルコによれば、重い皮膚病人シモンの家で、一人の女が高価な香油をキリストの頭に注いだ。弟子たちは、それを無駄遣い[※1]だと非難したがキリストが、彼女の行為はわたしの葬りの準備だと言って代弁したと伝えている。

ルカによると、その女は「罪の女」[※2]で、自分の行いを悔いて涙でキリストの足を濡らし、自分の髪で拭いてから香油を塗ったと伝える。

ヨハネによれば、キリストが蘇らせたラザロ（p92）の家で食事中に、マルタの妹のマリア（マグダラのマリア）が、キリストの足に高価な香油を塗って、自分の髪で拭いたことになっている。

II-55　シモンの家での晩餐2　13世紀　ブールジュ（Bourges）　サン・テチィエンヌ大聖堂

Ⅱ-54　シモンの家での晩餐1　16世紀　ロンドン（London）イギリス　ヴィクトリア・アンド・アルバート美術館蔵

　ステンドグラスでは、後者の二つの伝説が描かれる。女はテーブルの下で、自分の長い髪でキリストの足を拭いている【Ⅱ-54】。
　【Ⅱ-55】ではテーブルの両端にキリストと女が描かれ、涙で足を濡らして髪で拭いているところ（向かって左）と、香油を塗るところ（右）が同時に描かれている。
　「カナの婚礼」、「最後の晩餐」との見分けは、（p91）参照。

新約聖書

新約聖書

ルカによる福音書15-11〜32

17 放蕩息子のたとえ

キリストが語ったたとえ話は、その多くがステンドグラスに描かれている。特に大聖堂で一般の信者にわかり易く聖書の内容を伝えるのに、大変良い教材となっていたであろう。これが光の紙芝居と言われるステンドグラスの本来の役割でもあり、ここでは、その中から作例が比較的多く、理解し易い話を取り上げて説明する。

内容

親の財産を分けてもらい、旅先で全て遊びに使い、無一文になって帰った息子を、また暖かく迎えた父親が、それを面白く思わない長男（家に残って働いていた）に言い聞かせた話であり、内容は97Pのようなものである。

Ⅱ-56　放蕩息子のたとえ1　1498〜1499年頃　トロワ（Troyes）　サン・ピエール大聖堂

Ⅱ-57

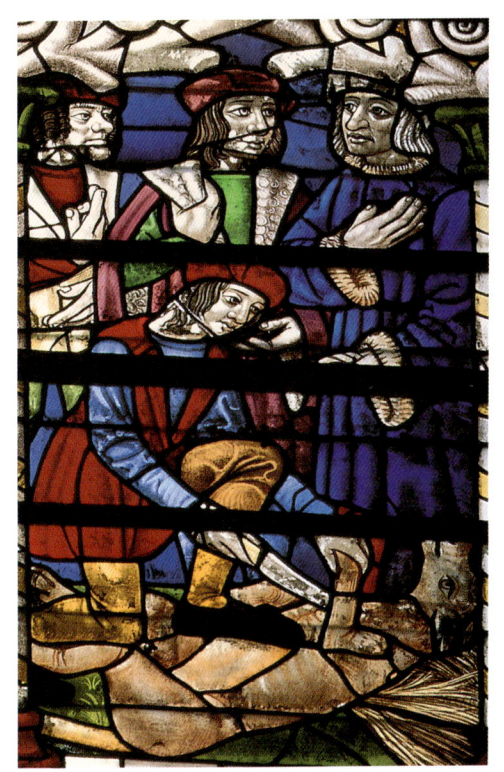

Ⅱ-59

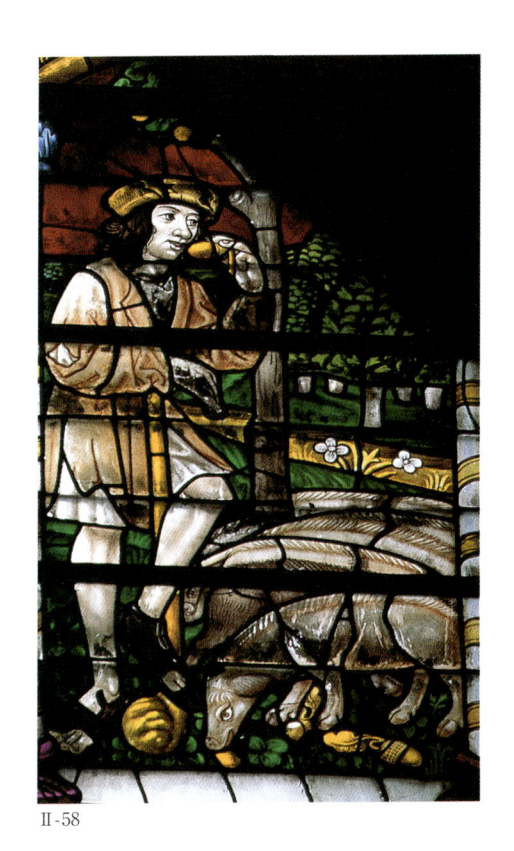

Ⅱ-58

※Ⅱ-57〜59は全てⅡ-56の部分

　このたとえ話は人気があり、ゴシックの大聖堂の窓を飾るステンドグラスに、紙芝居のように展開する。
　【Ⅱ-56】は左上から、
1. 財産を分けてもらった息子（次男）が、それを金にして旅に出る【Ⅱ-57】。　2. 酒を呑んだり、女性と遊んだりの放蕩の末、全ての金を使い果たした。　3. ちょうどその時飢饉がおとずれ、食べる物にも困った彼は、豚の世話をしながら、その餌まで食べた【Ⅱ-58】。　4. 父親に詫びて、使用人にしてもらおうと決心して帰宅すると、5. 父は大層喜び、綺麗な服や宝石、そして太った子牛を料理して迎えた【Ⅱ-59】。　6. その祝いの様子を見た兄は、とても憤慨して父親に抗議した。自分は父のもとで、毎日まじめに働いたのに、子羊一頭貰ったことがないのに、放蕩の末帰った次男に、そこまでするのはどうしてかと。それに対して父は、「子よ、お前はいつもわたしと一緒にいる。わたしのものは全部お前のものだ。だが、お前のあの弟は死んでいたのに生き返った。いなくなっていたのに見つかったのだ。祝宴を開いて楽しみ喜ぶのは当たり前ではないか。」と言ってさとした。
　この話はキリストが、罪人や徴税人とも仲良く話すことを咎めた、パリサイ人[※1]に答えて話したたとえ話である。

※1　ユダヤ教徒の中で、最も律法に厳格なパリサイ派（ファリサイ派）は、何かにつけてイエスの論敵となっている（p116の注参照）。

ルカによる福音書16-19〜31

ラザロと金持ちの寓意 18

※1 ベタニアのラザロ（p92）とは関係ない。普通「貧しきラザロ」と言われる。

新約聖書

内容

贅沢三昧で、毎日宴会で楽しんでいた金持ちの玄関に、そのおこぼれで生きる、貧しいラザロ[※1]が座っていた。しかし神を恨む事もなく、正しい心で生きていた。

やがてラザロも金持ちも死に、ラザロは天国、金持ちは地獄へと魂が運ばれた。

天国のラザロを見て、現世で施しもろくにしなかった自分の生活を悔いた金持ちは、残った家族にそのことを伝えたいと願い、せめてラザロを蘇らせて欲しいとアブラハム（p30）に頼むが、預言者の言葉も信じない者に、死者の言葉が伝わる訳もないと断られる。

II-60　ラザロと金持ちの寓意1　15世紀
ヴェルヌイユ・シュル・アーヴル（Verneuil-sur-Avre）　サントゥ・マドレーヌ教会

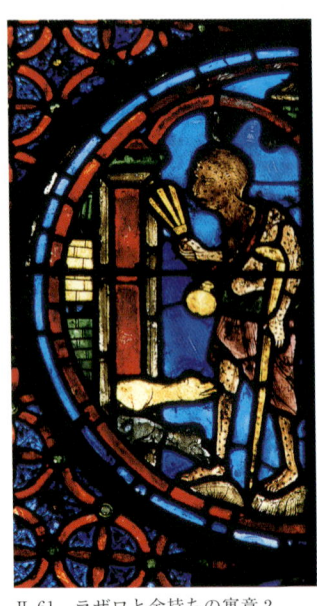

II-61　ラザロと金持ちの寓意2
1210〜1215年頃
ブールジュ（Bourges）
サン・テチエンヌ大聖堂

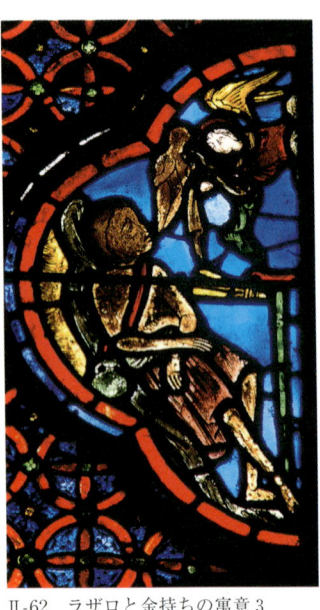

II-62　ラザロと金持ちの寓意3
1210〜1215年頃
ブールジュ（Bourges）
サン・テチエンヌ大聖堂

　この寓話を描いたステンドグラスでは、貧しく皮膚病に苦しむラザロが、金持ちの玄関に座り、それを犬たちが舐めていて、奥では贅沢な宴会が開かれている。

　ラザロは自分の位置を知らせるために持たされた、木の鳴子を持つが、これは聖ロック（p187）がペストにかかった時の持ち物と同じである【II-60、II-61】。

　宴会に興じる金持ちたちの後ろには、魂を地獄へ運ぼうとする悪魔の姿が見られる。

　【II-62】は死んだラザロの魂を天使が迎えに来て、天国へ上げられる場面を描いたもの。

マタイによる福音書17-1　マルコによる福音書9-2~8　ルカによる福音書9-28~36

19 変容

内容

　キリストの生涯で受難に入る前の、神秘的な場面である「変容」とは、イエスが3人の弟子（ペトロ、ヨハネ、ヤコブ）を連れて祈るために山を登ると、イエスの顔が祈っている間に変わり、全身が真っ白に輝いた。するとそこにモーセ※1とエリヤ※2が現れてイエスとその最後について話しあっていた。

　ペトロはそこに3つの小屋を建ててこの奇跡を記念しようと言う。

※1　p40参照
※2　旧約聖書に登場する大預言者で、救世主の先駆者として再来を期待されるほどの人物。

　ステンドグラスのテーマとして、ふさわしいと言える「変容」は雲と光に包まれて、その顔が眩いばかりに光るキリストと、向かって左のモーセと右のエリヤ、下には3人の弟子が畏れて見上げている【Ⅱ-63】。

　14世紀以降、頻繁に使われるようになったシルバーステイン（酸化銀による金色の発色顔料）が、キリストの顔を輝かせ、変容の表現がつくられている。

Ⅱ-63　変容　1525~1530年頃
トゥリエール・シュル・セーヌ（Triel-sur-Seine）　サン・マルタン教会

キリストの受難

キリストの生涯で、自らの死を覚悟して向かった「エルサレム入城」から「埋葬」までを"キリストの受難"と呼ぶ。

マタイによる福音書21-1～11　マルコによる福音書11-1～10　ルカによる福音書19-29～40　ヨハネによる福音書12-12～19

エルサレム入城

20

新約聖書

内容

キリストたちがエルサレムに近づいて、オリーブ山の麓に来たとき、二人の弟子に命じて、まだ誰も乗ったことのない、子ろばを連れて来るように言った。キリストの言葉通り、そこにつながれていたろばを、主が必要としていることを告げると、持ち主は承諾し渡してくれた。

鞍代わりに、服を掛けたろばに乗って、キリストはいよいよエルサレムへ入城した。彼を見ようと集まっていた大群衆は「ホサナ[※1]。主の名によって来られる方に、祝福があるように、イスラエルの王に」と叫んでキリストを迎えた。

※1　「ホサナ」はヘブル語で、「我らを救いたまえ」を意味する。

Ⅱ-64　エルサレム入城1　16世紀中頃
トゥリエール・シュル・セーヌ（Triel-sur-Seine）サン・マルタン教会

Ⅱ-65　エルサレム入城2　1535年頃
ベリュル（Bérulle）
ナティヴィテ・ドゥ・ラ・ヴィエルジュ教会

ロバに乗ったキリストが、祝福する格好でエルサレムに入ってくる。彼を一目見ようと集まった民衆は、地面に棕櫚の葉や、自分の着物を敷いて迎えた【Ⅱ-64】。

この場面で必ず描かれるのが、木に登ってキリストを見ようとしている徴税人のザアカイであるが、この話[※2]は、ルカによる福音書ではエリコ[※3]の町を通過したときの逸話で、エルサレム入城の前である。

【Ⅱ-65】でキリストが乗るロバの手前に子ロバが描かれているが、これはマタイによる福音書の「…ろばがつないであり、一緒に子ろばのいるのが見つかる。それをほどいて…」の部分で子ろばのほうだけでなく、両方を描いているものと思われる。

※2　背が低かったザアカイは、いちじく桑の木に登ってキリストを見ていたが、ちょうどその場所に来たとき、キリストが上を見上げて「今日は、ぜひあなたの家に泊まりたい。」と言った。喜んだザアカイは、財産の半分を貧しい人に分け与えて、正しく生きることを誓い救われた。
※3　エルサレムの東20キロ程の都市。

ヨハネによる福音書13-1〜11

弟子の足を洗う

※1 過越祭の起源については「エジプトの十の災い」(p42)参照。
この祭りが、カナンの地に定住してから、「種入れぬパン」の風習と結びついて、一週間、酵母の入らないパンを食べるようになる。

内容

過越祭※1の前、「最後の晩餐」に先だって、イエスは食事の席から立って上着を脱ぎ、手ぬぐいを腰に巻いた。それから、たらいに水を汲み弟子たちの足を洗いはじめた。

ヨハネによる福音書が伝えるこの場面は、間もなくこの世から去る事を悟ったイエスが、自ら謙虚さの見本を示したとされる。

新約聖書

Ⅱ-66 弟子の足を洗う 1250年頃 トゥール(Tours)サン・ガディアン大聖堂

白い手ぬぐいを腰に巻いて、弟子の足を洗うイエスの姿が描かれる。手を頭に当てるペテロは、初めそんな事はやめて欲しいと願ったが、イエスに、それならばペテロと師弟関係を絶つと言われ、今度は「主よ、足だけでなく、手も頭も。」と言っている場面である。あなた方は清いから足だけで良い、と答えたイエスの言葉は、清くない者「イスカリオテのユダ」を暗示している【Ⅱ-66】。

マタイによる福音書26-17〜29　マルコによる福音書14-12〜25　ルカによる福音書20-7〜23　ヨハネによる福音書13-21〜30

最後の晩餐

22

新約聖書

※1　パンを自分の体に、ぶどう酒を血にたとえるこの場面は、後に主の晩餐という「聖餐式」として、キリスト教の式典にくわえられる。

内容

弟子たちの足を洗い終わったイエスは、再び席についてパンを取り、祝福してそれをさき、彼らに渡して言った「取りなさい。これはわたしの体である。」次に杯を取り感謝して彼らに渡した。「これは、多くの人のために流されるわたしの血、契約の血である。」※1

そして「はっきり言っておくが、あなたがたのうちの一人で、わたしと一緒に食事をしている者が、わたしを裏切ろうとしている。」と告げた。その言葉に動揺する弟子たちを描いたのがこの場面である。

イエスは、裏切り者のユダに一切れの浸したパンを渡し、「しようとしていることを、今すぐ、しなさい」と言った。ユダはそのまま出ていった。

Ⅱ-67　最後の晩餐１　13世紀　サン・ジュリアン・デュ・ソー（Saint-Julien-du-Sault）サン・ピエール教会

絵画やレリーフ、そしてステンドグラスも、この場面を繰り返し表現してきたが、参考にした福音書（4つとも、これについての記述があるので）の違いや、時代の流行でその形は大きく変化した。テーブルの形、ユダの位置、各自の動きなどが大切な要素となるが、たとえば【Ⅱ-67】の作品では、3枚のパネルにまたがった長いテーブルの向こう側に、イエスを含む12使徒が配置されるが、中央の左にいて、魚に手を伸ばしているユダのみが、光輪が無く描かれているので分かり易い。他の作品でも見られるが、イエスの胸にもたれ掛かっているのが、ヨハネであり、これは「…その弟子が、イエスの胸もとに寄りかかったまま…」というヨハネによる福音書の記述がもとになっている。

単純に、裏切り者ユダの顔を、赤いガラスで表現したり、イエスを売った金袋を抱えていたり、ユダ一人だけがテーブルのこちら側にいたりする構図が多いが、【Ⅱ-68】のように、他の弟子が大きな身ぶりで驚いている時に平気で杯を飲み干しているか、皿に手を伸ばしているのがユダである。

II-68　最後の晩餐 2　1539年頃　ラ・ロッシュ・モーリス（La Roche Maurice）　サン・ティーヴ教会

マタイによる福音書26-36〜46　マルコによる福音書14-32〜42　ルカによる福音書22-39〜46

23 ゲッセマネの園での苦悶

新約聖書

内容

最後の晩餐を終えたキリストは、3人の弟子（ペトロ、ヨハネ、ヤコブ）を連れて、エルサレムに近い、ゲッセマネの園へやってきた。

弟子たちに、しっかりと祈っているように言い、少し離れてひざまづき、天に向かって祈り始めた。キリストは悲しみに悶えながら「父よ、できることなら、この杯をわたしから過ぎ去らせてください。しかし、わたしの願いどおりではなく、御心のままに。」と祈って戻ってきた。すると弟子たちは皆眠っていたので、一時も目を覚ましていられないのかと叱って、今度はしっかり目を覚ましておくよう言い残し、また祈りに行った。次も、そして3度目も彼らは寝ていたので、「あなたがたはまだ眠っている。休んでいる。時が近づいた。人の子は罪人たちの手に引き渡される。立て、行こう。見よ、わたしを裏切る者が来た。」と言って立ち上がった。

Ⅱ-69　ゲッセマネの園での苦悶1　15世紀
エヴルー（Évreux）ノートル・ダム大聖堂

Ⅱ-70　ゲッセマネの園での苦悶2　1539年頃
ラ・ロッシュ・モーリス（La Roche Maurice）サン・ティーヴ教会

祈るキリストと、眠り込む三人の弟子たちが描かれ、キリストの前には杯[※1]が置かれる【Ⅱ-69】。

ルカによる福音書だけには、天使が現れてキリストを力づけたとあり、その為、杯を持つ天使が描かれる事も多い。【Ⅱ-70】で背後から追手が迫る様子が描かれ、【Ⅱ-71】では、キリストの左後ろに、金袋を握るユダが追手を先導している。

※1　キリストが遠ざけてほしいと願った杯は、定められた十字架上の死を意味する。

II-71　ゲッセマネの園での苦悶 3　16世紀　ラ・マルティル（La Martyre）サン・サロモン教会

新約聖書

マタイによる福音書26-47〜56　マルコによる福音書14-43〜50　ルカによる福音書22-47〜53　ヨハネによる福音書18-3〜12

24 ユダの接吻

内容

　キリストがまだ話しているうちに、12人の弟子の一人であるイスカリオテのユダが先導して、暴徒となった群衆（大祭司が雇った者やファリサイ派など）を連れてきた。

　ユダが前もって決めてあった合図は、キリストに接吻することで、「先生、こんばんわ」と言いながらユダは接吻した。

　弟子の一人[※1]が剣を抜いて、キリストを捕らえようとしていた大祭司の手下に切りかかって、右耳を切り落とした。キリストは「やめなさい、もうそれでよい」と言ってその耳を取って治してあげた。

　こうしてキリストは、彼を殺そうとしている祭司長や学者たちに捕らえられた。

※1　ヨハネによる福音書だけが、耳を切断した弟子はペトロで、切られた大祭司の手下がマルコスと言う名だったと伝えている。

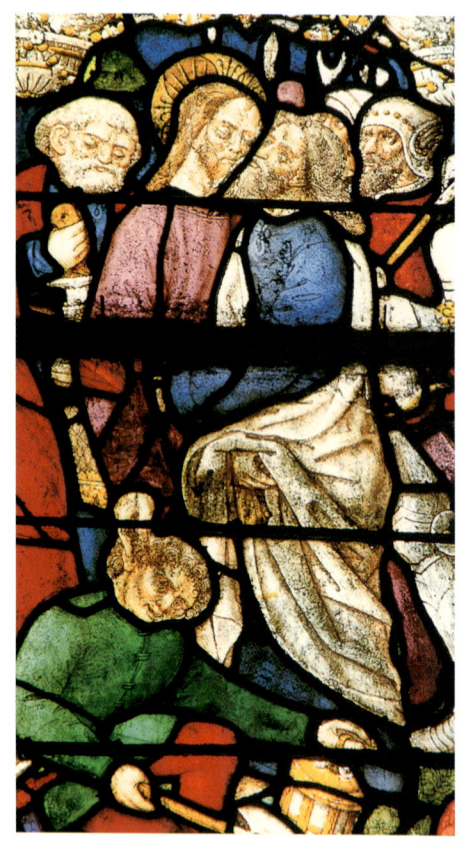

Ⅱ-72　ユダの接吻　16世紀
エルゲーガベリック（Ergué-Gabéric）
サン・ギナル教会

Ⅱ-73　マルコスの耳を治すキリスト　16世紀
ノートル・ダム・デュ・クラン（Notre-Dame-du-Crann）
ノートル・ダム・デュ・クラン教会

　中央でキリストに接吻するユダと、それを取り囲む兵士や弟子たちが描かれる【Ⅱ-72】。

　キリストが、耳を切られた大祭司の手下を、治しているところや【Ⅱ-73】、剣を鞘に治めるペトロなども描かれる。夜の出来事を証明するように、足もとにカンテラが転がっている。

　弟子たちはちりぢりになって逃げ、ユダはその後、首つり自殺をすることになる。

マタイによる福音書27-28～31　マルコによる福音書14-65　ルカによる福音書22-63～65

嘲笑 25

内容

　大祭司カイアファのもとに連れて行かれたキリストは、祭司長や長老、学者たちが集めた、キリストに不利な証言に黙していたが、自分がメシア（救い主）かと聞かれ、肯定したため、神を冒瀆した罪を科せられた。

　そこにいた人々は、キリストに目隠して侮辱し、殴ったり、唾を吐きかけたりした。

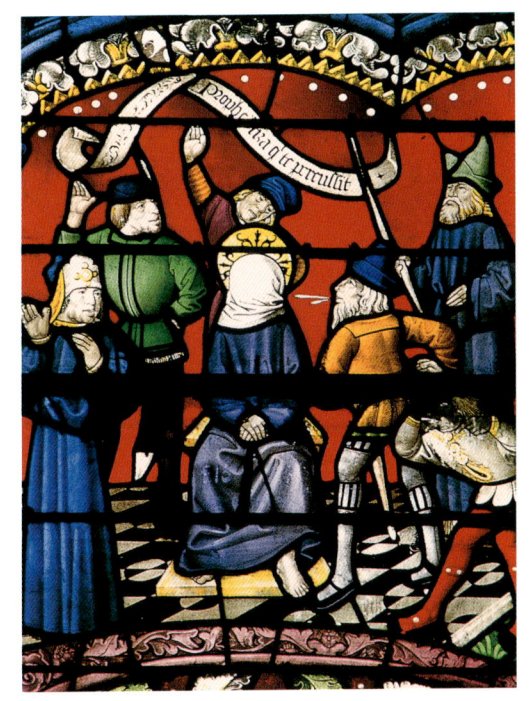

　この場面の表現は、15世紀頃から過激になり、マルコによる福音書にある、唾を吐きかけ、目隠しをしてこぶしで殴りつけ、誰が殴ったか言い当てて見ろ、などという侮辱行為が描かれる。目隠しも、布の袋を頭からすっぽりと被せるもの【Ⅱ-74】や目だけを覆うものがあり、【Ⅱ-75】が制作された16世紀のブルターニュ地方では、薄く透けるような目隠しで、キリストの表情がわかるように描かれている。

（見分け方）

　「嘲笑」と似た場面で「鞭打ち」の後に「茨の冠」という場面が描かれることがある。

　これは、兵士たちがキリストを鞭打ちした後、着ていた衣を剥がして赤い衣を着せ、茨の冠をかぶせて手には葦の棒を持たせて「ユダヤ人の王、万歳」と言って侮辱した場面。（マタイ27-27～30他）この時も、唾をかけたり殴ったりする場面が描かれるが、茨の冠をかぶっていることと、「嘲笑」では必ずされる目隠しが無いので見分けられる【Ⅱ-76】。

Ⅱ-74　嘲笑1　1491年頃
トロワ（Troyes）　サントゥ・マドレーヌ教会

Ⅱ-75　嘲笑2　1539年頃
ラ・ロッシュ・モーリス（La Roche Maurice）　サン・ティーヴ教会

Ⅱ-76　茨の冠　1539年頃
ラ・ロッシュ・モーリス（La Roche Maurice）　サン・ティーヴ教会

マタイによる福音書27-11〜26　マルコによる福音書15-1〜15
ルカによる福音書23-1〜7、13〜25　ヨハネによる福音書18-33〜40

ピラトの前のキリスト 26

※1　ポンテオ・ピラトと呼ばれるローマ帝国のユダヤ総督（在位AC26〜36）。

※2　ルカによる福音書だけは、イエスがガリラヤ人であることを知ったピラトが、一度ガリラヤの支配者ヘロデ（ヘロデ大王ではない）のもとに送ったが、そこでイエスは何も話さなかったため、もう一度ピラトのところへ戻されたと記録している。

※3　過越祭の時には、恩赦として一人を釈放する習慣があった。

内容

大祭司カイアファから、総督ピラト※1のもとに送られたイエスは※2、祭司長や議員たちと民衆の前で、判決を受けることになった。

ピラトは、イエスが何も犯罪にあたることをしていないので対処に困り、民衆に、暴動の先導者で、殺人罪として捕まったバラバと、イエスのどちらを釈放※3するかを訪ねたところ、暴徒と化した民衆は「その男（イエス）を殺せ。バラバを釈放しよう」と叫んで、暴動になりそうだった。イエスの処刑に消極的であったピラトは、水を持ってこさせ、手を洗って言った「この人の血について、わたしには責任がない。お前たちの問題だ。」

Ⅱ-77　ピラトの前のキリスト　16世紀前半
ラ・フェルテ・ミロン（La Ferté-Milon）　サン・ニコラ教会

Ⅱ-78　手を洗うピラト　1532年頃
ソール・ル・シャトウ（Solre-le-Château）　サン・ピエール教会

玉座に座って手を洗うピラトと、その前に縛られて立つイエス、それを取り巻く民衆や祭司たちの構図はあまり変わることがない【Ⅱ-77】。

この場面で、自分は判決に責任が無い事を示すために、手を洗ったピラトの背後に、隠れるように女性が描かれるのがピラトの妻で、彼女は夢のお告げでキリストの正しさを知り（マタイ27-19）、夫のピラトに進言したので、裁判の結果を心配そうに覗いているのである【Ⅱ-78】。

マタイによる福音書27-26　マルコによる福音書15-15　ルカによる福音書23-16　ヨハネによる福音書19-1

鞭打ち

※1　マタイ、マルコ「鞭打ってから」ルカ「鞭で懲らしめて」ヨハネ「鞭で打たせた」
4つの福音書に書かれている、この場面についての記述はこれだけである。

内容

ピラトはイエスを民衆に引き渡し、彼らはイエスを鞭で打った。
福音書に記されている内容が、こんなに少ない[※1]にも関わらず必ず描かれる場面である。

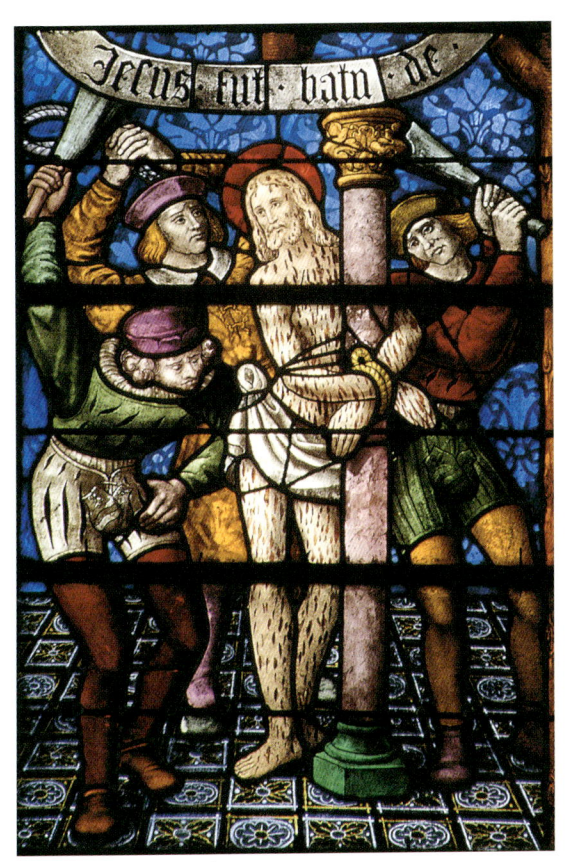

新約聖書

Ⅱ-79　鞭打ち1　16世紀
シャロン・シュル・マルヌ（Châlons-sur-Marne）
サン・テティエンヌ大聖堂

Ⅱ-80　鞭打ち2　15世紀後半
サン・ジュリアン（Saint-Julien）サン・ジュリアン教会

　キリストの受難を描いたステンドグラスに、必ずあるこの場面の描写は、柱を抱く様に【Ⅱ-79】、もしくは後ろ手に柱に縛られて【Ⅱ-80】、鞭で打たれる様子を描いている。立ったままの鞭打ちは、ローマの法律に従って決められていて、イエスは腰に巻いた布以外は裸である。
　15〜16世紀には傷だらけになったイエスの体を、正確に描写するものが多く、磔刑につながる受難シーンとして、大切な役割を果たしている。

109

ヨハネによる福音書19-4

28 この人を見よ

新約聖書

内容

ヨハネによる福音書では、ピラトは鞭打ちの後で、もう一度民衆を思いとどまらせようと、傷だらけのキリストを皆のまえに連れだし「見よ、あの男をあなたたちのところへ引き出そう。そうすれば、わたしが彼に何の罪も見いだせないわけが分かるだろう。」と言った。

ところが民衆は一斉に「十字架につけよ」と叫んだ。

これがラテン語で『Ecce Homo』(エッケ・ホモ)「この人を見よ」と言われる場面である。

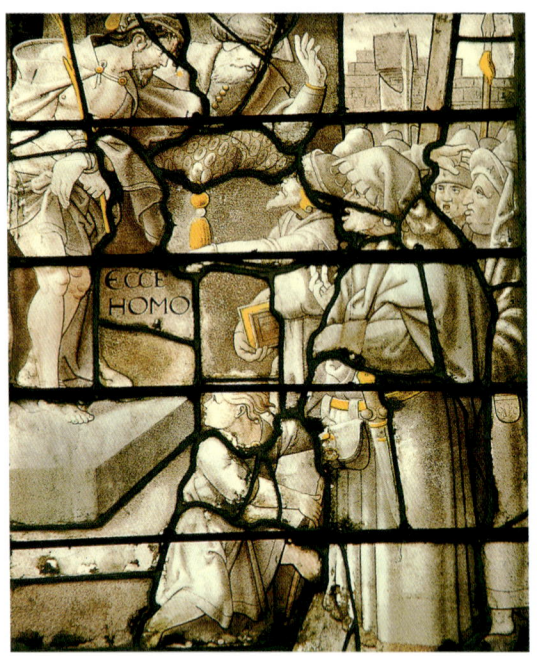

茨の冠をかぶせられて、縛られた手に葦の棒を持ったキリストが、民衆の前に引き出される。画面の中に、象徴的に『Ecce Homo』の文字が書かれることも多い【Ⅱ-81】。

単独の図像として一枚の窓を占める場合、背後に「嘲笑」や「鞭打ち」の場面が描きそえられることもある【Ⅱ-82右上と左上】。

Ⅱ-81　この人を見よ1　1538年　トロワ(Troyes)　サン・パンタレオン教会

Ⅱ-82　この人を見よ2　16世紀　マルイユ・ル・ポール(Mareuil-le-Port)　マルイユ・ル・ポール教会

110

マタイによる福音書27-31~32　マルコによる福音書15-20~22　ルカによる福音書22-26　ヨハネによる福音書19-16~17

十字架を負う

内容

罪人は自分が処刑される場所まで、十字架を運ばなければならないと決められていたが、兵士たちは、たまたまそこを通りかかったシモンという名のキレネ人に、無理矢理十字架を運ばせてゴルゴダの丘へ向かった。それほどイエスは傷つき、しかもその十字架は重く大きな物であった。

Ⅱ-83　十字架を負う1　1545年頃　ポントワーズ（Pontoise）　サン・マクル大聖堂

Ⅱ-84　磔刑1　16世紀　マルイユ・ル・ポール（Mareuil-le-Port）　マルイユ・ル・ポール教会

II-85　十字架を負う2
1528年頃
ラ・フェルテ・ミロン
(La Ferté-Milon)
ノートル・ダム教会

　「十字架の道行き」として、描かれる14の場面は、1. 処刑の判決を受ける　2. 十字架を負う　3. 初めにつまずく　4. 聖母に会う　5. シモンが十字架を負う　6. ヴェロニカがイエスの顔を拭く　7. 再びつまずく　8. 女たちを慰める　9. 三度目につまずく　10. 服をとられる　11. 十字架につけられる　12. 十字架上で息絶える　13. 十字架降下　14. 埋葬　であるが、2番目の「十字架を負う」について、ヨハネによる福音書には「イエスは、自ら十字架を背負い、いわゆる『されこうべの場所』、すなわちヘブライ語でゴルゴダという所へ向かわれた。」とあり、他の福音書が言っている、シモンと言うキレネ人の記述はない。
　ステンドグラスでこの場面が描かれるとき、十字架を背負って歩くのは、ほとんどの場合イエス自身である。苦悩を描く場面で、キリスト自身が背負わなくては、絵になりにくいという事情もあり、【II-83】のように、十字架の後ろ側を見るに見かねて持つシモンが描かれる。2から14までの場面は単独ではなく、それぞれの場面に描きこまれる事が多い。この画面でも右側には布を持ったヴェロニカがイエスの汗を拭こうと近づいているし、【II-84】は磔刑図であるが、左の背景には十字架を負ってつまずくイエスが、右の背景には埋葬の場面が描かれ、手前では兵士たちが奪ったイエスの服を賭けている。
　【II-85】は、すぐ後ろの民衆越しに、エルサレムの門が見え、こん棒を振り上げる兵士の後ろに聖母マリアが描かれている事から、2度目につまずいた場面と思われる。

マタイによる福音書27-35〜56　マルコによる福音書15-24〜41　ルカによる福音書23-33〜49　ヨハネによる福音書19-18〜30

磔刑

30

内容

　全ての福音書に多くの記述があるため、一つには絞ることができないが、ゴルゴダに着いたイエスは、服を脱がされて十字架につけられた。その服を兵士たちがくじで分け、そこに座って見張りをしていた。「ナザレのイエス、ユダヤ人の王」と書いた罪状書きがつけられて、磔にされているイエスを通行人も「神の子なら、自分で救って見ろ」と言って侮辱した。イエスの両脇で一緒に十字架につけられた罪人も、一人は同じくイエスを罵ったが、もう一人はそれをたしなめた。やがて昼なのに空が真っ暗になり、イエスは「エリ、エリ、レマ、サバクタニ」（わが神、わが神、なぜわたしをお見捨てになったのですか）と叫んだ。ヨハネによれば「渇く」と言った。酸っぱいぶどう酒を海綿に湿らせてイエスの口にあてたが、大声とともに息を引き取った。その時、神殿の垂れ幕が真っ二つにさけた。

II-86　磔刑2　1140年頃　シャロン・シュル・マルヌ（Châlons-sur-Marne）　サン・ティチエンヌ大聖堂宝蔵

新約聖書

Ⅱ-87　磔刑3　1162年頃　ポワチエ（Poitiers）　サン・ピエール大聖堂

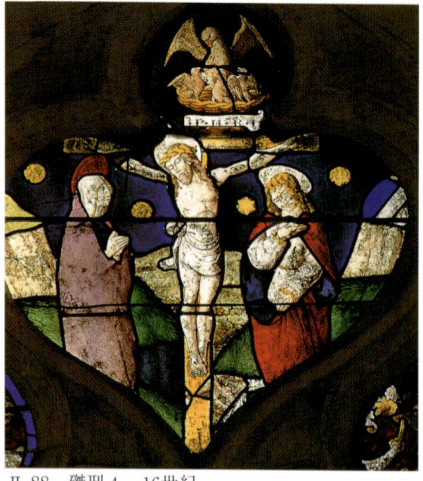

Ⅱ-88　磔刑4　16世紀
サン・テチィエンヌ・スール・バルビュイーズ
（Saint-Étienne-sous-Barbuise）
サン・テチィエンヌ教会

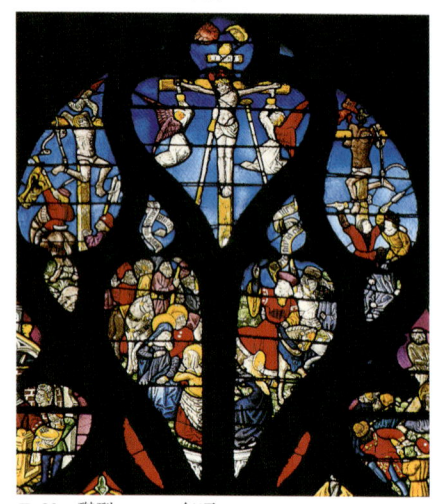

Ⅱ-89　磔刑5　1491年頃
トロワ（Troyes）サントゥ・マドレーヌ教会

　キリストの生涯で最も劇的で、且つキリスト教にとって最も重要な場面である「磔刑」を描いた図像を見る場合、象徴としての図像と、イエスの生涯に起こった事件を表した物とに分けて考えなくてはならない。

象徴的な図としての磔刑

　【Ⅱ-86】は12世紀中頃（1140年頃）の磔刑図であるが、キリストの両脇には聖母マリアと聖ヨハネが、その上には月と太陽[※1]を擬人化したものが描かれる。ステンドグラスとしては最も古い「磔刑図」の一つで、この形態は大きく変わることなく、様々なアレンジが加えられていく。この磔刑図のまわりには、半円型のパネルがあり、上にはキリスト教の教会を意味する女性エクレシアが、下には目隠しされたユダヤ教を表す女性シナゴーグが描かれ左にはイサクの犠牲（p33）、右には青銅の蛇（p49）という旧約の物語が描かれ、キリスト教の預型として描かれる。

　【Ⅱ-87】は、同じく12世紀（1162年頃）に制作された磔刑図であるが、その構図や色彩の美しさから磔刑図の名作として知られている。聖母マリアと聖ヨハネの他に、二人の兵士が描かれているが、一人は棒の先に海綿をつけて[※2]、もう一人は槍を持っている[※3]。上部に描かれる使徒たちと聖母は、その上に描かれたキリストの昇天を見上げている。

　【Ⅱ-88】は、同じく象徴的な表現の磔刑図であるが、時代は進んで16世紀である。
　基本的な形は変わらないが特徴的なのは、キリストの磔刑上に描かれる鳥の巣で、これは「ペリ

114

Ⅱ-90　磔刑6　16世紀　プレベン（Pleyben）　サン・ジェルマン・ロクセロワ教会

カンと三羽の雛」という象徴的な図像である。ペリカンの母鳥は餌が十分でない時、自分の血で子を養うという伝説から、人類のために犠牲の血を流したキリストの象徴として描かれた。

　また、三羽の雛という設定は、磔刑での死から三日後の復活を予見させる。

　中世の作者達はたいてい本物のペリカンを見たことがなく、鳩や水鳥を参考にしたと思われる。

キリストの生涯における一場面としての磔刑

　【Ⅱ-90】は、福音書や外典の内容をたくさん描き込んだ、16世紀によく見られる磔刑場面である。
1. イエスから見て右[※4]の罪人（改心したディスマス）には、天使が魂を迎えに来ていて、左の罪人（最後まで信じないゲスマス）の魂は悪魔によって連れ去られる。顔の向きも、真っ直ぐにキリストを見るディスマスと、顔を背けるゲスマスに描く。
2. 左の下で泣き崩れる聖母マリアを支える、小ヤコブの母マリア、そしてイエスによって聖母を託されたヨハネが描かれる。
3. 中央で十字架の足下にすがるマグダラのマリアと、その持ち物である香油壺、さらには骸骨[※5]、馬に乗って槍を持つ兵士と、楕円の海綿を棒の先につけた物。
4. 右の下には、脱がせたキリストの服を、くじ（ばくち）で分ける兵士。

　その他「INRI」（ユダヤの王、ナザレのイエス）と書かれた札や、太陽を隠した雲、死を確認するために刺された脇腹の傷から流れる血と水など、実に複雑になる。

　【Ⅱ-89】はトレサリー（窓の上部三角）に美しく配置された磔刑図。上記の要素をほとんど全て描いているが、最上部には狭そうに配される月と太陽、向かって右の罪人の下では、イエスの服を奪い合って喧嘩している兵士がいる。

※1　キリストが死んだとき、太陽が暗くなったという記述から、月は構図的なバランスのためもあるが、太陽を新約、月を旧約聖書に見立てたり、墓を示す日月などの意味もある。
※2　酸っぱいぶどう酒（没薬と胆汁を混ぜた酢）を海綿に浸し、葦の棒の先につけてイエスの口をうるおした。
※3　一人の兵士が死を確かめるために、イエスの脇腹を突いたら血と水が流れ出た。この兵士（百卒長）が「まことに、この人は神の子であった」と言った、後の聖ロンギヌス。
※4　キリスト教においては、下より上、西より東、そして左より右が優位であり、それは画面に向かってではなく、中心のキリストから見ての方向である。大聖堂や教会堂においても、東側にある祭壇の真上の窓に、最も大切な図像が描かれる。
※5　されこうべの丘と言われる刑場を意味する事と、最初の罪を犯したアダムの骨でもある。

マタイによる福音書27-57〜60　マルコによる福音書15-42〜46　ルカによる福音書23-50〜53　ヨハネによる福音書19-38〜42

十字架降下

※1　アリマタヤのヨセフは、イエスの弟子であったが、ユダヤ人たちの迫害を恐れて、隠していたという。

※2　ニコデモは、ヨハネによる福音書3-3に登場する、ファリサイ派のユダヤ人議員。

当時のユダヤ教には、ファリサイ派、サドカイ派、エッセネ派、ヘロデ派などがあり、それぞれの階層や職業に浸透していた。特にファリサイ派は、戒律を重んじ、中流階級の人々にも支持されていた。民衆に人気があったイエスの出現は彼らを不快にさせ、何かにつけて対立した。

内容

アリマタヤ出身のヨセフ[※1]という議員が、ピラトに願い出て、イエスの遺体を十字架から降ろした。このとき、ニコデモ[※2]が埋葬用の没薬などを持ってきて手伝った。

ちょうど安息日の前日であったため、その日のうちに全てを行わなくてはいけなかった。

Ⅱ-91　十字架降下　16世紀
サン・サンス（Saint-Saëns）
サン・サンス教会

「磔刑場面」と「聖母の嘆き」「ピエタ」をつなぐ一場面として、しだいにその形ができた図像。

十字架に梯子をかけてイエスの遺体を降ろす場面が描かれるが、初期の図像で二人（ヨセフとニコデモ）の作業であった十字架降下も15〜16世紀のステンドグラスでは、聖母やヨハネ、その他の人物も加わり、十字架が隠れるほどになる【Ⅱ-91】。

足下には、磔刑の場面同様に骸骨[※3]が置かれている。右下に、ほんの小さく描かれている兎は、キリストの磔刑による救済を求める者を象徴する。

※3　ゴルゴダの丘がしゃれこうべを意味する事と、最初の人間アダムの原罪を、キリストが贖うという磔刑の意味から、アダムの骨が置かれる。

32 ピエタ

新約聖書

内容

聖書にはその記述はないが、わが子を目の前で殺されたマリアの悲しみは、聖母マリアではなく、一人の母の悲しみとして描かれる。

Ⅱ-92　聖母の嘆き　1526年頃
シャロン・シュル・マルヌ（Châlons-sur-Marne）　ノートル・ダム・アン・ヴォー教会

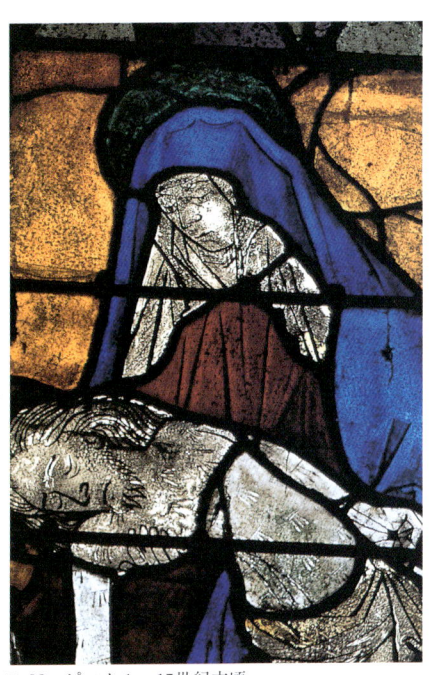

Ⅱ-93　ピエタ1　15世紀末頃
トンクエデック（Tonquédec）　サン・ピエール教会

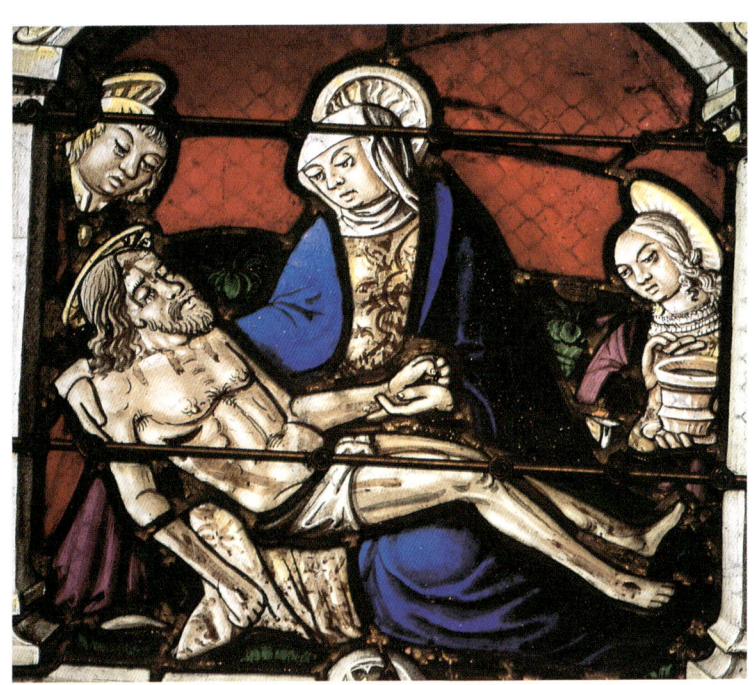

十字架から降ろされた直後の場面として、他の随行者たちとともに、イエスの亡骸を囲んで悲しみにくれるマリア「聖母の嘆き」【Ⅱ-92】が、切り離されて、マリアだけがイエスの亡骸を膝に抱き、語りかけるように悲しむ図像「ピエタ」が生まれた【Ⅱ-93】。ステンドグラスでは、単独の図像としてピエタが描かれる場合でも、香油壺を持つマグダラのマリアや、聖ヨハネが描かれることが多い【Ⅱ-94】。

Ⅱ-94　ピエタ2　16世紀
サン・タルバン（Saint-Alban）　サン・タルバン教会

マタイによる福音書27-57~61　マルコによる福音書15-42~47　ルカによる福音書25-50~53　マルコによる福音書19-38~42

33 埋葬

内容

アリマタヤのヨセフやマリアたちは、十字架から降ろしたイエスの遺体を亜麻布で包んで、岩に掘った、まだ誰も葬られたことのない墓におさめ、入口に大きな石を転がして塞いだ。

マタイによる福音書には、この墓は議員のヨセフが自分のために用意していた墓であると書かれている。

Ⅱ-95　埋葬1　1300～1306年
ストラスブール（Strasbourg）　サン・ギヨーム教会

Ⅱ-96　埋葬2　15世紀末
ルーアン（Rouen）
ルーアン大司教館（アルシュベッシュ）

ステンドグラスの表現では、十字架降下の章と同様に、ヨハネによる福音書のみが伝える、ニコデモがヨセフを手伝って埋葬する記述が採用される。

イエスの体を抱えて石の棺に入れるヨセフとニコデモ、それを見守る聖母と聖ヨハネが描かれる【Ⅱ-95】。

ヨハネによる福音書には、「イエスが十字架につけられた所には園があり、そこには、だれもまだ葬られたことのない新しい墓があった。」とあり、16世紀の作品【Ⅱ-96】には、背景として静かな園が描かれる。

マタイによる福音書28-1~8 　マルコによる福音書16-1~8 　ルカによる福音書24-1~7 　ヨハネによる福音書20-1

34 復活

内容

　キリストを墓に葬って3日目の明け方、マグダラのマリアと数人の女たちがイエスの墓を訪れると、入口の大きな石が取り除かれていた。イエスの遺体もそこには無く、一人の天使が、キリストがすでに復活したことを告げ、ガリラヤへ行けば会えるであろうと言う。恐れ驚きながらも、喜んだ彼女たちは急いで使徒たちに伝えに行く。

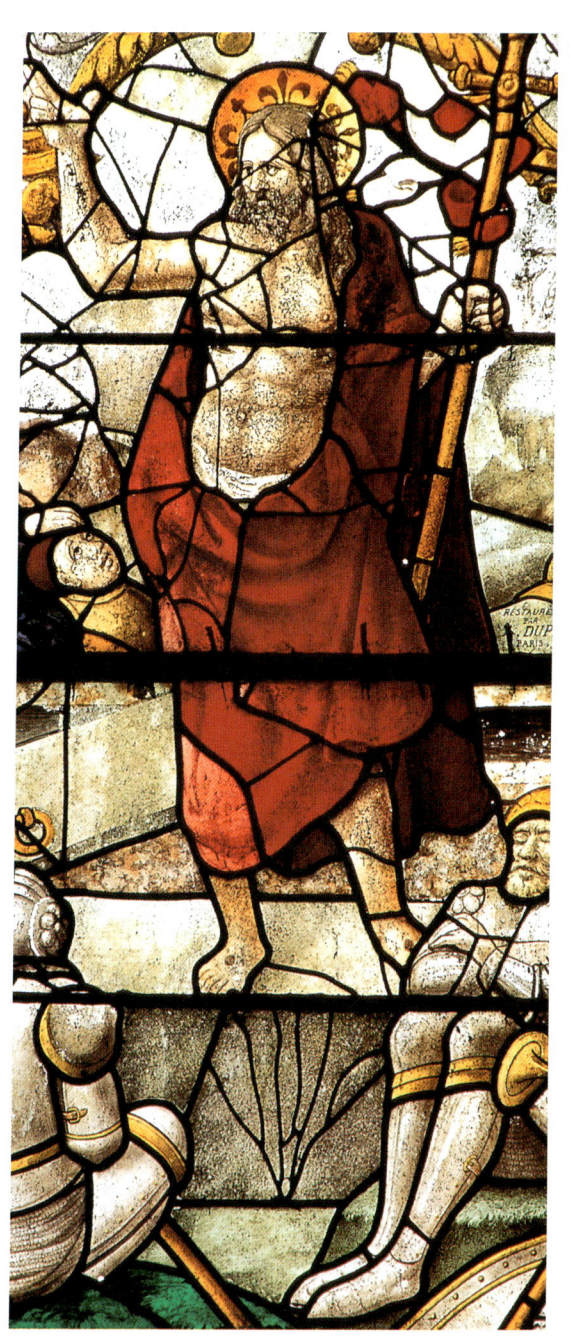

新約聖書

II-97　復活1　1540年頃　オルウィー（Orrouy）サン・レミ教会

II-98　復活2　1250年頃
トゥール（Tours）サン・ガディアン大聖堂

119

磔刑と同様に、大変重要な場面であるが、それぞれの福音書や外典の記述が、かなり食い違っているため、幾つかの違ったタイプが存在する。

全てに共通するのは、3日目の朝に墓を訪れると、そこにはすでにキリストの遺体が無かったということで、その後マグダラのマリアや弟子たちに現れるキリストの姿から、様々な復活図が描かれる。

マタイによる福音書（27-62～66）には、キリストの復活が弟子たちによって演出されないようにと（キリストの遺体が盗まれないように）、墓に3日間番兵をつけたと書かれている。

十字架、もしくは十字の旗を持ち、右手を上げながら復活するイエスの足下には、ぐっすりと眠る兵士たちが描かれる。赤い衣の前は大きく開き、手足や脇腹の聖痕[※1]が見えている【II-97】。左後ろの兵士が一人だけ起きて、この様子を驚きの表情で眺めている。

一方、13世紀の作品である【II-98】では、復活を目撃した者が、一人もいなかったという考えのもとに、三人の番兵は全員眠っている。

【II-99】は、復活したキリストが墓上に立つ図の上（トレサリー）に、昇天の場面を描いていて、ここでは墓を囲む兵士たちが、手前の一人を除いて全員起きている。下段には、このステンドグラスの寄進者たちが、守護聖人たちと共に大勢描かれていて、復活後昇天していくキリストに、自分たちの魂も連れていって欲しいと願うものである。

II-99　復活3　16世紀中頃
モンフォール・ラモリー（Montfort-l'Amaury）　サン・ピエール教会

[※1] 聖痕（スティグマタ）とは、キリストが十字架上で受けた5つの傷、つまり両手、両足、脇腹を示す。古くは左脇腹であった傷は8世紀以降、右脇になるが、中世以降でもステンドグラスの幾つかは、左に傷を描くものもある。
アッシジの聖フランチェスコ（p176）やシエナの聖女カテリナ（1347年頃～1380年）が受けた聖痕が有名。

マルコによる福音書16-9　ヨハネによる福音書20-14〜18

35 我に触れるな

内容

キリストの遺体が消えたことを悲しんで泣くマグダラのマリアに、なぜ泣いているのかと尋ねる者がいた。初めは園丁（庭師）だと思って話していたマリアは、それがキリストだと分かり、感激してすがりつこうとすると、まだ天の父なる神に会う前なので、わたしに触れてはならない「ノリ・メ・タンゲレ」といわれた。

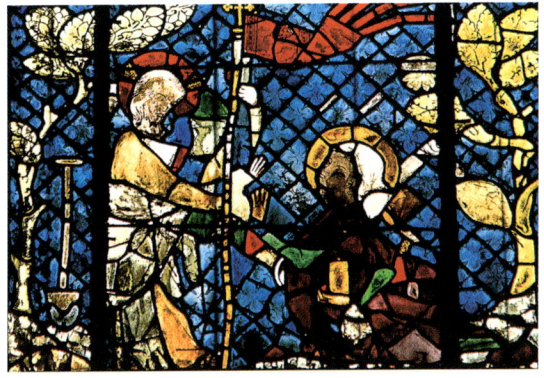

Ⅱ-100　我に触れるな　1345年頃
ストラスブール（Strasbourg）　ノートル・ダム大聖堂

Ⅱ-101　聖女マグダラのマリアへの出現　15世紀末
サン・タルバン（Saint-Alban）　サン・タルバン教会

Ⅱ-102　聖母マリアへの出現　16世紀初頭
セッフォン（Ceffonds）　セッフォン教会

　十字架に勝利の旗をつけて現れるキリストは、触れようとするマグダラのマリアを退けている。彼女の手には香油壺が描かれる【Ⅱ-100】。
　キリストの背後にシャベルが立っているのは、マグダラのマリアが初め、キリストが庭師に見えたという、ヨハネによる福音書の記述に基づいている。
　さらに【Ⅱ-101】は、完全に庭師の格好で描かれるキリストであり、手足だけは聖痕が見えている。

　このほかにも、キリストが復活後に出現したとされる場面は多く、エマオの巡礼（エマオに向かう二人の弟子が、キリストの遺体が消えたことに悲しんでいると、キリスト本人が現れるが、それと知らずに共に食事をして初めて気付く）や、不信のトマス（p122）、それに聖母マリアに出現した場面なども描かれるが【Ⅱ-102】、この時マリアは、年老いた婦人として室内で本を広げて描かれるので、マグダラのマリアとの見分けは易しい。

ヨハネによる福音書20-24〜29

36 不信のトマス

内容

エルサレムでトマス以外の使徒たちが、集まっている所に出現したキリストを、「あの方の手に釘の跡を見、この指を釘跡に入れてみなければ、また、この手をそのわき腹に入れてみなければ、わたしは決して信じない。」といって頑ななトマスにキリストが現れ、その通り傷口を見せて、そこに指を当てさせた。

やっと信じたトマスに「わたしを見たから信じたのか。見ないのに信じる人は、幸いである。」と言い残した。

Ⅱ-103　不信のトマス1　1540年頃
ラ・フェルテ・ベルナール（La Ferté-Bernard）　ノートル・ダム・デ・マレ教会

Ⅱ-104　不信のトマス2　1325〜1330年頃
ケニクスフェルデン（Königsfelden）スイス
ケニクスフェルデン修道院教会堂

使徒たちの中に立って、自らの聖痕を示すキリストに恐る恐る近づき、手で傷を触ろうとしているトマスが描かれる【Ⅱ-103】。

【Ⅱ-104】は14世紀の作例であるが、他の弟子は描かれず、キリストは恐れるトマスの手をつかんで、自分の傷口に押しつけている。

マルコによる福音書16-19　ルカによる福音書24-50～53　使徒言行録1-9～11

37 昇天

内容

キリストは、残された弟子たちを祝福しながら、オリーブ畑と呼ばれる山の頂上[※1]から、天に上げられた。

雲に覆われてキリストが見えなくなると、白い服を着たふたりに天使が現れてキリストの再来を予告する。

※1　エルサレムのすぐ東にあり、高さは814メートルで山頂が三つあり、その一つから昇天したといわれる。

Ⅱ-105　昇天1　1360年頃
ロゼンウィラー（Rosenwiller）　ノートル・ダム・ドゥ・ラサンプション教会

Ⅱ-106　昇天2　16世紀
ル・ファウエ（Le Faouët）　サントゥ・バーブ礼拝堂

聖書には、はっきりとした記述がなく、「天に上げられた」という言葉や、使徒言行録の記述から、様々な昇天図が描かれた。残された11人の使徒たち以外にも、そこに聖母がいた[※2]と解釈されることが多い。

【Ⅱ-105】では11人の弟子と聖母マリアが手を合わせて、オリーブ畑と呼ばれる山の上から、天に昇るキリストを見上げている。雲に乗った足だけが描かれ、地面の石にはくっきりと足跡が残されている。

【Ⅱ-106】は4つに区切られた窓の、右端のみが「聖霊降臨」（p75）を表し、左3枚の窓がキリストの昇天を描いている。これは、このステンドグラスが、「使徒言行録」の1-9～11を参考にしているためで、この後におこる五旬祭[※3]の日の聖霊降臨を共に描いている。下で見上げる使徒や信者たちの数も18人に及び、昇天するキリストに随行する多くの義人、聖人、それに天使たちも見られる。

※2　聖母マリアは、地上における神の家、つまり教会を象徴して描かれる。
※3　ユダヤ教の三大祭の一つで、麦の収穫を祝うとともに、モーセがシナイ山で十戒をうけた記念でもある。過越祭の安息日から50日目にあたる。

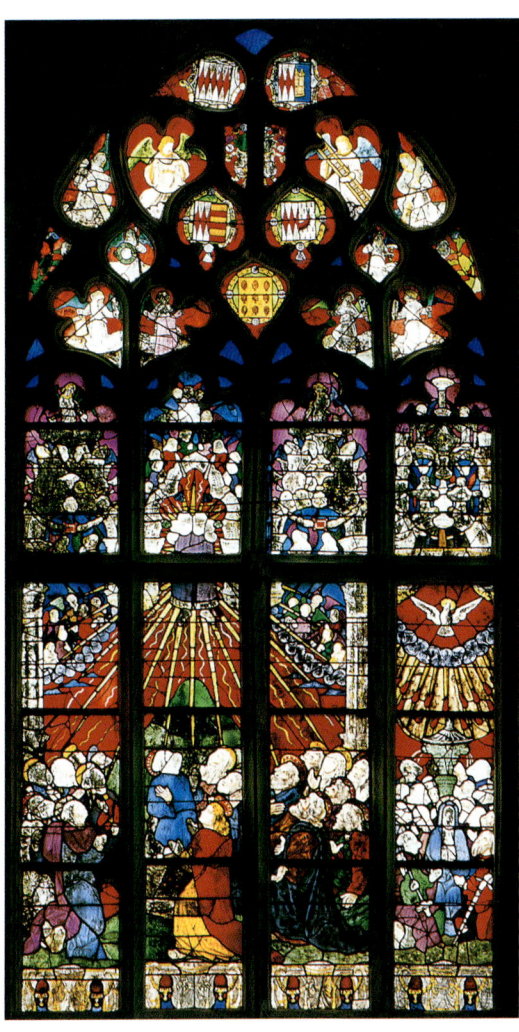

マタイによる福音書22-23〜33、25-31〜46　マルコによる福音書12-25
ヨハネによる福音書5-28〜29　ヨブ記19-25、41-3〜25　ダニエル書7-26

最後の審判

　時がくると、墓の中にいる者は皆、人の子の声を聞き、正しき者は永遠の命を、悪を行った者は裁きを受けて、永遠の罰をあたえられる。

　栄光の御座についた人の子（キリスト）は、羊と山羊を分けるように、羊を右に山羊を左に置く。

　右の者、つまり正しい者は、神が用意した御国を受け継ぎ、左の呪われし者は、悪魔と、その手下のための永遠の業火に入る。

Ⅱ-107　最後の審判　16世紀
ノートル・ダム・ドゥ・クラン（Notre-Dame-du-Crann）
ノートル・ダム・ドゥ・クラン教会

Ⅱ-108　アブラハムのふところ
1210〜1215年頃
ブールジュ（Bourges）
サン・テティエンヌ教会

Ⅱ-109　天秤を持つ聖ミカエル　19世紀
サン・タルバン（Saint-Alban）
サン・タルバン教会

Ⅱ-110　墓から出る死者たち　1200年頃
パリ（Paris）　クリュニー美術館蔵

Ⅱ-111　地獄の入口　16世紀
ケメネヴェン（Quéménéven）
ノートル・ダム・ドゥ・ケルゴート礼拝堂

　「最後の審判」に関するステンドグラスの図像は、それだけでも一冊の本ができるほど繰り返し描かれてきた。キリスト教が説くところの、必ずやってくる審判の日は、恐ろしげな地獄の描写や、威厳に満ちた神の姿で、日常における自分の罪を反省し、悔い改めを促すのに必要な教義である。

　審判者としてのキリストは、高い所で虹に腰掛け、手足の聖痕跡から血を流している。その少し下にはキリストから見て右に聖母マリア、左に洗礼者聖ヨハネが、そして空では天使たちが審判のラッパを吹き鳴らす。聖人や義人、正しく生きた人々は天使によってキリストの右上段へ運ばれ、行いの悪い者は左下の地獄に落とされる【Ⅱ-107、Ⅱ-108】[※1]。

　魂の善悪は大天使聖ミカエル（p205）の天秤で計られ、やはりここでも右が善、左が重ければ悪である【Ⅱ-109】[※2]。審判のラッパを吹きならす天使のもと、自分の墓から出てくる裸の人々が描かれる。皆、同じような姿で描かれるのは、死んだ時の年齢に関係なく誰でも、キリストが復活した34歳くらいの年齢で墓から出てくると信じられていたからである【Ⅱ-110】。この後15〜16世紀のステンドグラスでは、その説が無視されて様々な年齢や表情で起きあがってくるようになる。

　芸術家たちはあきらかに、美しく静かな天国の描写より、この恐ろしくグロテスクな地獄の描写に力を入れている【Ⅱ-111】。

※1　向かって左、地獄の反対側に描かれるのが「アブラハムのふところ」（p30）という、魂が永遠にやすらぐ場所。
※2　悪魔は魂の乗った天秤を引っ張り、少しでも左が下がって自分のもと（地獄）に魂を取り込もうとしていて、それを反対側で天使が阻止している。

第Ⅲ章

聖人伝

LES SAINTS

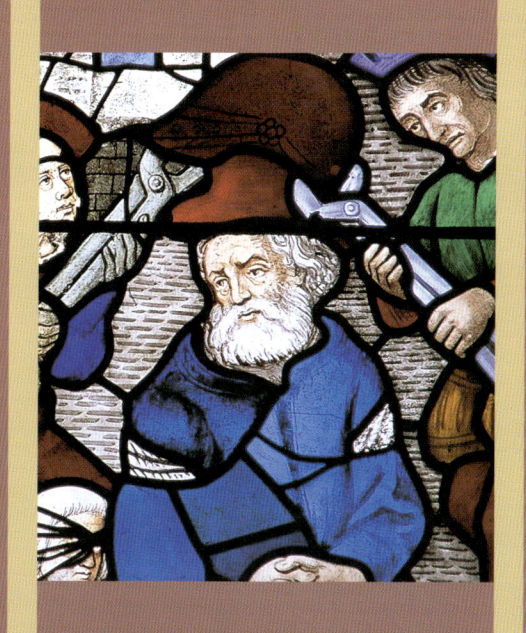

LES SAINTS

聖人伝

※1　この本では、教皇庁が聖人として承認しているか否か、もしくは列聖された後に実在しないことが判明して、外されたとしても、そういった事とは別に、各地で崇敬されてステンドグラスに図像が残っているかどうか、という点を重視した。つまりマルセル・パコ著『キリスト教図像学』の言葉をかりるなら「キリスト教芸術家によって表現され、尊敬を受けている全ての人々」を聖人とする。

※2　その聖人の、伝説にまつわる出来事から連想される、職業や病気、災難などによって決められている、守護、または保護聖人。詳細については聖人伝各章参照。

※3　聖人像の前や横で、ひざまづいて祈る小さめの人物が寄進者。仏語でドナトゥー（男性）、ドナトゥリス（女性）。

※4　使徒聖大ヤコブ（p194）に捧げられた、窓の下に描かれる寄進者の毛皮商人。

　前章までは聖書を中心にして描かれる図像を見てきたが、これだけでは、どんなに注意深く見ても、教会を飾るステンドグラスの一割程しか理解できないであろう。そもそも大聖堂や大きな教会では、キリストの磔刑図や聖母マリアの生涯など、教義に関わる大切な図像のステンドグラスを正面祭壇の後ろ、もしくは、その近くの窓に割り当て、残りの窓を聖人[※1]たちや、隠れた意味を持つ象徴的な図像に振り分けるように造られている。

　特に聖人像については、様々な職業の守護聖人[※2]であったり、災難や病から守ってくれると信じられていたため、多くのギルド（同業者組合）や貴族、富豪などが出資して、教会の窓にステンドグラスを寄進した[※3]。下の写真はステンドグラスの寄進者として知られる貴族、モンモランシー家のギョームが、アンヌを初めとした5人の子供たちと共に、武運祈願のため、大天使聖ミカエル（向かって左）と聖ギョーム（英名、セント・ウイリアム）の前で手を合わせている。モンモランシー家はこの他にも、エクーアンの教会や、シャンティー城のチャペルなどにもたくさんのステンドグラスを寄進している。

　ゴシック期でよく例に挙げられるものは、シャルトル大聖堂に数多く現存している13世紀のステンドグラスで、右頁の写真のように各聖人の生涯を描いた9メートルにも及ぶ窓の下部に、寄進者の職業をあらわす部分があり[※4]、当時のギルドが挙ってステンドグラスを寄進した様子が

大天使聖ミカエルと聖ギョーム
1524年
モンモランシー
（Montmorency）
サン・マルタン教会

わかる。

　各時代、各地方によって崇敬される聖人が存在し、東方も含む聖人の総数は数千人にも及ぶと言われる。

　ルイ・レオ著の『キリスト教美術の図像学』[5]には、フランスをはじめとした西ヨーロッパに存在する約500種類の職業に、それぞれ3～5名の聖人が守護聖人として存在している詳細が書かれている。この書物の、地方聖人も含む伝説の記載数は千人以上にも及び、13世紀に書かれた、ヤコブス・デ・ウォラギネの『黄金伝説』とあわせて図像を理解するための最高の資料となっている。

　私がこの20数年間で取材撮影したステンドグラスを、識別可能な限り分類したところ、フランス国内の教会だけでも、約300人程の聖人が描かれており、おそらくこれは全体の半分にも満たないと思われる。

　今回、この本を著した最大の目的は、ツアーなどではなかなか見ることができない、田舎の小さな教会で出逢ったステンドグラスが、一体何を表しているのか、それを知るための参考になればという思いからである。しかし上記の如く、ごく希な作例まで記載することは、ページ数や必要性から考えても無駄であるため、今回は聖人の中でも、西ヨーロッパで人気があり、しかもステンドグラスに描かれる頻度の多い聖人（絵画や彫刻、レリーフやモザイクとは必ずしも一致しない）を選んだ。

※5　1955～57年パリで刊行（参考文献に原語で紹介）。このフランス語で書かれた聖人伝の図像解説で、フランス国内ほとんど全ての聖人を描いたステンドグラスが理解可能となる。

聖人伝

使徒聖大ヤコブの生涯
（部分・寄進者の毛皮商人）
1210～1225年頃
シャルトル（Chartres）
ノートル・ダム大聖堂

見分け方1

聖人を描いたステンドグラスを見る場合、その識別に最も重要な物は「アトリビュート」と呼ばれる、聖人の「持ち物」である。それぞれ、生涯の伝説に基づいて決められたアトリビュートは、殉教した聖人の拷問道具であったり、おこなった奇跡にまつわる品や、その聖人の出身や身分（王族や貴族、聖職者または職業など）、さらには紋章や性格を表すものもある。一人でたくさんのアトリビュートを持つ場合と、全く持たない場合があり、それも時代が後になる程数が増える傾向にある（死後伝説の追加や、他の聖人の伝説が混乱や勘違いによって混ざりあうため）。ここでは、似通っているため識別が難しい聖人の例や、見分ける時の注意点を幾つか紹介する。

【Ⅲ-1、Ⅲ-2】に見られるように、聖名が作品に書き込まれている場合は、たとえそれがラテン語や各国の言語であっても識別する事ができる。しかし聖人を描いたステンドグラスの大半は、各人をその生涯の行伝に基づき、風貌や服装、殉教にまつわる持物などで表したものである。特に写実的な表現が可能になった15世紀以降は、様々な伝説を原典とした作品が制作された。

【Ⅲ-3】の聖女アポロニア（拷問で抜かれた自分の歯を挟んだペンチ）や【Ⅲ-4】の聖女カタリナ（鋭い刃の付いた車輪）のように、他の聖人と識別し易いアトリビュートの場合はよいが、数人の聖人が良く似た品物、もしくは全く同じ物と共に描かれる場合も多い。

例えば【Ⅲ-5～Ⅲ-9】は全て、竜を足下に踏み拉く聖人が描かれている。キリスト教圏に限らず、世界中の各地に悪竜退治の伝説があるように、竜などの怪物は大抵悪の象徴であり、特にキリスト教徒にとっては迫害者、異教徒、そして克服すべき欲望などを表している。従って各聖人の行伝に現れる頻度は高く、竜の他に大蛇、怪物、悪魔などを退治している聖人像は数十人に及ぶ。中でも特に中世以降のステンドグラスに多く登場するのがここにあげた例である。

それぞれの詳細は本文各項を参照していただくとして、ここでは基本的な識別方法の一つを紹介する。

まず、これらのなかで【Ⅲ-5】の聖女マルガリータ、【Ⅲ-6】の聖女マルタが女性である。マルガリータは手に十字架を持つか、手を合わせて、一方マルタは悪竜タラスクを清めて退散させた灌水器（聖水を入れる容器）と刷毛を持って描かれる。

聖人伝

Ⅲ-1 聖大グレゴリウス　15世紀末
ラ・マイユレ・シュル・セーヌ
（La Mailleraye-sur-Seine）
シャペル・ドゥ・シャトー

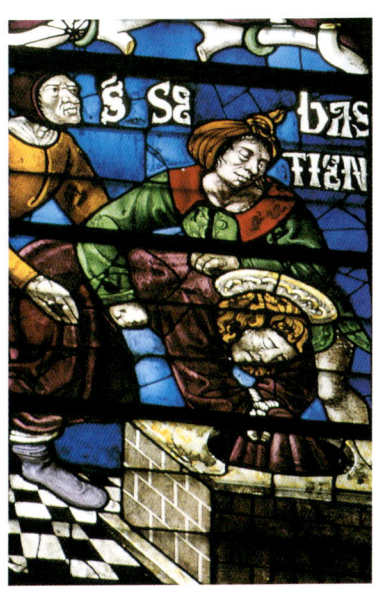

Ⅲ-2 聖セバスティアヌスの生涯（部分）
1501年　トロワ（Troyes）
サン・ピエール大聖堂

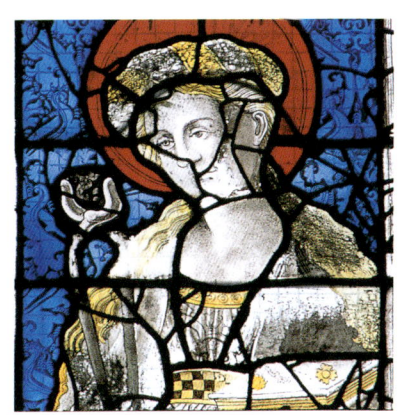

Ⅲ-3 聖女アポロニア　15世紀末
ルーアン（Rouen）　サン・マクル教会

Ⅲ-4 聖女カタリナ　15世紀
リエール（Lierre）ベルギー
サン・ゴメール教会

Ⅲ-5 聖女マルガリータ　1525～30年頃
ヴィリー（Viry）
サン・バルテレミー教会

Ⅲ-6 聖女マルタ　1524年頃
モンモランシー（Montmorency）
サン・マルタン教会

Ⅲ-7 大天使聖ミカエル　1467年
ローテンバック（Lautenbach）
サン・ジャン・バプティスト教会

次に【Ⅲ-7】と【Ⅲ-8】は共に騎士の甲冑をつけた勇ましい姿であるが、【Ⅲ-7】の大天使ミカエルには立派な翼があり、これは常に描かれる訳ではないが、手に魂の測り手として天秤をもっている。一方【Ⅲ-8】の聖ゲオルギウスは赤い十字の旗を掲げ、竜へのとどめは、折れた長槍のかわりに抜いた剣である。多くの場合、馬に乗ったまま悪竜を退治する姿で描かれる。ヨーロッパのステンドグラスに竜と共に描かれる聖人は、おそらくその9割近くがこの二人であろう。但し、各地方によってその聖人の人気は様々であり、例えばフランスのノルマンディー、ブルターニュ地方においては【Ⅲ-9】に見られる、ミトラ（司教冠）をかぶり十字の杖を持つ、聖ロナンが布ひもで竜のくびを締めて登場する。この聖人は7世紀中頃のルーアン市（フランス）の司教で、昔セーヌ川氾濫の原因となっていた竜を退治した。脇に付き添っている男は、危険な竜退治に、唯一同行した死刑囚であり、この伝説により聖ロナンは囚人（死刑の決定した囚人）たちの守護聖人でもある。

　以上の分類は、あくまでも単独で聖人が描かれている時のことで、多くの場合、窓を分割する数枚のステンドグラスが、まるで紙芝居のように聖人の生涯の名場面を描き出してくれているので、更に正確な識別が可能である。

Ⅲ-8　聖ゲオルギウス　16世紀中頃
サンリス（Senlis）　ノートル・ダム大聖堂

Ⅲ-9　聖ロナン　1521年
ルーアン（Rouen）　ノートル・ダム大聖堂

見分け方2

前章にて最も識別しやすい例として、ステンドグラスの画面内に聖名が記されているケースを紹介したが、これにも注意が必要なときがある。つまり、全く同名の聖人がたくさん存在していて、しかもその中の何人もが、ステンドグラスに表現されている場合である。

【Ⅲ-10、Ⅲ-11、Ⅲ-12】は全て、聖ユリアヌス（フランス名　サン・ジュリアンとして親しまれている聖人）を描いたパネルであるが、この三人は全く別の人物である。

【Ⅲ-10】の向かって左の剣を持った聖人は、その足下に記してある通り聖ユリアヌスであるが、かれはブリウードのユリアヌス（もしくはオーヴェルニュのユリアヌス）と呼ばれるキリスト教の兵士で、ここに説明する他の聖ユリアヌスのなかで、唯一の殉教聖人[※1]である。図像では、貴族の出であることを表す服装と甲冑に身を固め、剣を携えているが、時折「良き接待者聖ユリアヌス」と混同されて鷹をつれた猟師の姿で描かれる事もある。このステンドグラスが、ブリウードの聖ユリアヌスである事の決め手は、隣に描かれているビンを持った聖人、聖フェレオルスである。ローマの軍団司令官であり、聖ユリアヌスと同じくキリスト教信者で友人でもあった聖フェレオルスは、304年頃ディオクレティアヌス帝の迫害でともに殉教した事になっているが、聖ユリアヌスの切られた首とともに埋葬された遺体は、いつまでも朽ちること無く残っていたという。

【Ⅲ-11】は、四世紀頃、第四代教皇クレメンス一世によってフランスの都市、ル・マンに派遣された初代司教、聖ユリアヌスの物語であ

※1　殉教聖人とは迫害の中、キリスト教の信仰を捨てることを拒み、殺害された聖人たちで、勝利の象徴として棕櫚の葉を持つ。

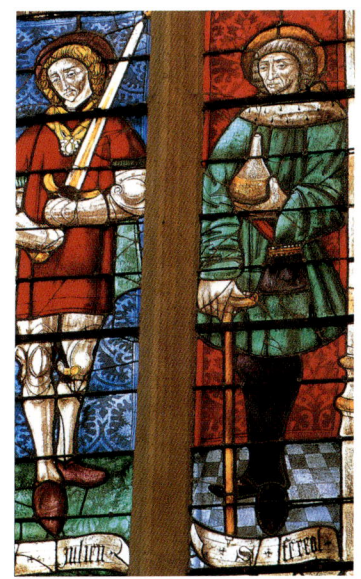

Ⅲ-10　聖ユリアヌスと聖フェリオルス　1470〜85年頃
アンビエール（Ambierle）　サン・マルタン教会

Ⅲ-11　聖ユリアヌスの生涯　1190年頃
ル・マン（Le Mans）　サン・ジュリアン大聖堂

る。この地で大変崇敬されている聖ユリアヌスは、蛇に巻き付かれた子供を救い出したり、死者を蘇らせたり、盲人を治し、水を湧き出させたりしたため、大聖堂を飾るステンドグラスにそれらの奇跡が描かれている。

【Ⅲ-12】は、ここに説明した三人の聖ユリアヌスのなかでは、おそらくステンドグラスに描かれる頻度が最も高い、善き接待者(ホスピタトール)聖ユリアヌスである。数人の聖人伝説を総合したような聖ユリアヌスの生涯は次のようなものである。

貴族出身の若者ユリアヌスはある日、狩りで一頭の鹿を追いつめた。するとその鹿がふりかえって「あなたは自分の両親を殺すことになる」と告げたため【Ⅲ-13】、驚いたユリアヌスはそれが実現しないように、誰にも告げずに遠い国へ旅立った。その後、忠実に仕えるユリアヌス

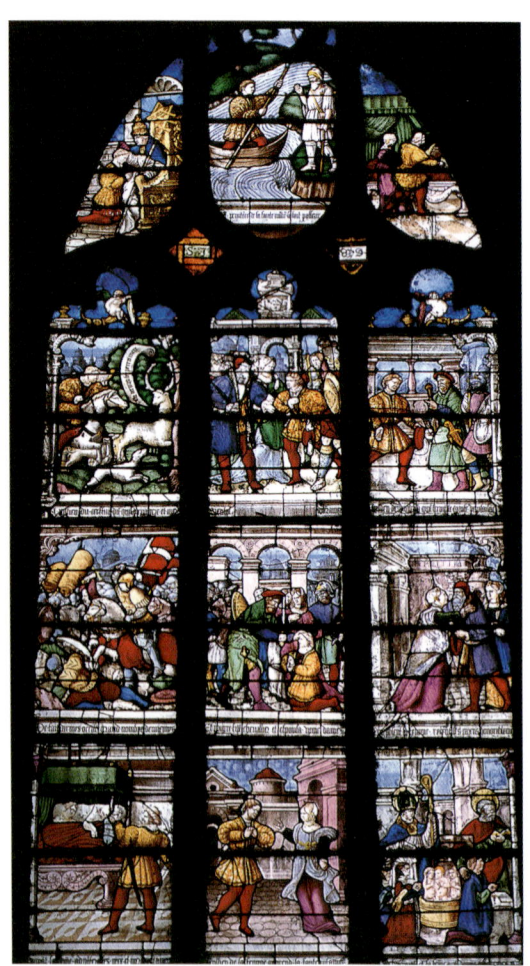

Ⅲ-13 聖ユリアヌス
(Ⅲ-12の部分)

Ⅲ-12 聖ユリアヌスの生涯 1526年頃
サン・フロランタン(Saint-Florentin)
サン・フロランタン教会

Ⅲ-14 聖ユリアヌス 15世紀後半
サン・ジュリアン(Saint-Julien)
サン・ジュリアン教会

Ⅲ-15 聖ガンゴルフス 16世紀前半
トゥル(Toul)
サン・ジョングール教会

を気に入ったその国の領主は、彼を騎士に取り立てたうえ、城を持つ女主と結婚させたため、彼は城主になった。

一方、ユリアヌスの両親は突然のわが子の失踪に心を痛め、各地を探し歩いた末ついにこの城にたどり着いた。たまたま留守であったユリアヌスに代わって、両親に出逢った妻はそのいきさつを聞いて、以前から夫に聞いていた話と一致するため、親しく彼らを招き入れ、疲れた両親を夫婦のベッドに寝かせた。翌朝早く、教会に出かけた妻と入れ違いに戻ったユリアヌスは、自分のベッドに寝ている二人の人影を、妻とその不貞の相手と思い、声もかけずに剣を抜いて二人を殺してしまった。

こうして鹿の予言は実現してしまい、気を失う程悲しんで泣くユリアヌスは、全ての物を捨て神の赦しを得るための旅に出た。その後、ともについてきた妻と、遠い国にたどり着いた二人は、渡るのが大変困難な川のほとりに宿を建て、困っている旅人や貧しい人々を泊め、安全に川を渡す事で少しでも罪の償いになると考えた。

長い歳月がたったある寒い晩、川岸で寒さと病に侵された行き倒れの旅人を、自分のベッドで介抱していると、先程まで生死をさまよっていた病人が眩い光の中に立ち、神の使いとして、ユリアヌスの罪が許され、近いうちに二人が天に召される事を告げた。その後間もなく夫婦は安らかに息をひきとった。

この話はヤコブス・デ・ウォラギネの黄金伝説に書かれているが、更にこの伝説には幾つかの違うバージョンがあり、シャルトルやルーアンの大聖堂にあるステンドグラスでは、鹿との出逢い部分が抜けていたり、夜の川を迷わず渡るために、宿の扉を燭台で照らす妻の話や、悪魔が渡し船に乗る話などもある。

以上の内容から、この聖ユリアヌスは「善き接待者」とよばれ、旅人や巡礼者、宿屋の守護聖人として親しまれている。ただこの話は、全体のあらすじはギリシャ神話から、そして鹿にまつわる件は聖エウスタキウス（p150）、川渡しは聖クリストフォルス（p158）からの引用であると思われる。

因みに、鹿と向かい合って描かれる際の聖ユリアヌス【Ⅲ-13】では、聖エウスタキウスや聖フベルトゥスと違い、角の間にキリスト像が描かれることはない。

なお単独像で表されるときは、手に鷹をのせた騎乗の貴族として描かれる【Ⅲ-14】[※2]ことが多い。

上記の三人の他に、聖ユリウスの兄弟である聖ユリアヌスや、これは聖人と正反対である背教者ユリアヌス（キリスト教を棄て、様々な策略のすえローマ皇帝となるが戦場で槍により落命）などの伝説が残っている。

※2 本文に書いた通りこの図像は時折、ブリウードの聖ユリアヌスを間違って描いたステンドグラスと見分け難いが、それ以上に難解なのは【Ⅲ-15】の聖ガンゴルフス（フランス名サン・ジョングール）のステンドグラスである。8世紀の中頃、妻の不貞相手に殺害されたこの聖人は、泉の水で真実を見分けた奇跡などで知られ、手袋職人や妻に逃げられた夫の守護聖人であるが、馬に乗り鳥を手にしたこの作品は、聖名の記述がない限り、上記の聖ユリアヌスと見分けがつかない。

見分け方3

　ステンドグラスに聖人のアトリビュートとして描かれる動物のうち、特に多いのがライオン（獅子）である。そしてこれは聖人伝だけでなく旧約、新約聖書の登場人物にも及んでいる。従って聖人や諸場面を識別するときの参考にするには、幾つかの注意点を確認しながら見ていかなくてはならない。

　ここでは少なくとも数十類はある、獅子が登場する話の中から、比較的作品数の多い八点を選んで説明する。

　まず諸聖人のなかでもライオンとの逸話で最も有名なのが【Ⅲ-16】の聖ヒエロニムス（p171）であろう。赤い枢機卿の服装で描かれる事が多いので見分け易い。

　次に有翼の獅子とともに描かれるのが【Ⅲ-17】、我らがステンドグラス画工の守護聖人、福音史家聖マルコ（p190）である。時には翼の無い獅子の場合もあり、更に人物を伴わないことも多いが大抵の場合、本や巻物を持ち、他の三人の象徴である有翼の牛、鷲、天使と共に四福音史家として表されるので、これもわかり易い。

　甲冑を着けた若い兵士姿で、足下に獅子がうずくまるのは聖アドリアヌス【Ⅲ-18】（p143）である。片手には剣を持ち、もう一方の手には殉教具である鉄床を携えている。この場合獅子は、彼の勇気ある信仰心を象徴すると同時に、中世以降聖アドリアヌス信仰の中心となった、フランドル地方における紋章も影響している。

　【Ⅲ-19】と【Ⅲ-20】はともに、殉教した聖人の遺骸とともに描かれた獅子である。そもそも迫害者達により、数々の拷問を加えられたすえ殉教した聖人の遺体は、海に捨てられたり、荒れ野に放置されるのが常である。そこに獅子が現れて、聖人を慕って来たキリスト教信者を手伝って遺体を埋葬した、という伝説がたくさんある。【Ⅲ-19】の聖女エジプトのマリア（p178）には司祭のゾシムスを手伝って墓を掘る獅子が描かれている。この他に聖オヌフリウスや、テバイの隠修士聖パウルスなども遺体の埋葬を手伝った事で、獅子がともに描かれる。

　一方【Ⅲ-20】の聖ステファヌス（p163）の遺体は、獅子や熊など獰猛な獣たちの中に置き去りにされるが、聖なる力によって近づく事が出来ない様子が描かれている。聖ウィンケンティウス（p148）の場合は鳥たちが、獣から聖人の遺骸を守っている。

　残りの三点はいずれも旧約聖書の物語である。【Ⅲ-21】は七頭の獅子に囲まれた予言者ダニエル（p55）が七日間、獅子の穴で過ごす場面で、獅子の数や石が積み上げられた穴の様子などで区別出来る。しかしダニエルも、単独像の場合描かれる獅子の数は少なくなるため、他の聖人と混同する場合もある。

　【Ⅲ-22】と【Ⅲ-23】はともに獅子と戦っている図であるが、映画な

どでも知られる通り、素手でライオンを倒しているのがサムソン（p50）そして、こん棒で戦っているのがダビデ王（p51）である。

この他にも、多くの場面に獅子が登場するが、図像をステンドグラスに限定するならば、これ以外の獅子の図は多くが紋章の一部であったり、装飾的な表現として描かれている事が多い。

聖人伝

Ⅲ-17　福音史家聖マルコ　17世紀前半
パリ（Paris）　サン・テチィエンヌ・ドゥ・モン教会

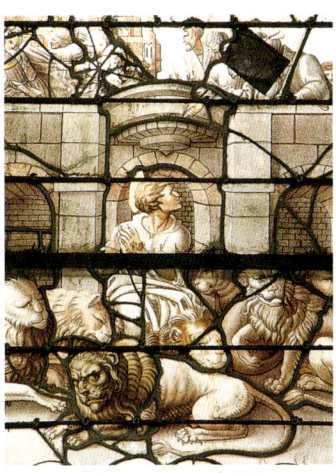

Ⅲ-21　預言者ダニエル　16世紀
トロワ（Troyes）
サン・パンタレオン教会

Ⅲ-16　聖ヒエロニムス　1524年
モンモランシー（Montmorency）
サン・マルタン教会

Ⅲ-19　聖女エジプトのマリア　1210〜1215年頃
ブールジュ（Bourges）
サン・テチィエンヌ大聖堂

Ⅲ-22　サムソン　1330〜1340年頃
ミュールーズ（Mulhouse）
サン・テチィエンヌ教会

Ⅲ-18　聖アドリアヌス　1524年
モンモランシー（Montmorency）
サン・マルタン教会

Ⅲ-20　聖ステファヌス　1155〜1165年頃
ル・マン（Le Mans）　サン・ジュリアン大聖堂

Ⅲ-23　ライオンを殺すダビデ　19世紀
オッセール（Auxerre）
サン・テチィエンヌ大聖堂

聖人伝

見分け方4

　ステンドグラスにおいては、十二使徒（p192）や四福音史家（p190）の他にも、聖人や聖書の登場人物を、あるグループにして窓に配置する例が少なくない。

　特に見分けが困難な、聖名が記されていない高位聖職者（司教や大司教、教皇など）が描かれる場合でも、それが数人の集まりであるときには、識別の方法が見つかる場合もある。

　例えば【Ⅲ-24】のように四聖人がそれぞれ本や巻物を持って描かれている場合、その服装やアトリビュートから四福音史家ではなく、キリスト教の重要な書物の著者である"ラテン教会四大博士"であると考えられる。その決め手となるのが、真っ赤な枢機卿スタイルで足下に獅子を従える聖ヒエロニムス（p171）である。あとは向かって右端の二重十字架を持つ聖グレゴリウス（p161）、そして左端は聖書を持つ聖アンブロシウス（p147）、残る一人が三位一体論で知られる聖アウグスティヌスである。

　十四救難聖人、つまり様々な病気、災難から救ってくれると信じられている十四人の聖人達のうち、女性で特に人気があり、しかも聖三童貞として信仰をあつめている事から、共に描かれることの多いのが、カタリナ（p156）、バルバラ（p170）、そしてマルガリータ（p180）である【Ⅲ-25】。カタリナは若い女性が困難にあうときに、バルバラは事故やその他急死のときに、聖女マルガリータは妊婦が安産を祈願するときに、その名を呼ばれる聖人である。

　このほかにも、十四救難聖人が幾つかの集まりで描かれることが多いので、それも識別のさいの参考になる。

　聖母マリアと共に描かれる聖人は無数に存在するが、【Ⅲ-26】のように、"三人のマリア"と題された作品で、幼子キリストを抱く聖母マ

Ⅲ-24　ラテン四大博士
1462年頃
ブールジュ（Bourges）
サン・テチィエンヌ大聖堂

リアの両隣で特別な持ち物がない女性は、良く知られた二人のマリア、つまり聖女マグダラのマリア（p179）と聖女エジプトのマリア（p178）ではなく、マリア・クレオパとマリア・サロメである。

　ヤコブス・デ・ウォラギネの"黄金伝説"によると、聖母マリアの母アンナ（p66）はヨアキムの死後、二度再婚した事になっている。クレオパを夫にして生まれたのがマリア・クレオパ、その後再婚したサロメとの子がマリア・サロメであるという。因みにマリア・クレオパの子が小ヤコブ（使徒）、バルサバ、シモン、ユダで、マリア・サロメの子が大ヤコブ（使徒）と福音史家のヨハネであるという。つまり聖書の記述にある"主の兄弟達"と呼ばれる四人が含まれる。このステンドグラスも伝説を忠実に再現しており、向かって右下には、小さい子供ながらも毒杯を手にした聖ヨハネ（p195）と頭陀袋を肩から下げた巡礼姿の聖大ヤコブ（p194）が、そして左には十字架を持つ聖シモンなど四人の子供が描かれている。しかしこの解釈には様々な説や異論があることも確かである。

聖人伝

Ⅲ-25　聖三童貞　16世紀
セッフォン（Ceffonds）セッフォン教会

Ⅲ-26　三人のマリア　1520年頃　ルヴィエール（Louviers）ノートル・ダム教会

137

見分け方5

「見分け方4」で説明したように、聖人達を何らかのグループに分け、それぞれにアトリビュートを持たせて並べるステンドグラスが存在するが、ここにあげる例は一枚のパネルに常に一緒に描かれる聖人達の見分け方である。

伝説にも「聖…と聖…」といったように、ともに記されており、切り放して語ることができない程深いつながりの聖人達は、兄弟であったり親子であったりするが、時にはそのどちらでもないこともある。数も少なく、特長があるこれらの聖人達は、比較的見分けやすいと言える。

聖コスマスと聖ダミアヌス
(仏語) サン・コムとサン・ダミアン

アラビア出身の双子の兄弟で、ともに優秀な医者であったと言われる。報酬を受け取らずに患者を治療し、また多くの人々にキリスト教をひろめた。ディオクレティアヌス帝によって、海に投げ込まれたり、火中に投じられたりの様々な拷問のすえ、斬首にて殉教。この聖人について最も有名な伝説は、彼らの死後二人に捧げて建てられた、ローマの教会に仕える人物が、足に悪性の腫瘍ができてしまったときの話であろう。夢に現れた聖コスマスと聖ダミアヌスは墓場に行き、亡くなったばかりのエチオピア人の死体から、足を切り取って患者の足と取り替えた。つまり外科的な移植手術を行ったと言う伝説である。目が覚めたら、自分の片足が黒人の足になっていたが、病はすっかり消えていたという。

二人はいつも一緒に描かれ、手には手術用のメスや薬入れ、本や尿ビンなどを持つ。

医者、薬剤師、病人等の守護聖人であり、ステンドグラスに描かれる時は、優雅な医師の服装で、縁なしの帽子をかぶっている【Ⅲ-27】。

聖クリスピヌスと聖クリスピニアヌス
(仏語) サン・クレパンとサン・クレピニアン

二人ともローマの貴族出身で、ディオクレティアヌス帝のキリスト教徒迫害から逃れて、フランスのスワッソンに移り住む。そこで二人は靴屋を営み、貧しい人達に無料で靴を造って配り、福音を伝える事を忘れなかった。しかしマクシミアヌス帝によって捕まり、数々の恐ろしい拷問を受けた。ステンドグラスに描かれるその拷問は、鞭打ち、窯ゆで、吊るされての皮剥【Ⅲ-28】などであるが、その中でも最も象徴的に描かれるのが、首に石臼を縛り付けて川に投げ込まれる場面で、単独のアトリビュートとして石臼が描かれる事もある【Ⅲ-29】(波間に石臼が描かれる)。結局、全ての拷問は二人の命を奪うことなく、反対に刑を執行した人々や異教徒を傷つけた。最後は斬首にて殉教。

殉教場面ではなく、靴屋として描かれる時も二人一緒で【Ⅲ-30】、聖クリスピヌスのほうが聖クリスピニアヌスよりも年上に表現される。靴用の革を切り、糸で縫ったりキリで穴を開けたりする様が、当時（そのステンドグラスが制作された時代）の道具や技法を伝える程正確に描かれているのも興味深い。この一見物静かな二人の様子も、革を切る事は皮剥の拷問、キリで穴を開けるのは、キリを爪の間に刺された拷問を暗示させるものであると考えられる。靴屋、革製品を扱う人達の守護聖人。

聖ゲルウァシウスと聖プロタシウス
（仏語）サン・ジェルヴェとサン・プロテ

二人は双子の兄弟で、聖ウィタリスと聖女ウァレリア（ともに殉教聖人）の息子たちであった。もてる財産を全て貧しい人々に分け与えた後、身を寄せていた聖ナザリウスらとともに、ネロの命令で捕らえられミラノに送られる。偽神の像（ジュピター神）に供香する事を拒んだため、まずはじめに、兄の聖ゲルウァシウスは鉛つきの鞭（または鉛のこん棒）でさんざん殴られて殉教、弟の聖プロタシウスは首を

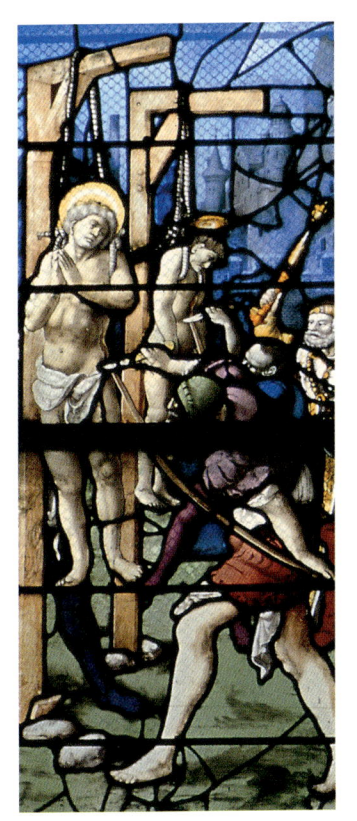

Ⅲ-27 聖コスマスと聖ダミアヌス　1530年頃　マッセイ（Massay）　サン・マルタン教会

Ⅲ-28 聖クリスピヌスと聖クリスピニアヌス　1530年　ジゾール（Gisors）　サン・ジェルヴェ・エ・サン・プロテ教会

Ⅲ-29 聖クリスピヌスと聖クリスピニアヌス　13世紀前半　スワッソン（Soissons）　サン・ジェルヴェ・エ・サン・プロテ大聖堂

Ⅲ-30 聖クリスピヌスと聖クリスピニアヌス　1461年　コーデベック・アン・コウ（Caudebec-en-Caux）　ノートル・ダム教会

切られて殉教した。ステンドグラスでは、捕らえられて将軍アスタシウスの前に引き出される場面か、それぞれの殉教場面が描かれる。

しかし原典とした伝説や、その訳し方によって微妙な違いがあり、例えばル・マンのサン・ジュリアン大聖堂にある12世紀の名作【Ⅲ-31】では、鉛の粒がついた鞭で打たれる聖ゲルウァシウスが描かれているが、パリのサン・ジェルヴェ・サン・プロテ教会にある16世紀の作品【Ⅲ-32】では有罪判決をうけた二人を追い立てる役人は、こん棒を振り上げて聖ゲルウァシウスを殴ろうとしている。

いずれにしても、この聖人は聖アンブロシウス（p147）が4世紀に、ミラノで発見した二遺体から得た幻想がもとになっていて、はっきりとした史実はない。

フランス、ことにパリで崇敬されている彼らは、出血や失禁のさい代願を求められる聖人で、泥棒から家を守ってくれる聖人でもある。

聖ルプスと聖アエギディウス
（仏語）サン・ルーとサン・ジル

この二聖人がともに描かれるのは、一緒に殉教したり、兄弟であっ

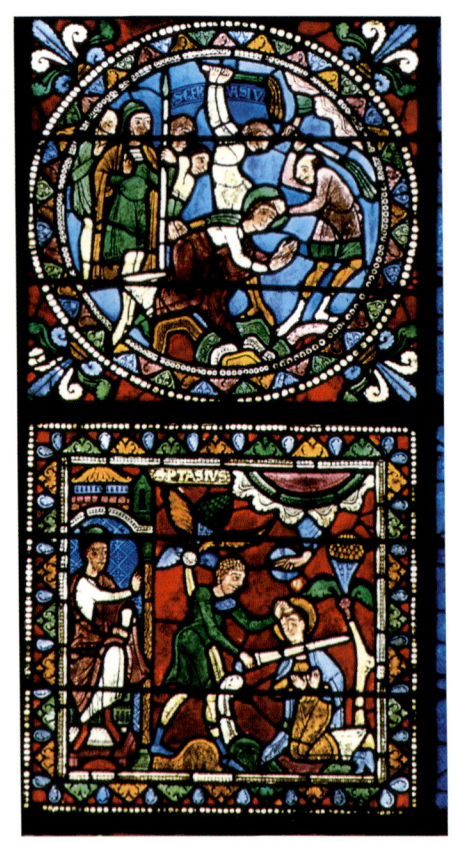

Ⅲ-31　聖ゲルウァシウスと聖プロタシウス　1160〜1170年頃　ル・マン（Le Mans）　サン・ジュリアン大聖堂

Ⅲ-32　聖ゲルウァシウスと聖プロタシウス　16世紀後半　パリ（Paris）　サン・ジェルベ・サン・プロテ教会

Ⅲ-33　聖ルプスと聖アエギディウス　1530年　ジュイ・ル・ムティエ（Jouy-le-Moutier）　ノートル・ダム・ドゥ・ラ・ナティヴィテ・エ・サン・ルー教会

たりする事ではなく、伝説や環境の類似、そして幾つかの勘違いや混乱などが原因である【Ⅲ-33】。

　聖ルプスは7世紀初頭の王族の生まれで、フランスのサンスで大司教をつとめた聖人である。財産の全てを貧しい人々に分け与え、数々の奇跡を行った。アトリビュートは狼で（その名前がフランス語の狼であることから）、羊飼いや家畜を守る人々の守護聖人である。また子供達にとっては心強い聖人であり、寂しい時や恐怖を感じた時に、この名を呼んで助けを求める。その他にも子供のひきつけ、急な発熱のさいなどに助けてくれると信じられている。

　一方の聖アエギディウスは、8世紀頃アテネ（ギリシャ）の王族に生まれ、全財産を教会にささげ、そののち名声におぼれる事を恐れて隠修士となる。黄金伝説によれば孤独を求めて荒野の洞窟に住む彼を、一匹の雌鹿がその乳で養ったという。ある日、王の家臣達が狩りをしていてこの鹿を追いつめた。聖アエギディウスが鹿のために祈ったので、誰も洞窟に近づく事ができなかったが、家臣の一人が鹿を追い出すために射った矢が聖人に当たり、聖アエギディウスは深手をおってしまう。やがて全てを知った王は大変後悔し、何度も洞窟を訪れては、治療や寄付を申し出るが、聖アエギディウスはそれを断り、代わりに修道院の建設に力を尽くすようにと王に進言する。したがって彼のアトリビュートは一頭の雌鹿であり、修道士の服装で描かれる。

　聖アエギディウスは十四救難聖人の一人でもあり、ペストや癌、そして聖ルプスと同じく恐怖感を感じたときや、心痛のさいに代願を求められる聖人である。そしてやはりこれも聖ルプスと同様に、羊飼い、家畜、貧しい人々の守護聖人である。

　更にこの二聖人は、ともに九月一日が祝日であることから、時に混同され聖ルプスの狼が鹿に描かれることもあった（ちなみに聖アエギディウスのドイツ名は聖ギルゲンで、この祝日「聖ギルゲンの日」はライ麦の種蒔きをする日としても知られている）。

　それぞれが単独で描かれることもあるが、パリ1区にあるサン・ルー サン・ジル教会をはじめとして、パリ郊外や北フランスで、いくつもの教会がこの二聖人に捧げられている。

　上記のほかにも、聖女ユリッタと聖キリクス（p158）などの母子聖人、同じく親子の聖女ヘレナ（p177）と聖コンスタンティヌス、使徒の聖ペトロと聖パウロ、そして無名な地方聖人と有名聖人の組み合わせなど、一枚のステンドグラスで、ともに描かれる聖人は大変多いが、そのどれもが伝説や生涯、守護する職業や災難の種類などに共通性が深いため、比較的見分けることが容易である。

聖女アガタ

(仏語) サントゥ・アガトゥ
3世紀頃

Ⅲ-34　聖女アガタ 1　16世紀後半
ル・メニール・オブリー（Le Mesnil-Aubry）
ナティヴィテ・ドゥ・ラ・ヴィエルジュ教会

Ⅲ-35　聖女アガタ 2　1563年頃
モンモランシー（Montmorency）　サン・マルタン教会

250年頃、シチリア島のカタニア市生まれで、貴族の出身。四大殉教童貞聖女の一人。

シチリア総督のクィンティアヌスに求婚されたが、「キリストの花嫁」つまりクリスチャンとしてそれを断り、更に異教の神々に供犠しなかったため、乳房を切り取られたり、様々な拷問を受けたが、聖ペトロが主の使いとして現れ、牢獄のアガタを癒した。

その後、信仰によって全ての拷問に打ち勝ったアガタは、静かに天に召された。

聖女の死後伝説として、噴火したエトナ山から流れ出した溶岩が、カタニア市をおそったさい、聖女アガタの墓にかかっていたヴェールが、それをくい止めて町を守った話が有名である。地震や火災や雷、そしてヴェールの逸話から、火山災害などの時にその名が呼ばれる。

乳癌など胸部疾患、さらに、ひびやあかぎれ、膿みをもつ腫れ物や、傷の治癒などに関する守護聖人。

切断された乳房の形と釣鐘の形が似ている事や、エトナ火山から流れ出た溶岩が鋳造を連想させる事などから、釣鐘造りの職人達の守護聖人でもある。

> 絵画では、切り取られた乳房を皿にのせて持つ姿で描かれる事が多いが、ステンドグラスでは写真【Ⅲ-34、Ⅲ-35】で見られるように、やっとこに挟んだ乳房を持って描かれる。聖女アポロニア（p144）と似たやっとこだが、小さな歯を挟む聖女アポロニアにたいして聖女アガタでは丸い乳房なので見分け易い。

聖女アグネス

(仏語) サントゥ・アニエス
3世紀～4世紀

前項の聖女アガタと同じく、ラテン教会における四大殉教童貞聖女の一人。

3世紀末から4世紀初め頃の貴族の出身。当時のローマ長官の息子が、美しい彼女を見そめて、富や名誉をちらつかせて結婚を迫るが【Ⅲ-36】、アグネスは自分がキリスト教徒であることを告白して、断ったために捕らえられる。

あらゆる説得や脅かしにもめげずに、異教の女神（ウェスタ神）に供犠する事を拒んだため、全裸にされて娼家へとひきたてられたが、主の力でアグネスの髪が伸び全身を包み隠した。

その後アグネスに触れようとした長官の息子は、即座に悪魔にとり殺された【Ⅲ-37】。

Ⅲ-36 聖女アグネス　1460年頃
セレスタ（Sélestat）　サン・ジョルジュ教会

Ⅲ-37 悪魔に殺される長官の息子　1460年頃
セレスタ（Sélestat）　サン・ジョルジュ教会

Ⅲ-38 引きたてられる聖女アグネス　16世紀
ルイトゥル（Lhuître）　サントゥ・タンシュ教会

アグネスは魔女として火あぶりにされたが全く無事で、最後は首に剣を刺されて殉教した。

キリストの花嫁としてのアグネスは、若い娘や婚約者たちの、それに処女性の象徴としての「閉じた園」（p208）から庭師の守護聖人として親しまれている。

> 代表的なアトリビュートは、その名アグネス（Agnes）にちなんでAgnus（小羊）であるが、これは単に言葉からの連想だけでなく、死後8日たって豪華な衣装で現れたさいに、その脇に寄り添っていたと言われる、純潔の象徴の白い子羊でもある。その他には殉教を意味する棕櫚、花の冠、殉教具の剣なども描かれる。
>
> 長く伸びた髪で、裸の体を包み隠している聖人は沢山いる。特にステンドグラスに描かれる事が多いのは、聖女アグネスの他に、聖女エジプトのマリア（p178）や聖女マグダラのマリア（p179）であるが、エジプトのマリアでは、3つのパンを持ち、天使達に囲まれて天に昇る姿で描かれる事が多く、マグダラのマリアは、キリストの足を髪で拭いた時の香油壺を持っている。それに対して聖女アグネスでは、大勢の人々や兵士に囲まれ、ローマの町中を引きたてられる場面【Ⅲ-38】が描かれるので識別し易い。

聖アドリアヌス

（仏語）サン・アドリアン
3世紀～4世紀頃

アドリアヌスは、ローマ皇帝マクシミアヌスの軍隊で隊長をつとめていた。

ニコメディアにてキリスト教徒の迫害中、殉教者達の勇気と信仰の強さにうたれてキリスト教徒に改宗。投獄されひどい拷問のすえ鍛冶屋が使う鉄床（かなとこ）の上で手足を切断され殉教。別の記述ではその後、斬首にて殉教。

妻のナタリアもキリスト教徒で、アドリアヌスや他の信者が投獄されていた牢に、髪を切っ

聖人伝

Ⅲ-39　聖アドリアヌス　1510年頃
コンシュ・アン・ウッシュ（Conches-en-Ouche）
サントゥ・フォア教会

聖女アポロニア

（仏語）サントゥ・アポロニ
3世紀頃

Ⅲ-40　聖女アポロニア　15世紀
ルーアン（Rouen）　サン・マクル教会

て男装して忍び込み、彼らの傷を治療した。
　フランドルやフランス北部の、ノルマンディー地方などで信仰あつく、特にステンドグラスはそのほとんどがこの地方に集中している。
　鍛冶屋の守護聖人であり、髄膜炎にかかったときに、その加護を求められる聖人でもある。

　ステンドグラスでは鎧を身に着けた軍人、もしくは若いローマ貴族の姿で描かれ、手には剣、時には鍵（牢番の守護聖人として）を持つが、最も特長のあるアトリビュートとして、その上で手足を切断された鉄床がある。強い信仰と勇気の象徴として足下にうずくまるライオンが描かれる事もある【Ⅲ-39】。
　同じくキリスト教徒として死んだ妻のナタリアが、切断されたアドリアヌスの片手をもって傍らに描かれる事もある。

　3世紀中頃のアレクサンドリアの殉教聖女。一説では聖ラウレンティウス（p184）の姉であったと伝えられている。
　彼女は、当時キリスト教徒の大迫害が行われていた同市の女助祭として、残酷な拷問のすえ、殉教していく多くのキリスト教信者達を励ました。やがて彼女も異教の神々に祈る事を強制されたが、像の前で十字を切って、それらを粉々に破壊してしまった。
　捕らえられた聖女は柱に縛りつけられて、大きなペンチで歯を抜かれる拷問をうけた後、炎で焼かれて殉教した。
　以上の伝説からこの聖女は歯科医の守護聖人として崇敬され、歯痛のときにその名を呼ばれる聖女である。

　拷問で抜かれた自分の歯を挟んだ、大きなペンチ（やっとこ）を持って描かれる【Ⅲ-40】。その他には殉教者のしるしとして棕櫚の葉を持つこともある。
　フランスのステンドグラスでは、ローレンヌ地方や北部にその作例が多い。やっとこに自分の乳房をはさんで描かれる聖女アガタ（p142）との違いも比較的はっきりとしている。

144

聖アントニウス

(仏語) サン・タントワーヌ
3世紀中頃～4世紀中頃　隠修士※1

　251年頃、上エジプトの貴族出身で、両親の死後、財産を全て棄て隠修士となり20年間洞窟にこもった。その間様々な誘惑に襲われたが、神への強い信仰によって打ち勝った。
　その後再び現実の世界に戻った彼は、さらに禁欲節制の日々を送り、数々の奇跡を行った。修道制度をつくり弟子の教育にも貢献したアントニウスは、90歳のとき神の声で、自分よりもさらに長い年月孤独な隠修生活をし、神に奉仕している聖パウルスの存在を知る。彼に会うために旅に出たアントニウスは途中、ケンタウロス（ギリシャ神話の半人半馬で狂暴な生き物）やサテュロス（同じくギリシャ神話に出る山野の神）などに導かれて、ついにパウルスの隠れ住む洞窟にたどり着く。113歳になっていた聖パウルスと聖アントニウスはその日から共に住むことになるが、今まで60年間パウルスのもとに半切れのパンを運んでいた烏が、二人の老人のために翌朝からは一切れのパンを運んで来るようになった。やがて聖パウルスが死に、その魂

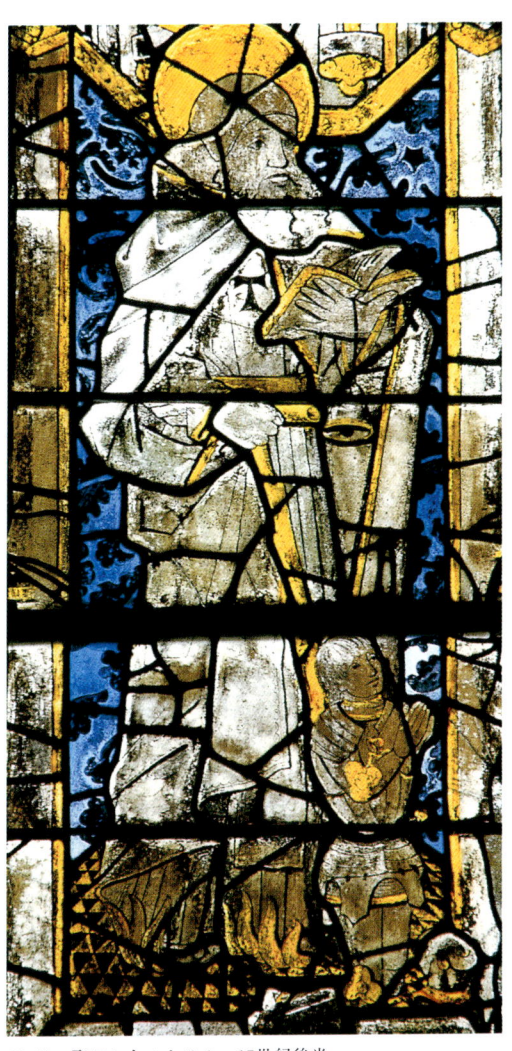

聖人伝

Ⅲ-41　聖アントニウス1　15世紀後半
エイムティエ（Eymoutiers）サン・テチエンヌ教会

Ⅲ-42　聖アントニウス2　15世紀末
コーデベック・アン・コウ（Caudebec-en-Caux）
ノートル・ダム教会

が天に導かれるのを見たアントニウスは、二頭の獅子に助けられてその亡骸を埋葬した。その後自分の居住に戻った彼は105歳まで生き、修道士の模範となりこの世を去った。

　絵画では、誘惑を表わす恐ろしげな悪魔の群れに囲まれる姿なども描かれるが、ステンドグラスで単独像の場合、【Ⅲ-41】のように頭巾付きの修道服を着て、左肩には神を表わすギリシャ語 Theos の頭文字 T がついている。
　さらに分かりやすいアトリビュートとして、聖アントニウスが克服した欲望を表わす豚と、肉の欲望を退ける炎の幻想、悪魔を追い払う神の力の象徴である鈴、年老いたアントニウスを支えるT型の杖（アレキサンドリアの使徒たちの象徴）などが描かれる【Ⅲ-42】。
　さらに聖パウルスを訪問した時の場面では、パンを運ぶ一羽の鳥や二つに割れたパン、パウルスの亡骸を埋葬するのを手伝った二頭の獅子なども描かれる。
　聖アントニウスを守護聖人として仰ぐ職業は大変多く、例えばブタの連想から、養豚業者や家畜、肉屋と豚肉加工業者、さらに豚毛のブラシ業者の守護聖人。鐘つき人、墓堀り人、埋葬業者（聖パウルスの遺体を埋葬した事から）、籠細工職人（孤独な隠修生活の手仕事）など主な物でも十数種ある。
　病気や災害では、丹毒やペスト、高熱、脱疽などの病から守ってくれる聖人で、火災のときにもその名が呼ばれる。

※1　修道院など共同生活をする修士に対し、人との関わりを一切絶ち、荒野などにこもる独住修士のこと。初代隠修士と言われるのが本文に登場するパウルスで、60年以上も砂漠で禁欲と祈りの日々を送ったと言われる。

聖女アンナ

（仏語）サントゥ・アンヌ
1世紀

　聖母マリアの母親であり、キリストの祖母。その生涯の物語については、聖母マリアの項目に登場する以外にあまり無く、13世紀に

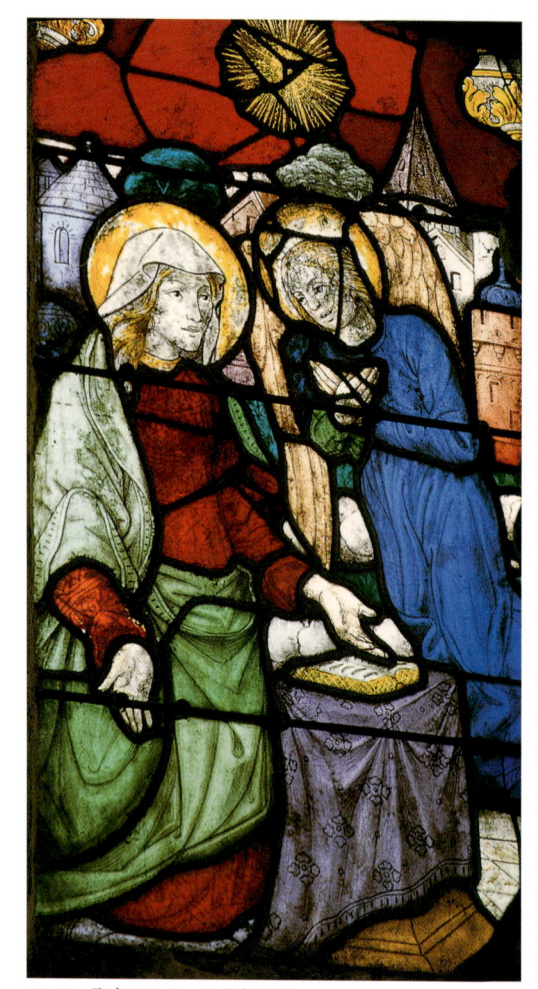

Ⅲ-43　聖女アンナ　16世紀中頃
プロゴネック（Plogonnec）　サン・チュリオ教会

書かれた「黄金伝説」に出てくる、幾つかの内容を原典として多くのステンドグラスや絵画が制作された。なかでも、最初の夫ヨアキムとのあいだにマリアを授かってから、2度再婚したという記述（p137）は、三人のマリアという象徴的なステンドグラスを生み出した。
　一般に聖女アンナは、母性の象徴として妊婦の安産、幼い子供やその母を守護し、その他にも船乗り、鉱山で働く人々の守護聖人でもある。

　アンナは普通、赤の上着に緑の外套を着ているが、赤は神の愛、緑は希望を意味している。つまり全世界を救う事になる希望（救世主）を

生む聖母マリアを生んだからである【Ⅲ-43】。

アンナが一人でステンドグラスに描かれることはあまり無く、聖母マリアの生涯において、金門での再会、マリアの誕生、幼いマリアと共に、もしくはキリストを含めた聖家族として表現されることが多い。そのほかでは、三人のマリア（p137）の母として、描かれる事もある。

聖アンブロシウス

（仏語）　サン・アンボワーズ
4世紀中頃～末

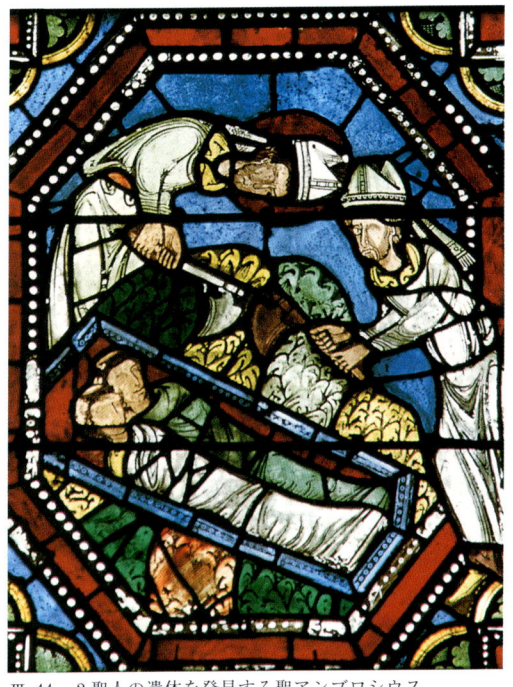

Ⅲ-44　2聖人の遺体を発見する聖アンブロシウス
1180～1190年頃
ル・マン（Le Mans）　サン・ジュリアン大聖堂

　ローマの地方長官の息子として生まれ、政治家になるための教育をうけた後、執政官となる。しかし、市民達により、当時空席となっていたミラノ司教に、洗礼を受ける前の身で選ばれた。初めは断わり続けて逃げていたが、彼の政治的手腕や権力に屈しない強い意思に基づく行動力は、まさに司教にふさわしい人材であったといわれる。12月7日、聖アンブロシウスの日は、聖人の殉教日や誕生日ではなく、洗礼を受けた日である。

　ラテン教会四大博士（p136）の一人で、宗教学者、宗教詩人として著作も多く、アンブロシウス聖歌の作者でもある。

　悪魔にとりつかれた人々を救ったり、アリウス派など、異端との戦いに大きな功績があった。三つ又の鞭を持って描かれる事があるのは、これら異端との戦いに勝利した事を意味する。

　ミラノの教会で、夢に現われた聖パウロの啓示により、聖ゲルウァシウスと聖プロタシウス（p139）の聖遺体を発見した話も描かれる事がある【Ⅲ-44】。

　ミラノ市の守護聖人。石材工の多くがロンバルディア地方の出身であったため、石工の守護聖人。

　以上の理由から、災難に関しても蜂に刺された時や、その被害から人々を守ってくれる聖人でもある。

　多くの名著を意味する、本や聖書と杖を持った司教の姿で描かれ、他の3人と供にラテン教会四大博士（p136）として、窓に並ぶ事が多い。

　まだ幼児のころ、彼の口を出たり入ったりしていた蜂の大群の逸話や、雄弁さの象徴として蜂の巣がアトリビュートとなることから、養蜂業者、蜂蜜パンを焼く人々の聖人でもある。

　骨の山（聖ゲルウァシウスと聖プロタシウスの）と共に描かれる事もある。

聖イーヴ

（仏語）　サン・ティヴ
1253～1303年

　フランス、ブルターニュ地方出身で最も人気のある聖人。

　彼は貧しい人々のために献身的に活動した

しようとしている）、何も持たない貧者と共に、もしくは訴状を手渡す未亡人や孤児と供に描かれ、弁護士の衣装である白地に黒い斑点つきの服と【Ⅲ-45】、縁無し帽子をかぶった姿で描かれる事が多い。

　窓をいくつかの物語に分けて描かれる聖イーヴのステンドグラスは、彼が行った様々な名判決の逸話や善行が描かれているが、そのうち幾つかは旧約聖書におけるソロモン王の審判に由来していると思われる。

Ⅲ-45　聖イーヴ　1537年頃
モンコントゥール（Moncontour）　サン・マチュラン教会

弁護士で、1303年に50歳でこの世を去った後、1347年に列聖された。

　貧者への施しや、未亡人の救済、病人や弱者への善行など様々な逸話が残されている。ステンドグラスの作例も、フランスではノルマンディーやブルターニュ地方に見られるが、その崇敬はフランス国内に止まらず、イタリアやスペイン、ベルギー、オランダなどにも広がった。

　ブルターニュ地方の守護聖人であり、裁判官や弁護士など法に携わる者、貧者や孤児の守護聖人として広く崇敬されている。

ふつうは単独で描かれることは無く、財布や金貨の山を持つ金持ちと（その金で証人を買収

聖ウィンケンティウス

（仏語）　サン・ヴァンサン
3世紀〜4世紀

Ⅲ-46　聖ウィンケンティウスの鞭打ち　13世紀中頃
トゥール（Tours）　サン・ガティアン大聖堂

　スペイン出身の助祭で304年、ディオクレティアヌス帝の時代に殉教したスペイン最初の殉教者。

　サラゴッサの司教、ウァレリウスの助祭をつとめていたウィンケンティウスは、その雄弁さで地方総督ダキアヌスをやり込めたため、捕まって様々な拷問にかけられた。

　ダキアヌスが行った残酷な拷問は次のようなものであった。拷問台に縛りつけて手足をねじ曲げ、鞭と棍棒で打たせ【Ⅲ-46】、さらには鉄の櫛で内臓が出るまで肋をかきむしっ

た。その後、鉄の針や釘の付いた火あぶり台にのせて聖ウィンケンティウスの体を焼いた【Ⅲ-47、Ⅲ-48】。

　それでも彼は涼しい顔で神を賛えていたので、ダキアヌスは聖ウィンケンティウスを、暗く床にはガラスや陶器の破片を敷いた牢に閉じ込めた。ところが、そこには天使たちが現われ、彼をやさしく介抱したので、怒ったダキアヌスは反対に聖ウィンケンティウスを柔らかく快適なベットに寝かせたところ、まもなく彼は息をひきとったという。

　生きている時にどんな拷問でも、聖ウィンケンティウスを打ち負かすことができなかったダキアヌスは、聖人の屍を見せしめとして荒野に放置し、野獣の餌食にしようとしたが、大きな鳥が守っていたため獣たちは近づく事もできなかった。特にステンドグラスではこの場面が好んで描かれた【Ⅲ-49】。

　さらにその後、大きな石臼をくくりつけて海に沈められたが、遺体はすぐに浜辺に漂着した。

　ヴィンセントの名で世界中で親しまれているこの聖人は、ステンドグラスや絵画に描かれる頻度もさる事ながら、多くの違った職業や業界の守護聖人として祭られている。フランス語でキリストの血を意味する　ヴァンサン、つまり　Vin（ワイン）Sang du Christ（キリストの血）と、その名の共通点から葡萄を栽培する人々やワイン業者、さらにワインから造られる酢醸造業者の、拷問の後、陶器の破片を敷いた牢に寝かされた事から、瓦焼き職人や屋根ふき職人、陶器業者の、海に投げ込まれた遺体が無事に流れ着いたことから、ポルトガルでは航海者たちの安全を守る聖人であり、その他にも多くの職業の守護聖人となっている。

> 単独で描かれる場合、助祭服を着た若い姿で、殉教のしるしである棕櫚の葉を持つ。
> 　最も印象的に、また頻繁に描かれるのは、火

Ⅲ-47　火あぶり台の聖ウィンケンティウス1　13世紀中頃
トゥール（Tours）　サン・ガティアン大聖堂

Ⅲ-48　火あぶり台の聖ウィンケンティウス2　14世紀初頭
ボーヴェイ（Beauvais）　サン・ピエール大聖堂

Ⅲ-49　鳥に守られる聖ウィンケンティウスの屍　14世紀初頭
ボーヴェイ（Beauvais）　サン・ピエール大聖堂

あぶり台の上で焼かれるシーンであるが、同じく体を焼かれた事で知られる聖ラウレンティウス（p184）と正確に見分ける事は困難である。絵画などにおいて聖ウィンケンティウスの火あぶり台は、とげの様な針が逆立っていることにより見分けられるが、ステンドグラスでは、この他の聖ディオニシウス（p166）や聖クリストフォルス（p158）など、火あぶり台、鉄灸で焼かれた多くの聖人たちと、表現における決定的な違いは見い出せない。

聖女ヴェロニカ

（仏語）サントゥ・ヴェロニック
1世紀頃

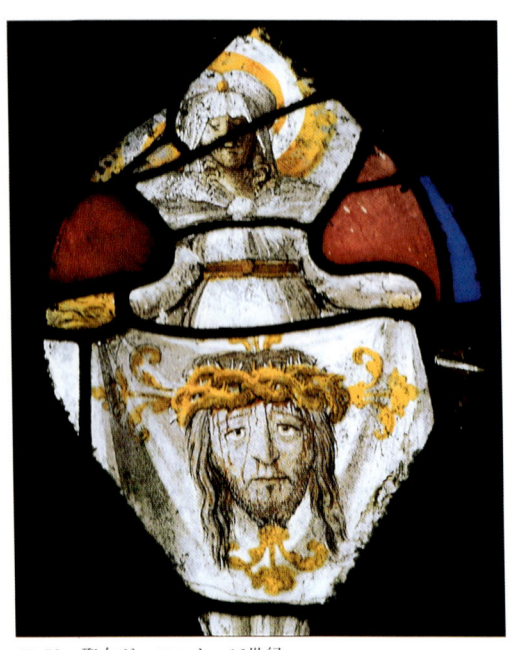

Ⅲ-50　聖女ヴェロニカ　16世紀
ラネデン（Lannédern）　ラネデン教会

新約外典「ニコデモの福音書」をはじめとして、様々な書物にその伝説が登場するが、実在した聖女ではなく、その名ヴェロニカは「真実の画像」を意味する vera icona（ヴェラ・イコナ）が聖女に人格化されたものと思われる。

伝説によるとヴェロニカは、十字架をかつぎ、ゴルゴダの丘への道を行くキリストの血と汗を、自分の頭にかぶっていた布で拭ったところ、そこにキリストの顔がはっきりと写し出されたという。

また別の伝説では、早くからイエスを信奉していた婦人たちの一人で、布にイエスの肖像画を描いてもらいに行く途中、イエス本人に出会い、手渡した瞬間に主の顔が描かれていたと言うものもある。

絵画や彫刻、ステンドグラスなどで中世末期まで盛んに創られた彼女の図像は、苦悶の表情をした救世主イエスの顔が写し出された布（聖ヴェロニカのヴェール）と共に描かれ、それは今日、聖遺物としてヴァチカンのサン・ピエトロ大聖堂に収められている。

布商人、クリーニング業（中世においては洗濯女）、下着商などの守護聖人であるが、現代ではその伝説に因んで、写真家や映像に携わる者の守護聖人でもある。

茨の冠をかぶり苦悶の表情をした、キリストの顔が写し出された布を持つ婦人、もしくは若い女性の姿で描かれることがほとんどである【Ⅲ-50】。象徴的に窓の一部（特にトレサリーの一部）に描かれることが多いが、時には十字架の道行きで、キリストの血と汗を拭きとろうとする場面や（p111）、十字架に架けられたキリストの足元で布を持ち、涙をながしていることもある。

聖エウスタキウス

（仏語）サン・トゥスタッシュ
2世紀初頭

アジアの、仏教説話に由来していると言われるこの聖人の伝説は、物語として大変感動的にできていて、絵画やステンドグラスにその劇的な場面がたくさん描かれている。

ローマ皇帝トラヤヌス帝の軍司令官であったエウスタキウス（当時はプラキダスという

名）は、異教徒であったがとても慈悲深い人物だった。ある日、狩りをしていたプラキダスは一頭の、大きく美しい鹿を追い詰めた。すると鹿の角の間に、光輝く聖十字架があらわれ【Ⅲ-51】、主が鹿の口を通して彼に語りかけた。自分の信じる神がキリストであることを確信したプラキダスは、妻と二人の息子と共に洗礼をうけエウスタキウスと改名したが、その後、神のお告げの通り様々な試練が彼をおそった。

　まず、ペストにより使用人の全てと家畜を失い、その弱みにつけ込んだ盗賊に財産と家を奪われ、無一文で逃げ出した船旅の末、船賃の代わりに妻を海賊まがいの船長にとられた。さらに増水した川を渡るため、二人の息子のうち一人をはじめに向こう岸に渡し、戻ろうとして川の中程まで来た時、一人は狼に、反対岸の息子はライオンにさらわれてしまう【Ⅲ-52】※1。嘆き悲しんだエウスタキウスはある村にたどり着き、そこで15年間も下男として働きながらも神を信じ続けた。

　やがて、有能な司令官を失って外敵に劣勢となっていたローマ皇帝は、賞金をかけてプラキダスを探させた。彼が下男として働いていた村にも、かつての部下がやってきて、ついにエウスタキウスはもとの司令官に復帰するが、それと同時に、猛獣の餌食となったはずの二人の息子は、実は村人によって助けられ別々に育ち、立派な兵士となっていた事もわかった。さらに、妻を奪った船主はすぐに頓死したため、そのまま解放された妻は安宿の女主人となり、そこに泊まった息子たちの話を聞き、ついに家族は感動的な再会をはたした。

　外敵を破りローマに凱旋した彼を待ち受けていたのは、すでにトラヤヌス帝ではなく残忍なハドリアヌス帝であった。偽神の像に供犠しないエウスタキウス達に怒ったハドリアヌス帝は、家族四人を青銅でかたどった雄牛の像に入れ、下から火を焚いて焼き殺した

Ⅲ-51　聖エウスタキウス　13世紀
サンス（Sens）　サン・テチィエンヌ大聖堂

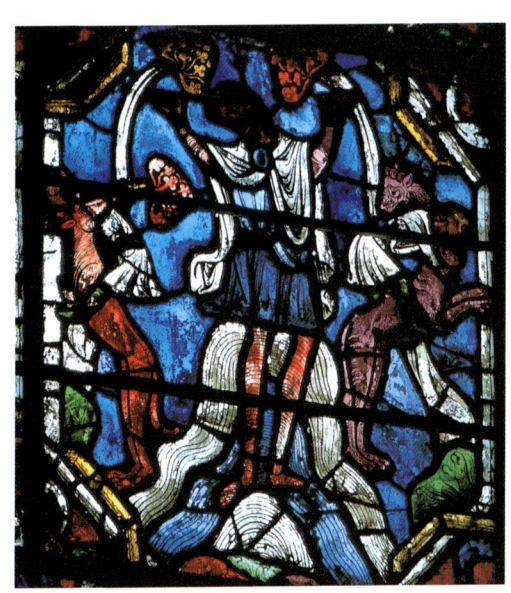

Ⅲ-52　聖エウスタキウスの試練　1250年頃
オッセール（Auxerre）　サン・テチィエンヌ大聖堂

Ⅲ-53　聖エウスタキウスの殉教　1250年頃
オッセール（Auxerre）　サン・テチィエンヌ大聖堂

【Ⅲ-53】。三日後に出された遺体は、全く傷んでいなかったとも書かれている。

　十四救難聖人の一人で、猟師や山番人の守護聖人。

特徴的で表現しやすい図像だが、それと同時に、類似した多くの聖人伝説にも引用されたため、見分けが困難な場合も多い。

　伝説に基づいた場面の描写では、本文中の作品例に見られる様に見分け易いが、象徴的に描かれる場合、【Ⅲ-54】のように、代表的なアトリビュートである、角の間に聖十字架を持つ鹿、それを拝する軍人姿、もしくは狩人のエウスタキウスが、角笛を携えて猟犬と共に描かれる。しかしこれは、聖フベルトゥス（p174）の図像とほぼ一致する。かろうじて違うのが、聖エウスタキウスの図像には、ストラ※2を掲げる天使がいない事であるが、それとて必ず聖フベルトゥスに出てくる訳ではなく、以上の点から、過去の作家達の多くが、すでにこの二聖人を取り違えて、もしくは混同して制作していた事実が確認されている。

※1　パリのサン・トゥスタッシュ教会、つまり聖エウスタキウスに捧げられた教会で、正面を飾るステンドグラスもこの場面を描いたものである【Ⅲ-55】。

※2　ストラとは助祭以上の聖職者がつける、細長い布に刺繍のついたもの。職位によって首にかけて前に垂らしたり、胸の前で十字に重ねたりする。

Ⅲ-54　角の間の聖十字架　1543年
ルーアン（Rouen）　サン・パトリス教会

Ⅲ-55　聖エウスタキウスの試練　1631年
パリ（Paris）　サン・トゥスタッシュ教会

聖エリギウス

（仏語）　サン・テロワ
590年頃〜659年

Ⅲ-56　聖エリギウス　16世紀
パリ（Paris）　ルーヴル美術館蔵

Ⅲ-57　馬の足を切る聖エリギウス　1550年頃
ノートル・ダム・デュ・クラン（Notre-Dame-du-Crann）
ノートル・ダム・デュ・クラン教会

Ⅲ-58　聖エリギウス　1460～1470年頃
コーデベック・アン・コウ（Caudebec-en-Caux）
ノートル・ダム教会

　西暦590年頃、フランス、リムーザン地方に生まれたエリギウスは、リモージュで金銀細工の修行をした後、パリに出て名人としての名声を得た。特に、当時の国王クロテール二世のために制作した黄金の鞍【Ⅲ-56】が認められて、造幣を取り仕切る財務長官に任ぜられる。その後の王、ダゴベールにも信頼されたエリギウスは、王の死後カトリックの司祭になり、640年にノワイヨンの司教となる。

　伝説によると、人を振り落とす暴れ馬に蹄鉄を打つため、馬の前足を切断して蹄鉄を打ち、また元どおりに直した話【Ⅲ-57】や、女性に化けた悪魔の鼻を、火箸で挟んだ話などが伝えられる。

　馬商人や獣医（特に馬を診る医者）、馬の世話をする人々、荷馬車引き、現代では自動車修理工や、技師などの守護者でもある。病では、松葉杖をつく人々や、足の病に苦しむ人、子供の腸炎や様々な潰瘍からも守ってくれる聖人でもある。

　聖エリギウスを描いたステンドグラスの代表的なパターンとしては、金銀細工師としてクロテール二世に黄金の鞍を造った場面、蹄鉄打ちとして暴れ馬の前足を切断する場面、ノワイヨンの司教として【Ⅲ-58】の3つであり、フランスではどれも好んで描かれる図像である。特に司教姿で描かれる時には、見分け易いように、その手に細工のためのハンマーを持たせることが多い。

聖女エリザベト

（仏語）　　サントゥ・エリザベトゥ

　洗礼者聖ヨハネの母。
　洗礼者聖ヨハネの両親である、聖女エリザベトとザカリアについての物語は、外典を基にしてまとめられた13世紀の「黄金伝説」に詳しく書かれており、これがステンドグラスに描かれる際の原典になっていることが多い。
　祭司ザカリアとその妻エリザベトは年老い

聖人伝

Ⅲ-59 聖女エリザベトへのお告げ　1360〜1370年頃
ニーダハスラッハ（Niederhaslach）　サン・フロラン教会

た夫婦で子に恵まれなかったが、ある日、主の神殿で香を焚いていたザカリアに、お告げの天使ガブリエル（p206）が現われて、二人に救世主の先駆けとなる男の子が授かる事や、その名をヨハネと名づける事を告げた。しかしザカリアは自分達の年齢を考えて、その言葉を疑ったため、ヨハネの誕生までの間、口が利けなくされた。その後、ヨハネの誕生場面で、口の利けないザカリアが、「その名はヨハネ」と書かれた板を持っている姿が描かれる。

最も描かれる頻度が高いのは、聖母マリアの生涯における「御訪問」（p74）で、マリアと同じくお腹の大きな妊婦姿で、しかしマリアよりもずっ

と年老いて表現される。

次に多いのは、洗礼者聖ヨハネの生涯における「エリザベトへのお告げ」【Ⅲ-59】[※1]と「ヨハネの誕生」で、これはそれぞれ「受胎告知」と「マリアの誕生」の場面と類似しており、幾つかの注意点がある。

その他では、聖家族の一人として描かれる場合や、砂漠への避難などに登場する。

※1　エリザベトは、大変年老いた婦人に描かれる。

聖女カエキリア（チェチーリア）

（仏語）　サントゥ・セシール
2世紀〜3世紀

Ⅲ-60　聖女カエキリア　19世紀
ピュエルモンティエ（Puellemontier）
ピュエルモンティエ教会

ローマ貴族出身の、童貞殉教聖女。聖女アグネスとともに、ローマの殉教聖人として最も人気の高い聖女であるが、実在した人物かどうかはっきりとしない。

　幼いころからキリスト教徒として育てられた彼女は、キリストの花嫁として生涯純潔の誓をたてていたが、やがてヴァレリアスと言う名の青年と婚約させられてしまう。婚礼の日、彼女はヴァレリアスに自分がキリスト教徒である事を告げる。そして天使の出現を見ることにより、ヴァレリアスとその弟ティブルティウス（共に聖人）も聖ウルバヌスに洗礼をうけて信者となり、カエキリアの誓は守られることになる。

　天使は、かぐわしいバラと百合の冠を持ち、一つをカエキリアに、そしてもう一つをヴァレリアスにあたえた。その後ヴァレリアスとティブルティウスは、ローマの都長官アルマキウスにより首をはねられて殉教した。カエキリアも偽神の像に供物をささげる事を拒んだため、煮えたぎる風呂場に閉じ込められて蒸されたが、涼しい顔で汗一つかかなかった。そこでマルキウスは処刑人に命令して、首をはねさせたが、3度も力いっぱい剣を振り降ろしても、彼女の首は切れずに3つの傷がついただけであった。そのまま3日間生きたカエキリアは、その間に財産の全てを貧しい人々に分け与え、自分の屋敷を教会に寄付した後、天に召された。

　聖女カエキリア（チェチーリア）、英名セシリアは、音楽の聖女として知られているが、その生涯の伝説や最も古い図像（ローマの聖カッリストのカタコンベやラベンナのモザイク）では、特別なアトリビュートは持たず祈る女として登場する。音楽や楽器がアトリビュートとして現われるのは、15世紀の末からで、これは聖女カエキリアの祝日に歌われる、晩課の冒頭、「Cantantibus organis quia…」（楽器のしらべが鳴り響いているあいだ…）を（オルガンを奏でながら…）と解したことから始まったとされる。

　以上の理由によって、教会音楽全般の守護聖人であるが、特にオルガン奏者、歌手、そして楽器制作者の守護聖人として知られる。

　聖女カエキリアの崇敬が、再度勢いづいたのは1599年、聖チェチリア・イン・トラステヴェレ聖堂の大修復の際発見された棺に、彼女のものと思われる美しい遺体があったことによるもので、この後多くの作品が捧げられた。

Ⅲ-61　聖女カエキリアの殉教　19世紀
サン・ジュリアン・ドゥ・ソー（Saint-Julien-du-Sault）
サン・ピエール教会

　若い貴族の女性として描かれる。
　最も代表的なアトリビュートがオルガン（小型で手に持つ事のできるハンディーオルガン）で、その他ハープ、リュート、バイオリンなどが添えられることもある【Ⅲ-60】。
　殉教場面でも、斬首された聖女は大変多いので、識別されるために足元や脇にオルガンが描かれる【Ⅲ-61】。
　首についた3つの傷や、伝説にあるバラと百合の冠もアトリビュートになる。

聖人伝

聖女カタリナ

（仏語）　サントゥ・カトゥリーヌ
4世紀頃

エジプトのアレキサンドレイヤの高貴な生まれ、もしくはキュプロスの王、コストスの娘とも伝えられる、童貞殉教聖女。十四救難聖人の一人で、聖三童貞でもある（p137）。

当時アレキサンドレイヤで、キリスト教徒の大迫害を行っていたマクシミアヌス帝は、美しく高貴な生まれでしかも博学なカタリナに太刀打ちできないと知ると、国中から50人もの学者を集め、まだ18歳であったカタリナと戦わせた。しかし彼らの全てが言い負かされて、しまいには皇帝の妃も含めた全員がキリスト教徒になってしまったため、怒ったマクシミアヌスは学者全員を焼き殺し、妃の首もはねた。さらに、どうしても偽神に供香しないカタリナを、最も残酷な方法で処刑しようと、鋭い釘と鋸の刃がついた車輪を造らせて、八つ裂きにしようとしたが、主の御

Ⅲ-62　聖女カタリナの殉教1　1435年頃
セレスタ（Sélestat）　サン・ジョルジュ教会

Ⅲ-63　聖女カタリナの埋葬　1520年頃
サン・カンタン（Saint-Quentin）　サン・カンタン教会

Ⅲ-64　聖女カタリナの殉教2　1435年頃
セレスタ（Sélestat）　サン・ジョルジュ教会

Ⅲ-65　聖女カタリナ　1491年頃
トロワ（Troyes）　サントゥ・マドレーヌ教会

使いが現われて粉々に砕いたため、その破片で多くの異教徒が死んだ。

最後にカタリナは剣で首を落されたが、その切り口からは血ではなく、芳しい乳が流れ出たと言う【Ⅲ-62】。

その後天使たちが、カタリナのからだを持ち上げてシナイ山まで運びそこに葬った【Ⅲ-63】。

このほかに、「聖カタリナの神秘的結婚」（まだ洗礼をうけていなかったカタリナが、キリストの花嫁になるために聖母子を拝謁したが拒まれ、その後受洗してようやくキリストから結婚の指輪を受けた話）もよく描かれるテーマである。

若い女性の守護聖人として有名な聖女カタリナは、教育、学問（哲学、神学、科学、雄弁術）、大学（特にパリ大学）、弁護士、婦人の帽子商、お針娘、それにキリスト教徒でない夫を持つ信者の女性の守護聖人でもある。

さらに、流れ出た乳に因んで乳母や保母の、また拷問道具の連想から車輪関係の職業全般の聖人にもなっている。

> ステンドグラスに描かれる事の多さでは、聖女バルバラや聖女マルガリータと並んで、最も多い聖女である。
>
> 伝説の記述を忠実になぞった聖女の生涯を表わす連作と、象徴的に描かれる単独パネルがあるが、どちらも他の聖人との識別がしやすい事が特徴である。
>
> 最も確実で、必ずと言える程描かれるアトリビュートは、忍び返しのついた車輪で、これも伝説のとおり壊れた形で描かれる。その他、王家の出身を示す宝石つきの王冠、殉教具の剣、学識を表わす聖書、殉教者の印である棕櫚の葉、さらにその足元には、全てにおいてカタリナに破れたマクシミアヌス帝を踏んでいることもあり、以上の幾つか、もしくは全てが描き添えられているステンドグラスもある【Ⅲ-64、Ⅲ-65】。

（聖）カルル大帝

（仏語）サン・シャルルマーニュ
742年～814年

Ⅲ-66　聖カルル大帝　1525～1530年頃
ヴィリー（Viry）　サン・バルテレミー教会

カロリング朝フランク王国の王であり、西ローマ皇帝（800年教皇レオ三世により受冠～814年）、そして西ヨーロッパにおけるキリスト教圏の拡大と、聖遺物の発見に大きな功績があったフランス名シャルルマーニュとして親しまれる王。1165年にパスカリス三世によって列聖されたが、アーヘンでのみ聖の称号を持つ（しかしステンドグラスに登場するカルル大帝は、必ず王冠の背後に輝く光輪を持つ）。

大帝が発見した主な聖遺物は、真の十字架の破片、聖母マリアの肌着（シャルトル大聖

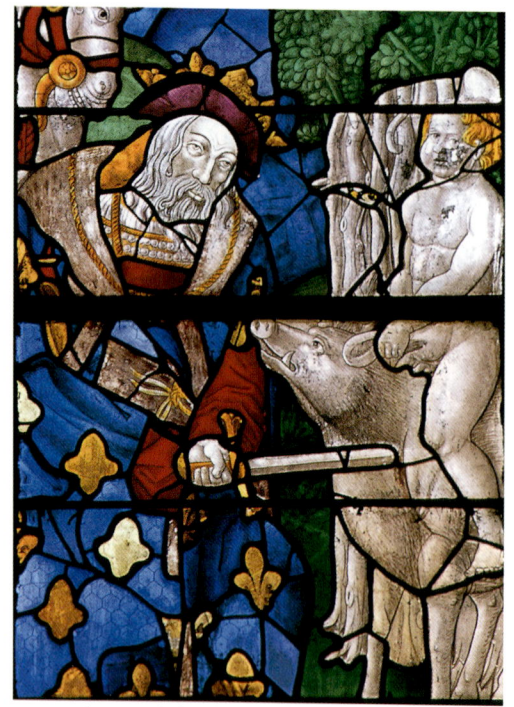

Ⅲ-67　聖カルル大帝の夢　16世紀前半〜中頃
サン・ソルジュ（Saint-Saulge）　サン・ソルジュ教会

その後目覚めた大帝は、ニヴェール（フランスの都市）司教に夢の話をしたところ、その子は聖キリクスで、裸の子供がほしがった着物とは、荒れ果てた聖堂の屋根を直してほしいという意味だと解いた。この夢によってニヴェールの大聖堂は修復され、聖キリクスに捧げられた。

※1　聖キリクス　（仏語）サン・シール　4世紀頃
　2歳9ヵ月で母（聖女ユリッタ）とともに殉教したと言われるが、実在した人物か確認されない。殉教の物語も、母が異教の神に礼拝しなかったため、様々な拷問を受けているのを見て、裁判官の顔を引っ掻いたため、逆上した裁判官に投げ飛ばされて机の角で頭が割れたというものや、母ユリッタとともに拷問の末に斬首というものもある。

聖クリストフォルス

（仏語）　　サン・クリストフ
年代不詳

堂蔵）、茨の冠、洗礼者聖ヨハネの首を包んだ布、などがあり、その多くはカルル大帝の愛した、アーヘン大聖堂に収められた。

　初期の図像では髭の無いものもあるが、15世紀以降は白く華やかな髭が特徴として描かれる。アトリビュートとしては、皇帝の印としての冠、紋章、杖、フランス王家の印である百合（いちはつ）の柄の衣装、十字架を戴いた地球、正義と武力を表わす両刃の剣【Ⅲ-66】、時にはアーヘン大聖堂の模型を持って描かれる。
　ごく稀に、その服装や紋章、王冠などの類似でフランス王聖ルイ（p186）と間違われる事がある。
　多くは象徴的な単独像で表現されるが、時々、他の聖人の伝説で狩りをする大帝の姿が描かれる。これは「カルル大帝の夢」【Ⅲ-67】の逸話で幼児の聖人、聖キリクス※1にまつわるものである。
　ある日、カルル大帝が狩りをしている夢を見ていたとき、突然大きな猪が飛びかかってきた。そこに裸の子供が現われ、何か着る物をくれたら助けてあげると言った。間もなくその子が猪にまたがって現われ、大帝は大猪をしとめた。

Ⅲ-68　聖クリストフォルス　1525〜1545年頃
モンモランシー（Montmorency）
サン・マルタン教会

Ⅲ-69 聖クリストフルスの生涯　1525年頃　サン・ブリ・ル・ヴィノウ（Saint-Bris-le-Vineux）　サン・ブリ・サン・コット教会

十四救難聖人の一人。

伝説によると、クリストフルスはカナン（パレスチナのヨルダン川西部）出身の大男で、身長が12キュビト（5メートル以上）もあったと言われる。

彼は、この世で一番強い者に仕える事を望み、ある偉大な王をたずねた。しかしその王は、吟遊詩人が語る悪魔の話におびえ、何度も十字をきっていた。そこでクリストフルスは、悪魔のほうが王より強いと思い、悪魔探しの旅に出た。やがて獰猛な顔の悪魔に出会った彼は喜んで家来となったが、ある街道に十字架が立っている所まで来ると、その悪魔は怖がって道をかえてしまった。理由を問いただしたクリストフルスは、どうやら本当に偉大で強いのは十字架にかけられたキリストであると確信して、また主君探しの旅に出た。しかし今度は容易に見つけることができずに、ある隠修士（p146）の勧めで、渡る事が困難で多くの人が困っているという大河の、河渡しをしてキリストのお告げを待った。彼は大きな体で、棕櫚の大木を杖代わりにして沢山の人々を渡した。ある日、子供の声に呼ばれ川岸を見ると、そこに小さな子供が立っていて河を渡してほしいと頼まれた。子供を肩に乗せ、いつものように河に入ると水かさが急に増し、子供はどんどん重くなり、危なく溺れかけたが、やっとのことで向こう岸にたどり着いた。まるで世界を丸ごと肩に乗せた程の重さを感じたクリストフルスは、それが自分の探していたキリストで、まさしく世界の創造主を運んだ事を告げられる（キリストを担う人＝クリストフルスの語源といわれる）。

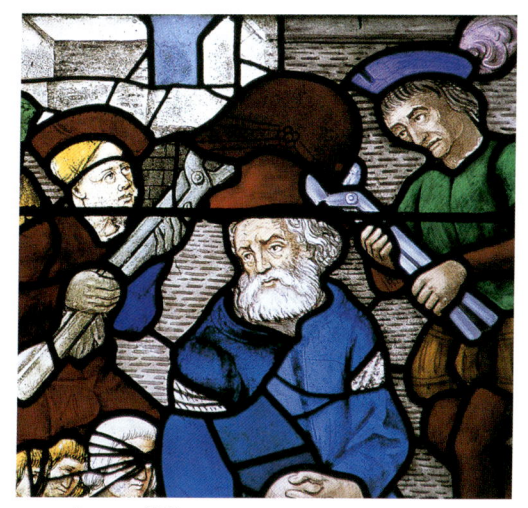

Ⅲ-70（Ⅲ-69の部分）

聖人伝

その後小アジアのサモスで、迫害される多くのキリスト教徒に勇気を与え、自らも捕えられて様々な拷問を受けるが無事で、最後は斬首により殉教する。

　巡礼、旅人、水夫、渡し船、運送業（現在ではトラック運転手たち）、荷担ぎ人、飛行士、などの守護聖人であり、地面に差した彼の杖に葉や花が咲いたことから庭師や造園業者の、弓矢の逸話のため、聖ロックや聖セバスティアヌスと同じくペストから守ってくれる聖人でもある。

　大男の、聖クリストフォルスがキリストを担いでいる図像は、ステンドグラスにかぎらず、絵画や彫刻、その他様々な装飾品にも描かれて崇敬されているが、教皇庁は1969年に実在しない聖人と判定した。

　図像の聖クリストフォルスは有髭と無髭があるが、ステンドグラスに描かれる大半は14世紀以降、特に15、16世紀が多いため、有髭の大男が、子供のキリストを担いで河を渡る図が完成されている【Ⅲ-68】。それより古い時代では、担がれるキリストも大人であったり、静止した正面図で描かれる。さらに全く別の表現として、犬面の（キュノスケファレス）型があり、これは東方起源のもので、フランスのヴェズレー聖堂の扉上部（タンパン）のレリーフに見られる。
　【Ⅲ-69】のステンドグラスには、サモスに行ってから殉教するまでの様子も描かれていて、「黄金伝説」に書かれている通りに、真っ赤に燃えた鉄兜を頭に載せる場面や【Ⅲ-70】、鉄の台にのせられて下から火を焚かれる場面、400人の兵にいっせいに矢を射られる場面が描かれているが、最後は斬首されて殉教した。

聖クレメンス

（仏語）　サン・クレマン
１世紀末

　聖ペトロと聖パウロの弟子で、第４代ロー

Ⅲ-71　聖クレメンス　16世紀
トロワ（Troyes）　サン・ニジェール教会

マ教皇でキリスト教神学者。

　ローマのトラヤヌス帝のキリスト教徒迫害により、不毛の地クリマエの大理石採掘場に追放された。

　その地でクレメンスに同行してきた人々は、水が不足していたため大変な苦労をしていた。そこでクレメンスが彼らのために祈ると、何処からともなく一頭の子羊が現われ、その示した場所をたたくと、清い泉が湧き出した。

　この奇跡を見て怒った迫害者たちは、聖クレメンスの首に錨を巻きつけて海に投げ込んでしまった。こうして殉教した彼の遺体は、水が引いて現われた海底の神殿で発見された。

　彼が追放された大理石採掘場に因んで、石切工や大理石加工業者の、遺体の発見伝説から、航海士や川渡し船の船頭などの守護聖人。病に関しては、痛風にかかった時にその名が呼ばれる聖人。

殉教具の錨を手に持つか、足元に置いた教皇の姿で表現される【Ⅲ-71】。その他、子羊の案内により、水を噴き出させた話の場面や、聖人の亡骸が収められた、海底の建物が発見される場面などが描かれる。

聖クレメンスという名の司教聖人が数人いて、例えばフランスのメッツ、サン・テチィエンヌ大聖堂には、聖クレメンスと名の入ったステンドグラスがあるが、これは初代メッツ司教の聖クレメンス（祝日も同じ）であり、征服した異教徒を意味する、飼いならされたドラゴンが足元に描かれる。

聖大グレゴリウス

（仏語）　サン・グレゴワール　ル　グラン
540年頃〜604年

64代教皇、聖グレゴリウスは、その偉大な業績と徳の高さにより、ル・グラン、つまり大グレゴリウスと称される。

ローマで貴族の子として生まれた後、執政官となるが父の死後ベネディクト修道会に入り、やがて助祭をへて590年教皇となる。ラテン教会四大教父の一人で、キリスト教神学における多数の名著もさる事ながら、有名なグレゴリオ聖歌の完成者として知られる。

教皇の三重冠（ティアラ）をかぶり、手には横木が三本ある特別な十字架と、多くの著作を示す本を持つ。

背後で天使たちが持つ布は、彼が皇妃コンスタンティアに渡した、福音史家聖ヨハネの経帷子【Ⅲ-72】。その真偽を疑われたグレゴリウスは、刃物でその布を刺したところ、そこから血が流れたという。

頭部の左上に描かれるキリストの磔刑図は、「聖グレゴリウスのミサ」と呼ばれる伝説で、彼が司祭をつとめたミサで、祭壇に磔刑上のキリストの幻想が出現したことによるもの。

その他大抵の作品には、執筆中のグレゴリウスの肩にとまって神の言葉を伝えたと言われる、鳩の姿をした聖霊が描かれる。

聖ゲオルギウス

（仏語）サン・ジョルジュ
270年頃〜303年

小アジアのカッパドキア出身で、軍人（護民官）。

キリスト教が生みだした聖人たちの中で、古代現代、東西ヨーロッパを通じて最も人気のある聖人といえる。

特に11世紀頃、有名な竜退治の伝説が加わってから、その人気はさらに高まり、十字軍騎士団の守護者として、また1222年からはイギリスの守護聖人（英名）セント・ジョ

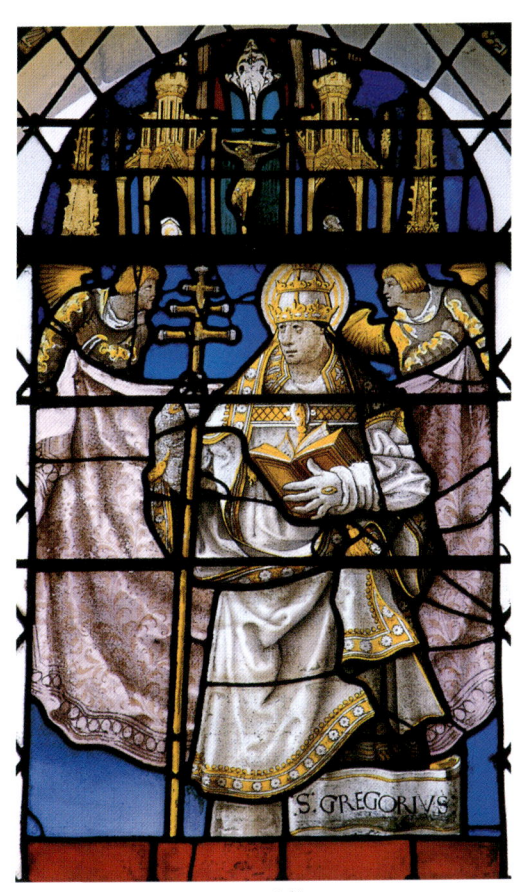

Ⅲ-72　聖大グレゴリウス　15世紀
ラ・マイユレ・シュル・セーヌ（La Mailleraye-sur-Seine）
シャペル・ドゥ・シャトー

ージとなり、彼の持つ盾の赤十字はイギリス国旗となった。イギリスの最高勲章であるガーター勲章（1348年〜）はセント・ジョージ勲章である。イタリアではベニスやフェラーラが彼を守護者とし、ドイツ、フランス、そしてロシアでも、数知れない教会が聖ゲオルギウスに捧げられた。

「黄金伝説」に詳しく伝えられる聖ゲオルギウスの伝説は次のようなものである。

ある日ゲオルギウスは、悪竜に苦しめられていた町リビュア（リビア）のシレナに立ち寄ったが、その日は、ついに王の娘が犠牲に捧げられる日であった。事情を聞いたゲオルギウスは、馬にまたがり十字をきって、竜めがけて突進した。戦いの末、剣で竜をしとめて王女や村人を助けたため、2万人もの人々がキリスト教徒になったという。

その後、全ての財産を貧者に分け与え殉教の地にのぞんだゲオルギウスは、様々な拷問（全身を釘で引き裂き、塩を擦り込み、松明で焼き、煮えた鉛の風呂に入れ、毒を飲ませ…）のすえ斬首にて殉教した。

ディオクレティアヌス帝、マクシミアヌス帝のキリスト教徒大迫害の時である。

15世紀以降からは十四救難聖人の一人で、毒蛇にかまれた時や、ペスト、梅毒などの害から守ってくれる聖人。職業では、兵士や武具職人の守護聖人。

> フランスのステンドグラスに限って言えば、大半が悪竜退治の場面を描いた象徴的なものであるが、(p128)の見分け方1に説明した通り、竜を退治する話も、王女を助ける話も聖ゲオルギウス特有のものではなく、世界中に似た物語が存在している。この11世紀頃に付け足されたと思われる、聖ゲオルギウスの竜退治もギリシャ神話のペルセウスとアンドロメダの物語に原典があると言われている。
>
> 馬に乗って竜と戦うもの【Ⅲ-73】の方が地上で戦うもの【Ⅲ-74】より多く、長槍で刺しているときと、それが折れて剣で戦っているものがある。背後に助けられた王女や村人が描かれることもある。

Ⅲ-73　聖ゲオルギウス　15世紀末
ブーズモン（Bouzemont）　サン・ジョルジュ教会

Ⅲ-74　聖ゲオルギウス　1450年頃
ダルムシュタット（Darmstadt）ドイツ　ヘッセン州立美術館蔵

聖女ジャンヌ・ダルク

（仏語）　サントゥ・ジャンヌ・ダルク
1412年頃～1431年

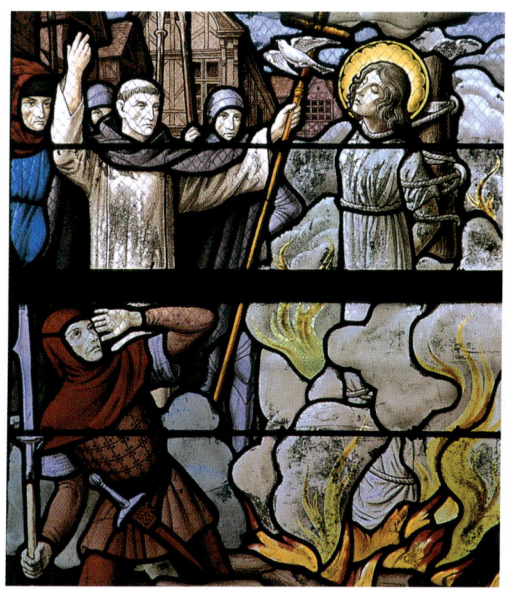

Ⅲ-75　聖女ジャンヌ・ダルクの殉教　19世紀
レ・ザンドリー（Les Andelys）　ノートル・ダム教会

　フランスの国民的英雄で自由と解放を象徴する聖女。映画や芝居、多くの書物で日本でも馴染みのある聖人といえる。
　1412年フランスの田舎町、ドムレミの農家に生まれたジャンヌは、13歳の時突然、神のお告げを受けてイギリス軍に劣勢であったフランスの解放のために立ち上がった。オルレアンの解放や、ランスの大聖堂でのシャルル七世の戴冠などに貢献したが1430年パリの北、コンピエーニュでブルゴーニュ公の軍に捕えられ、その後イギリス軍に引き渡された。1431年の5月30日、魔女として生きながら焼かれた。刑が執行されたのは、フランスの町ルーアンで、現在その場所（ヴューマルシェ）には新しい聖女ジャンヌ・ダルク教会が建てられ（16世紀のステンドグラスがたくさん展示されている）周りは市がたって賑わっている。
　フランスではルーアンとオルレアンの守護聖人で、電信無線などの（彼女が天の声を聞いた事から）守護聖人でもある。

　聖女ジャンヌ・ダルクは15世紀の聖女であり、列聖されたのは1920年5月16日なので、フランスにおいて崇敬が盛んになった19世紀～20世紀のステンドグラスが大半を占める。
　描かれる図像は主に、勇ましい女兵士として軍の先頭に立つ姿か、ルーアンで柱に縛られ、火あぶりにされるシーンである【Ⅲ-75】。

聖ステファヌス

（仏語）サン・テチェンヌ
1世紀

Ⅲ-76　聖ステファヌス1　1466年頃
ヴュー・タン（Vieux-Thann）　サン・ドミニック教会

　キリスト教初代の助祭[※1]、そして聖人伝を飾っている数多の殉教聖人の中で、一番初めの殉教者となった。
　ステファヌスは多くの奇跡をおこなったが、それを妬んだユダヤ教徒たちに様々な罪をきせられた。そして論争に勝てなかった彼等は、ついにステファヌスをエルサレムの門

外に連れ出して、石打ちにすることにした。このとき、皆の上着の番をしていたとされるのが若きサウロ、つまり後の聖パウロ（p169）である。

　石で打たれている間、ステファヌスは「主イエスよ、私の霊をお受けください」と叫び、その後ひざまずいて「主よ、どうぞ、この罪を彼らに負わせないでください。彼らは、自分たちがしていることを知らないのですから」と迫害する者たちのために祈った。

　「黄金伝説」には、この400年後にパレスティナの司祭ルキアノスが、夢のお告げにより聖ステファヌスの遺体を発見する話があり、その遺骨はスペインの聖人、聖ラウレンティウス（p184）の隣に埋葬された。

　聖ステファヌスは三大殉教聖人の一人にも数えられ、フランスにおいてもその人気は高い。メッツやブールジュをはじめ今日でも10もの大聖堂が、彼に捧げられており、以前はパリのノートル・ダム大聖堂やオルレアン、リヨンなどの大聖堂もこの聖人に捧げられていた。

　彼を守護聖人に仰ぐ職業や団体は各地方によって異なるが、フランスではブールジュ市の、そして石工、左官、仕立て屋、などの守護聖人。病では、頭痛、各種の結石、骨髄の病、頭部のしらくも、白癬などのときに代願を祈る聖人。

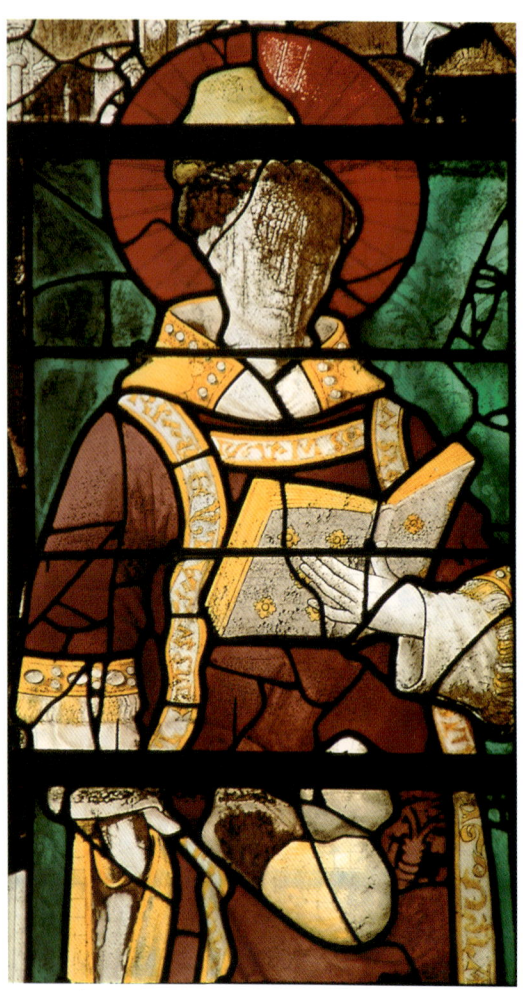

Ⅲ-77　聖ステファヌス2　1460年頃
コーデベック・アン・コウ（Caudebec-en-Caux）
ノートル・ダム教会

Ⅲ-78　聖ステファヌスの殉教　1155年頃
ル・マン（Le Mans）　サン・ジュリアン大聖堂

Ⅲ-79　光に守られる聖ステファヌスの亡骸　1155年頃
ル・マン（Le Mans）　サン・ジュリアン大聖堂

聖ステファヌスのアトリビュートは、殉教具の石で、助祭服（ダルマティカ）を着て若い無髭の姿で描かれる。石はこぶの様に頭の上に描かれる場合【Ⅲ-76】や、懐や本の上に置かれる場合【Ⅲ-77】、また迫害者たちの手にあり、ひざまずいて祈る聖ステファヌスを、石打ちしている場面【Ⅲ-78】が描かれる。

その他には殉教聖人の証である、棕櫚の葉を持つことが多い。

【Ⅲ-79】は、町から放り出され、荒野に捨てられた聖ステファヌスの骸を、獣たちに喰いあらされないよう神の光が守っている場面で、聖ウィンケンティウスの場面（p148）と類似している。

※1　初期キリスト教で信者が増えたため、使徒たちが説教や布教活動に専念できるように、施しや、一般信者の面倒をみるために、信仰深く、皆に信頼されている者7人が選ばれ、使徒たちの前で助祭に任じられた。聖ステファヌスは、その長に選ばれた。彼の物語は「使徒言行録」の第6〜7章に詳しく書かれている。

聖セバスティアヌス

（仏語）　サン・セバスティアン
3世紀後半

Ⅲ-80　聖セバスティアヌス1　16世紀
トロワ（Troyes）　サン・ニジェール教会

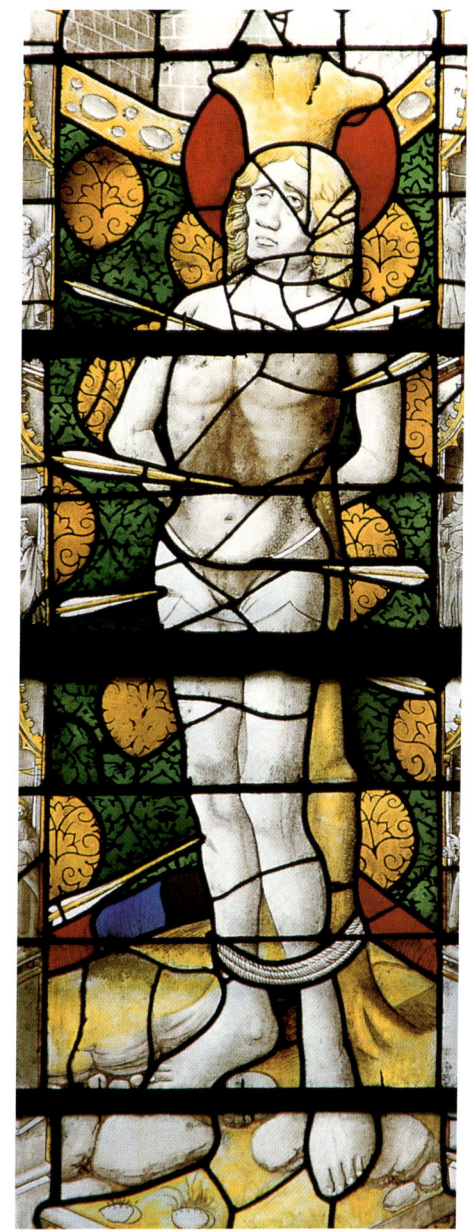

Ⅲ-81　聖セバスティアヌス2　16世紀
ポントゥ・オドゥメール（Pont-Audemer）
サン・トゥーアン教会

聖ペトロ、聖パウロに続く3人目のローマの聖人。

ナルボンヌ（南フランスの町）生まれで、キリスト教信者であったセバスティアヌスは、その後ミラノ市民となり、ディオクレティアヌス帝の歩兵隊の指揮官になった。しかしそれは、迫害されるキリスト教徒たちを、こっそりと勇気づけるためであった。

やがてキリスト教信者であることが知れ、激怒したディオクレティアヌス帝は、セバスティアヌスを杭に縛りつけ、周りから一斉に矢を射させた。誰もが死んだものと思い、聖人をそのままにして引き上げたが、数日後、元気な姿で皇帝の前に現われて迫害行為を批判した。そこで皇帝は、セバスティアヌスを

完全に死ぬまで棍棒で打たせ、死体も崇敬されないよう暗い下水道に捨てさせた。

その後、ルキナという信女の夢に聖人が現われて、遺体のありかを知らせ、使徒たちと共に葬られた。

弓の射手組合、古鉄商、タペストリーの組合（弓矢の先が、織物の大針と似ていることから）などの守護聖人。

病では、数多いペスト除けの、最初の聖人で、ドイツでは十四救難聖人に含まれている。

中世は、弓の射手組合は多く存在していたし、相変わらず、ペストをはじめとして様々な感染症（アポロンの矢で感染すると思われていた）が流行したので、教会に寄進されるステンドグラスの主題が聖セバスティアヌスになる事は多かった（特に15世紀以降）。

その中でも特に多いのが、無髭で若い裸の青年が、柱か木に縛られて弓を射られている場面である【Ⅲ-80、Ⅲ-81】。

その生涯を描いたステンドグラスには、実際の殉教シーンである棍棒で打ち殺された遺体が、下水に捨てられる場面（p129）なども描かれる事もある。

Ⅲ-82 火格子で焼かれる聖ディオニシウス　1540年頃
サン・ブリ・ル・ヴィノウ（Saint-Bris-le-Vineux）
サン・プリ・サン・コット教会

聖ディオニシウス

（仏語）サン・ドニ
3世紀中頃

聖人伝説をみると、様々な拷問にもめげずに最後まで信仰を捨てず、そのつど主の助けで直り、または反対に迫害者たちが傷つくが、最後は斬首によって殉教するという物語が多い。つまり殉教聖人の大半は、首を切り落とされて死んでいる訳である。50人以上もいるという、斬首された首を持って描かれる聖人、いわゆるセファロフォレス（首持殉教聖人）のなかで、フランスで抜群の人気があるのがこの聖ディオニシウス（フランス名サ

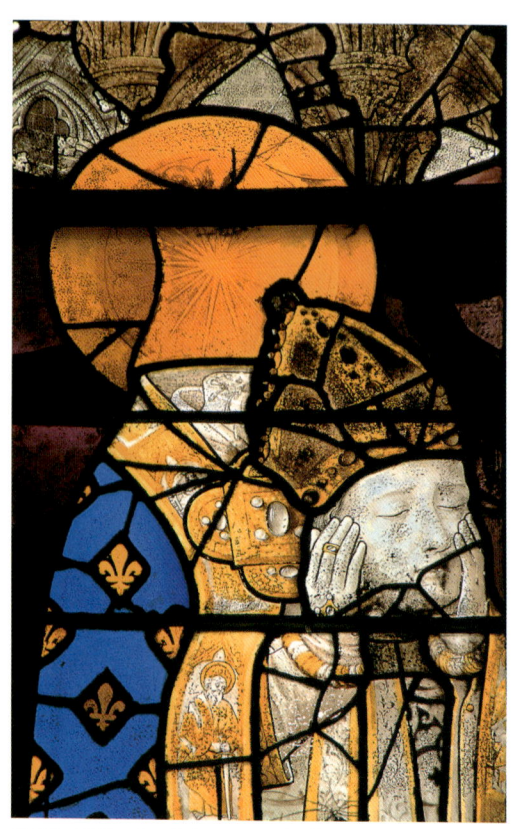

Ⅲ-83 聖ディオニシウス　1460年頃
コーデベック・アン・コウ（Caudebec-en-Caux）
ノートル・ダム教会

Ⅲ-84 聖プリシウスの首を持つ聖コットゥス　1510〜1520年頃サン・ブリ・ル・ヴィノウ（Saint-Bris-le-Vineux）サン・プリ・サン・コット教会

ン・ドニ）である。

　使徒聖パウロの弟子で、アテネからフランスに派遣され、初代のパリ司教となる。多くの人々をキリスト教徒にした聖ディオニシウスと二人の助祭（聖ルスティクスと聖エレウテリウス）は、皇帝ドミティアヌスの怒りをかい、様々な拷問にかけられる。革紐で縛られて拳でめった打ちにされ、12人の兵士に鞭で打たれ、火格子の上に裸で寝かされ、下から火を焚いて焼かれ【Ⅲ-82】、腹をすかせた猛獣の前に放り出され、大きな炉で焼かれたうえに、十字架に架けられた。しかし主の助けで全てに耐え、最後に二人の助祭は斧で、ディオニシウスは剣で首を切り落とされた。

　この処刑が行われたのがパリの北、メリクリウスの丘（モンス・メリクリー）であるが、この後、つまり270年頃から、殉教の丘（フランス語でモン・マルティ＝モンマルトルの丘）と呼ばれる様になる。

　ここからが、聖ディオニシウスを有名にした伝説、つまり切断された自分の首を持ち、北へ3マイル歩き、そこを永眠の地とした。現在のサン・ドニがそこである。

十四救難聖人で、フランスの守護聖人の一人。その伝説から頭痛の、そして狂犬病の犬に噛まれたとき、その名が呼ばれる聖人でもある。

　司教の衣装を身につけ、切断された自分の頭を持つ姿で描かれる【Ⅲ-83】。首の無い姿が刺激的過ぎると判断した幾つかの作品は、手に持つ頭とは別に胴体にも頭のある、いわゆる二頭型の作例を作り出した。ステンドグラスでも、手に持つ頭に光輪がついているものと、頭のあった胴体の上に光輪がつくものがある。

　聖ディオニシウスの他にも、自分の首を持ってステンドグラスに描かれる聖人はいるが、フランスにかぎって言うなら、ほとんどが彼である。旧約ではゴリアトの首を持つダビデ、将軍ホロフェルネスの首を下げたユディト、そして洗礼者ヨハネの首を皿にのせるサロメ（p64）などがある。

　【Ⅲ-84】は、同じ地方（サン・ブリ・ル・ヴィヌー）の守護聖人、聖プリシウスの首を持つ聖コットゥスのステンドグラスで、このような、地方伝説にまつわる作例はフランスの各地に見られるが、正確な見分けが難しい。

聖ニコラウス

（仏語）　　サン・ニコラ
4世紀

　ミュラ（現在のトルコのデムレ）の司教、聖ニコラウスはまさに世界的に名の知れた聖人で、その逸話の多さと、描かれる図像の数で群を抜いている。

　パトラス（現在のギリシャのアカイヤ）で裕福な両親のもとで誕生した瞬間から、産湯のたらいに立ち、断食日には乳を一度しか吸わなかったという。

　有名な伝説だけでも相当な数にのぼるため、この章ではステンドグラスに描かれる頻度の高いもののみを紹介する。

　1．両親が亡くなり、その財産を人のために

聖
人
伝

Ⅲ-85 聖ニコラウス 16世紀
リュイリー・サン・ルー（Rouilly-Saint-Loup）
リュイリー・サン・ルー教会

Ⅲ-87 聖ニコラウスの奇跡2 1539年頃
サン・フロランタン（Saint-Florentin）
サン・フロランタン教会

Ⅲ-86 聖ニコラウスの奇跡1 19世紀
グロスレイ（Groslay） サン・マルタン教会

168

使うことだけを考えていたニコラウスは、金に困って3人の娘を売ろうとしていた隣人宅に、夜こっそりと金を投げ込んで救った。

２．神の声によりミュラの司教にされたニコラウスは、同市が大変な飢饉に襲われた時、たまたま小麦を満載して皇帝に納めに行く船から、十斗の小麦を分けてもらった。ところがその船が皇帝のもとで計量したら、全く減っていなかった。一方ミュラでは、その小麦で全ての人々が2年飢えずにすんだという奇跡。

３．慢性的な飢餓の土地で、聖人の泊まった宿屋が、誘拐してきた子供を塩たらいに漬け、食用に出している事を知り、その子供たちを蘇らせた奇跡。

４．3人の無実の護民官が処刑される話を聞いて、処刑場に出かけていき刑の執行される寸前に救った。

５．ある裕福な人がニコラウスに願って息子を授かったが、そのお礼に教会に奉納するつもりで造らせた金盃が気に入ったため、別の金盃を持って船で教会へ向かった。ところがその途中、最初の金盃で水を汲もうとした息子が海に落ちて死んでしまった。悲しんだ両親が残りの金盃を持って教会に奉納すると、それははじき飛ばされて、死んだはずの我が子が一つ目の金盃を持って現われた。

６．荒れる海から船乗り達を無事に帰港させた話。

聖人の逸話の豊富さや人気を象徴するかのように、守護している職業は多数あり、船乗り、船の荷上げ、荷降ろし人夫、計量人、穀物業者、パン焼き職人、ワイン販売業、樽職人、大工、弁護士、判事、その他の法律関係者、香水商、金融業、肉屋とあげればきりがない。中でも小さい子供、学生、結婚をひかえた若い女性などの守護聖人として知られている。

ちなみに、誰でも知っているサンタクロースの原点が、この聖人である。聖ニコラウスはオランダ語でシント・クラウスとなり、彼の祝日12月6日が、もともと北欧の習慣でプレゼント交換の日（子供たちは聖ニコラウスの馬にあげるために、靴下の中に人参や草を入れ、そのお返しに子供の好きな物が入っていた）で、それが混じりあってアメリカに渡り、ついにトナカイのそりに乗った赤い服のサンタ・クローズが完成されたと言われる。

> 本文に登場するほとんどの話が、様々な時代、様々な土地でステンドグラスになっているが、中でも一番多いのが司教姿で、足元のたらいに3人の子供、もしくは3人の兵士が立っているものである【Ⅲ-85】。これは上記の3．や4．の話を表わしている。
>
> 【Ⅲ-86】の上段は2）の逸話でフランス、ノルマンディー地方やイギリス南部に作例が見られる。下段の3．では背後で子供を料理する場面さえ描かれる。
>
> 【Ⅲ-87】は5．で息子が金盃を持って海に落ちる場面である。右上の角で雲の間に見えるのが聖ニコラウス。

聖パウロ

（仏語）サン・ポール
1世紀

キリスト教史上最大の伝道者で功労者でもある聖パウロは、使徒であるが、キリストと直接行動を供にした12使徒ではなく、彼が信者になったのは、キリストが十字架に架けられた後である。

タルソス（現在のトルコ）出身のパウロ（サウロ）は、ローマ市民の特権をもった若者としてエルサレムで学び、熱烈なファリサイ派（ユダヤ教の有力な派）であった。聖ステファヌス（p163）らによりキリスト教の布教が広まる事に危機感をもった彼は、積極的にキリスト教徒の迫害に参加していたが、ある日ダマスコス（シリアの南部）への道で

突然、天からの光にうたれ盲目となった。そして「サウロ、サウロ、なぜわたしを迫害するのか」と言う神の声を聞く。有名な「パウロの回心」である。その後、視力を戻されたサウロは受洗してパウロ（小さきもの）と名のり、迫害者から一転して大伝道者となる。

その後3度にわたる、小アジアやギリシャなどへ伝道の旅に出かけ、多くの異教徒にキリスト教を伝えたが、皇帝ネロの世に捕えられ、ローマで投獄された。「パウロの手紙」として知られる書簡が書かれたのがこの時期といわれる。パウロはローマ市民として剣で斬首されて殉教した。

> 使徒として象徴的に描かれる場合、殉教具の剣（普通は抜き身の状態）を持つ【Ⅲ-88】。その他に本や巻物を持つ事もあり、真にキリスト教を確立させた二人として、ローマで共に殉教した使徒聖ペトロと並んで描かれることが多い（p192）。
> 聖パウロに関するステンドグラスで作例が多いのが「パウロの回心」の落馬する場面【Ⅲ-89】で、この図像はパウロの生涯の一場面としてだけではなく、象徴的な図として単独で登場することが多い。

Ⅲ-88　聖パウロ　1506〜1513年頃
オーシュ（Auch）　サントゥ・マリー大聖堂

Ⅲ-89　パウロの回心　1513年頃
オーシュ（Auch）　サントゥ・マリー大聖堂

聖女バルバラ

（仏語）　サントゥ・バーブ
3世紀

Ⅲ-90　聖女バルバラの殉教　1540年頃
グロスレイ（Groslay）　サン・マルタン教会

Ⅲ-91 聖女バルバラ 1520～1530年頃
ヌベクール（Nubécourt） サン・マルタン教会

ニコメディア、もしくはエジプトのヘリオポリスの、裕福な異教徒の家に生まれたバルバラは、その父に溺愛されるあまり、塔の中に幽閉されたまま、外の世界に触れる事なく育てられた。

やがてキリスト教の話を聞いて、興味を持った彼女は、医者のふりをさせたオリゲネス（ギリシャ教会の教父）を招き入れて密かに洗礼を受け、父の留守中に二つしかなかった塔の窓を、父と子と聖霊の光を導き入れるため3つにした。娘がキリスト教信者になったことを知った父は、様々な拷問をさせて信仰を捨てさせようとしたが、最後は父親みずから娘の首を切り落とした。その後、父は雷に打たれて死に、その魂は悪魔に連れ去られた【Ⅲ-90】。

閉じ込められていた塔の形が大砲に似ていたとか、父を打った雷の音が、大砲を撃つ音の様であったとか、色々な解釈があるがとにかく、兵士（砲兵、火縄銃士）の、そして窓を新しく切り取って開けた事から、建築家、石切り工、坑夫、消防士、都市ではフェラーラ、マントヴァの守護聖人でもある。

伝説から、雷よけの聖女としても知られ、十四救難聖人の一人として、事故や急死などの際にその名が呼ばれる。

必ず描かれるアトリビュートは、彼女が閉じ込められていた塔で、3つの窓が象徴的に描かれる【Ⅲ-91】。その足元には父親が踏まれている事もある。

カリス（聖杯）や聖餅、棕櫚の葉、本、剣、孔雀の羽（彼女の出身地ヘリオポリスの不死鳥に因んで）、上記の理由で大砲の砲手の守護聖人である事から、ごく稀に砲台や弾が添えられることもある。

聖ヒエロニムス

（仏語）サン・ジェローム
347年頃～420年

ラテン教会四大博士の一人（p136）で、大変な博識家。特に言語学に通じ、法皇ダスマス一世のもとで、聖書のラテン語訳（ウルガータ聖書）を完成させた功績が大きい。

ダルマティア（ユーゴスラビアの都市）のストリドンで、キリスト教の家に生まれ、ローマで神学、修辞学、哲学などを学び、19歳で洗礼を受ける。その後イタリアのアクィレイヤで修徳生活をはじめたが、375年頃から約2年間シリアの砂漠で、厳しい隠修生活をして様々な誘惑と闘った。ステンドグラスに描かれる、粗末な衣服を身につけ、石で我

が胸を打つ姿が、この時のヒエロニムスを現わす図像【Ⅲ-92】である。

アンティオケイアにもどって司祭になり、その後ローマで法皇ダスマス一世の秘書となり、3年後法皇の死を機にパレスティナへ赴き、ベツレヘムで420年頃死去。その間、聖書のラテン語訳以外にも、ギリシャ教父達の著作を多く翻訳して紹介し、様々な解説書も執筆した。

彼の伝説で、最も興味深く芸術家達の創作意欲をかきたてたのが、ベツレヘムの修道院での逸話である。

ある日の夕方、一頭のライオンが足を痛そうに引きずりながら、彼の修道院に入ってきたので、皆恐ろしがって逃げてしまった。しかしヒエロニムスだけは、ライオンの足に茨の刺がささっているのを見つけ、治療してやったところ、ライオンは大変なつき、その後は修道院で荷物や材木を運ぶロバの見張り役として働くことになった。ある日、いつものように野原でロバを見張っていたライオンは、ぐっすりと寝込んでしまい、その間にた

Ⅲ-92 聖ヒエロニムス1　1525～1545年頃
モンモランシー（Montmorency）　サン・マルタン教会

Ⅲ-93 聖ヒエロニムス2　1480年頃
フェネトランジ（Fénétrange）　サン・レミ教会

またま近くを通った隊商にロバを盗まれてしまう。修道院に帰ったライオンは、皆にロバを食べたと疑われ、次の日からロバの代わりに荷物運びの仕事をすることになった。やがて、また近くを通った隊商の先頭に、相棒のロバを見つけたライオンは、無事に取り戻して汚名を晴らし、また以前のように暮らしたという話である。

神学者、大学、学者、修道士、ルネサンスでは人文主義者の、そして現代では翻訳家の守護聖人。

彼はときに、書斎で眼鏡姿で描かれるので、疲れ目を癒す聖人とされることもある。

> 彼がステンドグラスに描かれる時に、必ず寄り添うのが上記の伝説のライオンで、時には聖ヒエロニムスが足の刺を抜いてやっているところが描かれる【Ⅲ-93】。これは砂漠の苦行を描いた図にも描きそえられるが、見分け方3（p134）に説明したように、ライオンをアトリビュートとする聖人は大変多いので、特に聖ヒエロニムスを識別させるものとして、枢機卿の赤い衣装や帽子を身にまとう。苦行の場面でもその背後に衣装が置かれることが多い【Ⅲ-92】。
>
> これは、黄金伝説の記述に「ヒエロニムスは、39歳のとき、ローマで司祭枢機卿になり、リベリウス教皇の死後、教皇に選ばれた。」と書かれている事を原典としているためであるが、実際に彼は枢機卿にはなっておらず、枢機卿の帽子が赤になるのも13世紀からであり、歴史的事実ではない。
>
> 他には、本やどくろ、砂時計などもアトリビュートとなる。

聖ヒッポリトゥス

（仏語）　サン・ティポリトゥ
3世紀

ローマの軍人で、聖ラウレンティウス（p184）が投獄されていた牢の番人だったと

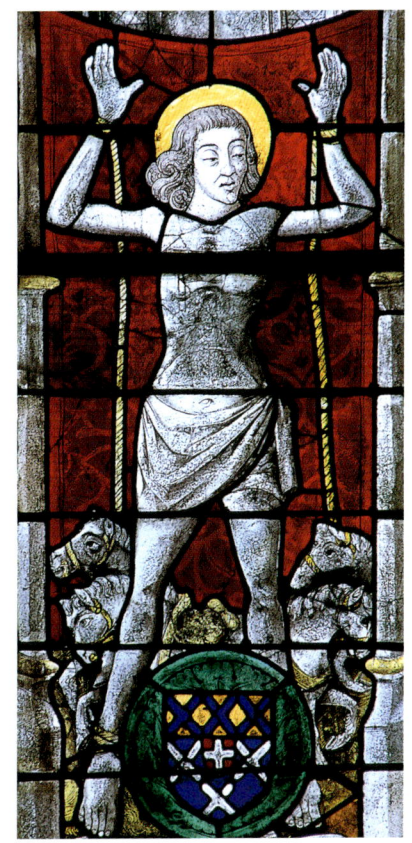

Ⅲ-94　聖ヒッポリトゥス　1470〜85年頃
アンビエール（Ambierle）　サン・マルタン教会

言われる。聖人によってキリスト教徒になり、ラウレンティウスの遺体を埋葬したことから捕えられて、家族とともに殉教。

彼の名、ヒッポリトゥス（ギリシャ語で馬に引きずられた者）から連想されたと思われる殉教の物語は、縛られて馬に引きずられるものと、4頭の馬に手足それぞれを縛りつけられて、裂かれたものがある。ステンドグラスでは、馬と共に描かれる聖人が多いため、この聖人については後者の4頭の馬に引き裂かれる図が多い。

馬を保護する聖人として崇められる。

> ローマ兵として騎乗に描かれることもあるが、多くは4頭の馬に縛られて描かれ【Ⅲ-94】、その他のアトリビュートとして、牢の鍵や、縛られた紐やベルトなどがある。
>
> 聖ラウレンティウスと共に描かれることが多い。

聖フベルトゥス

（仏語）　サン・テュベール
665年頃～727年

　彼についての伝説が完成されたのは、15世紀頃であると思われ（7世紀の人物であるのに）、そのため13世紀に書かれた「黄金伝説」にその記述が無い。さらに、この伝説の多くは他の聖人、特に聖エウスタキウス（p150）に由来するため、図像における二人の見分けが困難になっている。

　フベルトゥスは665年頃アクィタニアの貴族に生まれ、705年聖ランベルトゥスのあとを継いで、マーストリヒトの司教になった。その後リエージュ（共に現在のベルギー）の初代司教となるが、727年、指の傷がもとで破傷風にかかって死亡した。

　彼の生涯の伝説で重要なものは、ある聖金曜日に、森で狩りをしていて大きな鹿に出会い、その角の間に光り輝く十字架を見て洗礼を受けた。つまりこれが聖エウスタキウスとそっくりな伝説である。おそらく、13世紀から15世紀頃に描かれた、聖フベルトゥスのこの場面を描いた図像は、そのほとんどが実は聖エウスタキウスを描いたものと思われる。教会に置かれているステンドグラスの説明文も、曖昧なものが多く、最近になって両名の名を入れ替えたりしている教会もある。

　そのほかには、ランベルトゥスの後継者としての司教職を、一度辞退したときに、聖母マリアの手縫いのストラ（p152）が、天使によってもたらされた場面や、聖ペテロがミサ中に現われ、彼に金の鍵を手渡す場面などが描かれる。

　狩人、森の監視人、猟犬の守護聖人で、特に狂犬病を直す聖人として知られる。

Ⅲ-95　聖フベルトゥス 1　16世紀初頭
ラ・フェルテ・ミロン（La Ferté-Milon）
ノートル・ダム教会

Ⅲ-96　聖フベルトゥス 2　1510～1525年頃
サン・ブリ・ル・ヴィノウ（Saint-Bris-le-Vineux）
サン・ブリ・サン・コット教会

　鹿の角に聖十字架を見る場面の、聖エウスタキウスとの見分け方は、聖フベルトゥスの服装が猟師であるのに対し、聖エウスタキウスの服装はローマ戦士として描かれる事が多い点であるが、これとても両方同じ事もある。さらに他のアトリビュートの猟犬、狩猟の角笛、馬、鷹、などいずれも聖エウスタキウスと重なる。唯一確実なのは、天使が聖母マリアからの、ストラを運んでくるシーン【Ⅲ-95、Ⅲ-96】が描かれていたら聖フベルトゥスである。

聖ブラシウス

（仏語）　サン・ブレイズ
4世紀

　セバステ（現在のアルメニア）出身の医者であったが、その後当地の司教になり、ディオクレティアヌス帝のキリスト教迫害を逃れて洞窟にひそむ。たくさんの動物達に慕われて暮らすが、皇帝の兵に発見されて捕えられる。殉教を決意したブラシウスは、護送される途中、喉に魚の骨をひっかけた瀕死の子供を救ったり、家畜の豚を狼にさらわれた婦人の願いをかなえて、無事に豚をもどす奇跡を行う。

　やがてアグリコラオス総督の前に引き出されたブラシウスは、柱に吊されて、鉄櫛で体中の肉をかきむしられたすえ、斬首されて殉教した。316年頃、リキニウス帝の時代であった。

　伝説の内容から、羊毛のすき工、豚飼い、石削り、農家（その仏語名ブレイズが麦を連想させるため）などの、そして病では、喉の病、百日ぜき、しゃっくりを止める時の、聖人でもある。

　十四救難聖人の一人で、特に子供が喉に魚の骨を刺した時に、代願をもとめられる聖人。

　司教の姿で描かれるが、その手に持つ殉教具の、鉄のすき櫛（羊毛のすき櫛か、麻をすく鉄櫛）が特徴的なため、比較的見分け易い聖人である【Ⅲ-97、Ⅲ-98】。
　その他には、斜め十字に重ねたロウソク（これを喉にかざして癒す）や、豚（これは聖アントニウスと重なるため、ステンドグラスではほとんど描かれない）などがアトリビュートとなる。

Ⅲ-97　聖ブラシウス 1　1540年頃
オルウィー（Orrouy）　サン・レミ教会

Ⅲ-98　聖ブラシウス 2　1470～1485年頃
アンビエール（Ambierle）　サン・マルタン教会

聖フランチェスコ

（仏語）　サン・フランソワ
1182年〜1226年

　フランチェスコ会の創立者。
　1182年（もしくは1181年）ローマの北、アッシジの裕福な織物商に生まれた彼は、母がフランス人で、彼自身もフランス語とその歌に心酔していたため、フランチェスコ（ラテン語でフランキスクス）と呼ばれていた。はじめは放蕩な生活をしていたが、病床で神の存在に興味を持ち、その後キリストの出現を体験して生活は一変する。家も財産も家族も捨て、清貧を一生の妻として隠者の生活に入る。清貧を何よりも大事に考えていたフランチェスコは、「貧しさは私の女主人であり、花嫁である」と言い、自分よりも貧しい人を、常に羨ましいと思っていた。それからフランチェスコは、アッシジ周辺の傷んだ聖堂を自力で修復する。小鳥や小動物を愛し、労働のかたわら説教（特に小鳥たちには、神がかれらの種をノアの方舟に残し、翼を与えてくれたおかげで、種蒔くことも収穫することも無く、暮らしていける事を感謝するように）や歌をうたって慕われた。
　1208年、自らが修復した小聖堂で人々に福音を伝え、その集まりがやがてフランチェ

Ⅲ-99　働く聖フランチェスコ　1360〜1370年頃
ニーダハスラッハ（Niederhaslach）　サン・フロラン教会

Ⅲ-100　聖フランチェスコ　16世紀中頃
サン・ブリ・ル・ヴィノウ（Saint-Bris-le-Vineux）
サン・プリ・サン・コット教会

Ⅲ-101　聖フランチェスコと聖女クララ　1325〜1330年頃
ケニクスフェルデン（Königsfelden）スイス
ケニクスフェルデン修道院教会堂

スコ会（フランシスコ会）となる。何も所有せず、何処にも定住せず、托鉢によって生活する修道会であった。1212年には聖フランチェスコの指導のもとに、アッシジの貴族の娘聖クララの女子修道院、クララ童貞会（同じく清貧を重んじる）が生まれた。

　何よりも有名な逸話は、彼が熾天使（セラピム、p204）から、その体に受けたと言われる、キリストと同じ聖痕（スティグマータ）であり、それを受けた地としてイタリアのアルウェリア山は、フランチェスコ会の聖地となっている。

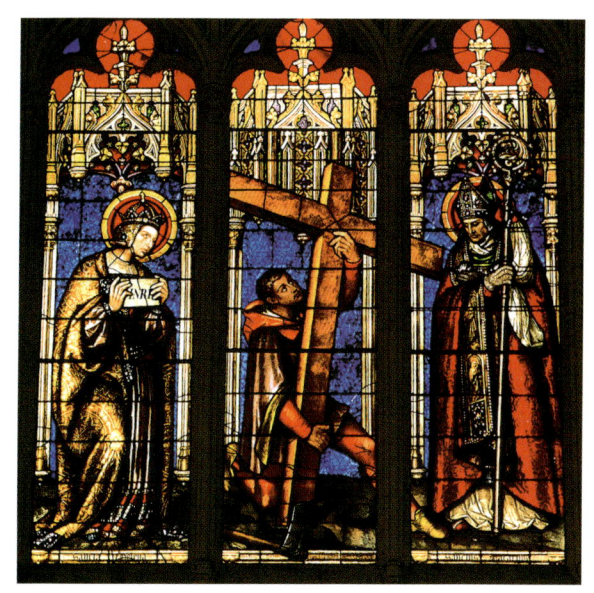

Ⅲ-102　聖女ヘレナとコンスタンティヌス大帝　19世紀
リヨン（Lyon）　サン・ジャン大聖堂

　常にフランチェスコ会の修道服（薄いグレーや紫色のガラスが使われる）を着て、腰には粗縄で3つの結び目（清貧、純潔、従順）がある。
　人気のある聖人であり、その活躍した時期が聖堂や聖画の最盛期であったため、彼を描いたステンドグラスは膨大で、比較的作例の多い場面もしくは単独の図像は、
　1．小鳥や獣に説教したり、鍬を持って労働する姿【Ⅲ-99】。
　2．聖痕を受ける場面か、その傷をかざして祈る姿【Ⅲ-100】。
　3．修道女となる聖女クララを祝福する場面【Ⅲ-101】。
　4．清貧との結婚（清貧、純潔、従順を象徴する3人の女性と共に描かれる）
などがある。その他の持ち物は、小さな十字架、本、純潔の象徴として百合、どくろなど。

聖女ヘレナ

（仏語）　サントゥ・エレーヌ
250年頃～330年頃

　コンスタンティヌス大帝の母親。ローマ皇帝コンスタンティウス一世の妻で、その出身地については、イギリス、ドイツなど様々な説がある。息子の即位後、キリスト教に改宗してたくさんの教会を建設させ、80歳の時、聖地エルサレムへ巡礼の旅へ出かけた。キリストが十字架に架けられたゴルゴダの丘を発掘させて、聖十字架、そしてその上に付けられた「ユダヤの王、ナザレのイエス」（INRI）[※1]と書かれた板、磔刑の際の釘、を発見した。十字架は3本発見したので、その真贋を確認するために、全ての十字架に病人を載せ、即座に治癒した事で本物を見分けたという。

　単独の聖女としてステンドグラスに描かれる時は、聖十字架を持って、きらびやかな皇后の衣装で描かれる。
　息子のコンスタンティヌス大帝と共に描かれることもあり、そのときには聖十字架の他にINRIと書かれた板や釘、天使なども描かれる【Ⅲ-102】。

[※1]　磔刑の章にも記した、「INRI」（ユダヤの王、ナザレのイエス）とは、ラテン語「Iesus Nazarenus Rex Iudeorum」の頭文字。

聖マウリティウス

（仏語）　サン・モーリス
4世紀頃

Ⅲ-103　聖マウリティウスとテバイの軍団　1540年頃
オルウィー（Orrouy）　サン・レミ教会

　エジプトで編成された勇猛な兵士集団「テバイの軍団」（6,666人と伝えられる）の指揮官で、ディオクレティアヌス帝とマクシミアヌス帝が、キリスト教徒大迫害のために召集した軍の中にいながら、全員が敬虔なキリスト教徒であった。異教の像に供香することを拒んだため、皇帝は全員にくじを引かせて、十人に一人の割合で首を刎ねるように命じた。しかし、誰もが進んで殉教を望んだため、結局マウリティウスを含めた、ほぼ全員が刎首された。380年頃の出来事と伝えられる。
　騎士修道会や十字軍兵士、バチカンのスイス人護衛兵、武具職人などの守護聖人。
　馬の病気の際、代願を求められる聖人。

> 　剣や長槍を持ち、馬に乗った兵士の姿で描かれるが、【Ⅲ-103】のように、聖マウリティウスとテバイの軍団が長槍で武装した姿を描いているステンドグラスもある。
> 　時には、その名　Maurus（黒い）と出身地から、黒人として表現されることもある。

聖女エジプトのマリア

（仏語）サントゥ・マリー・エジプシィエンヌ
5世紀

Ⅲ-104　エルサレムへ向う聖女エジプトのマリア
1210～1215年頃
ブールジュ（Bourges）　サン・テチィエンヌ大聖堂

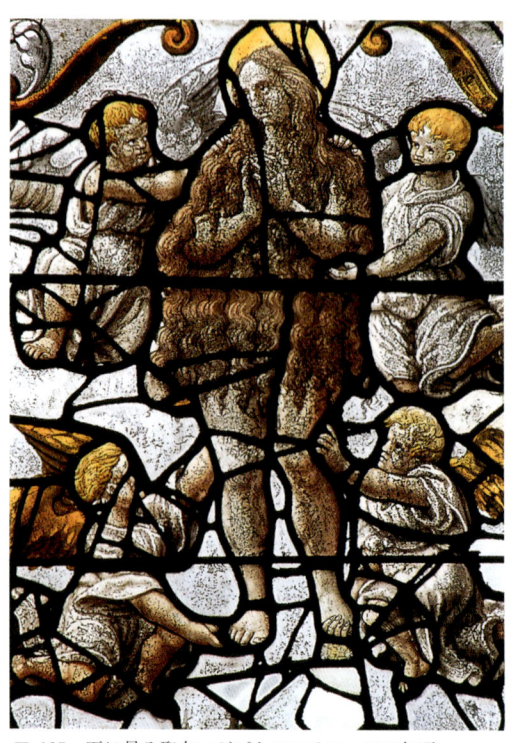

Ⅲ-105　天に昇る聖女エジプトのマリア　1540年頃
オルウィー（Orrouy）　サン・レミ教会

　エジプトに生まれた彼女は、12歳でアレキサンドリアに出てから17年間、娼婦として暮らしたが、ある日興味本意でエルサレム巡礼の旅に加わった。その船旅の間も、身を

売りながら聖地に到着したマリアは、聖十字架が奉られていた教会（聖女ヘレナの章で説明した、彼女が見つけた真の聖十字架が埋っていた場所に建てられた2つの聖堂のどちらか）に入ろうとしたが、見えない力で押戻されて入る事ができなかった。そこで心から後悔したマリアは、聖母マリアに、これからの清浄な生活を誓って赦され、はじめて十字架を拝む事ができた。

　その後、聖母のお告げにしたがい、小銭3枚で3つのパンを買いヨルダン川を越えた砂漠で、47年間隠修生活をおくった。3切れのパンは減ること無く、その間彼女を養ったが、服はぼろぼろになって失われ、代わりに髪が足元まで伸びて彼女の体を覆った。やがてパレスチナの聖人で修道院長のゾシマスに発見され、初めて聖体をさずかるが、その一年後、約束どおりゾシマスがヨルダン川の岸まで来ると、そこでエジプトのマリアが死んでいた。何処からともなく現われた一頭のライオンが、墓を堀るゾシマスを助けた話が伝えられる。

　悔い改めた女性の守護聖人。

> 　ステンドグラスの図像では、エルサレム巡礼の船旅の様子【Ⅲ-104】が象徴的に描かれる。その他ゾシマスがライオンの助けで聖女を埋葬する場面（p134の見分け方3参照）も描かれるが、最も混同しやすいのが、足元まで伸びた髪で体を覆っている姿で描かれる場合【Ⅲ-105】で、（p142）の聖女アグネスや、次章で紹介する聖女マグダラのマリアも同じ姿で描かれることがある。聖女アグネスはその足元に子羊が描かれるし、聖女マグダラのマリアは、その代表的なアトリビュートである香油壺を持つので、識別できるが、厄介なのは聖女エジプトのマリアを、罪の女と混同して香油壺を持たせる作品も存在している事である。
>
> 　その他、確実なアトリビュートとして、重ねた3つのパンとライオンが加えられる。

聖女マグダラのマリア

（仏語）　サントゥ・マリー・マドレーヌ
1世紀

Ⅲ-106　聖女マグダラのマリヤ1　16世紀
フルーランス（Fleurance）　サン・ローラン教会

　罪の女、痛悔の女として今日まで、数えきれない程多くの芸術作品に表現されてきた聖女マグダラのマリア（マリア・マグダレナ）は、幾つかの伝説の混同や解釈の違いにより、さらに興味深いテーマとなって完成された生涯といえる。

まずは、新約聖書の章で、彼女が登場する場面の、すでに紹介している項目については省略することとする（磔刑／p113、十字架降下／p116、埋葬／p118、我に触れるな／p121、そしてシモンの家での晩餐／p94やラザロの蘇り／p92などである）。

そもそも、はやくからイエスに随行していた婦人達の一人として、磔刑から埋葬にいたる受難の場面に立会い、復活後のイエスを最初に目にしたマグダラのマリアは、5世紀頃から「ルカ　7-37」に書かれたイエスの足に香油をぬって自分の髪でふいた「罪の女」や、「ヨハネ　12-3」でのベタニアのマリアなどと、同一視され、さらには、前章の聖女エジプトのマリアの逸話も取り込んで、全ての伝説を有する有名聖女になった。

現在西ヨーロッパに伝わる伝説では、マグダラのマリアは、姉のマルタ（p182）や弟のラザロ（p92）などと、一家でキリストと近い関係にあった貴族の出身で、有り余る金で贅沢三昧の乱れた生活をしていたが、イエスに出会う事によりその身から悪霊を取り除かれた。やがてラザロやマルタと共に、迫害されて流れ付いた南仏マルセイユで多くの奇跡を行い、30年間の荒野での修行に耐えたと言われる。

フランスの焼き菓子で有名なマドレーヌは、マグダラのマリアのフランス語読みで彼女の名に因んでいる。

フランスではマルセイユ、イタリアではナポリ、シチリアの守護聖人。

聖女エジプトのマリアと同じく、悔いあらためた女性の守護聖人であり、その他、香油の伝説から、香水業者、手袋業者、髪結い、造園業、ワイン業者、囚人、坑夫、シャルトルでは香油壺と水差しの類似から、水売り業者や流し台の業者が、大聖堂にマグダラのマリアのステンドグラスを寄進している。

病では、目の病気を癒す聖人。

Ⅲ-107　聖女マグダラのマリア2　1509年頃
ジュワニー（Joigny）　サン・ジャン教会

代表的なアトリビュートは香油壺で、ステンドグラスに単独の聖女として登場する際には必ず手にしている【Ⅲ-106、Ⅲ-107】。その他十字架やどくろを持つ事もある。
新約聖書の各章を参照。

聖女マルガリータ

（仏語）　サントゥ・マルグリットゥ
3世紀頃

十四救難聖人の一人で、聖女バルバラやカタリナと共に、聖三童貞としても描かれる。

大変有名な聖女であるが、歴史的な裏付けは無い。

黄金伝説によれば、彼女はアンティオケイア（シリアのそれでなく、小アジアのピシティア）の異教徒の神官の娘で、育てられた乳母の影響で洗礼を受けた。

ある日、羊の番をしていた彼女を、たまたま通りかかったオリビリウス（アンティオケ

Ⅲ-108　聖女マルガリータ 1　1548年頃
エヌリー（Ennery）　サン・マルセル教会

Ⅲ-109　聖女マルガリータ 2　1526年頃
シャロン・シュル・マルヌ（Châlons-sur-Marne）
ノートル・ダム・アン・ヴォー教会

イアの長官）が見かけて、その美しさに惹かれ求婚した。キリスト教徒であることを告げて断わった彼女を、様々な拷問にかけ（吊して鞭で打ち、鉄櫛で肉を裂き、松明であぶり、水樽に漬け）最後は首を切り落とした。

　拷問の最中、牢に戻された彼女の前に大きな竜が現われて、マルガリータを呑み込もうとしたが、十字を切って退治した。もう一つの伝説では、彼女は竜に呑まれてしまったが、十字架の力で竜のお腹を真っ二つに裂いて無事に出てきたといわれる。

　竜のお腹から、苦痛なしで無事に出てきた事から安産の守護聖人として有名で、これは余談だが、日本の岩田帯と同じく安産を願って妊婦がお腹に巻く、「マルガリータの帯」と言うものがある。

　さらに、その名のラテン語が意味するパール（真珠）の粉末が、中世では血流を整え、心臓病やヒステリー、てんかん等に効果があると言われていたため、それらの病の際その名が呼ばれる。

　職業では、助産婦や真珠業者の守護聖人。

　最も代表的な表現は、ドラゴン（竜）を足元に踏む若い女性【Ⅲ-108、Ⅲ-109】で、手には十字架や棕櫚の葉、松明や本を持つ。見分け方1（p128）にあるように、聖水入れと刷毛を持たない事で聖女マルタと区別できる。

　以上のように、聖女マルガリータを表わしたステンドグラスのほとんどが、竜と共に象徴的に描かれているが、「黄金伝説」に詳しく書かれている、殉教に至るまでの壮絶な拷問の物語は、全く別の聖女の生涯に引用されてステンドグラスに登場する。大変興味深い【Ⅲ-110】は、フランスのブルゴーニュ地方で崇敬されている聖女レジーナ（フランス名サントゥ・レンヌ）の生涯を描いた窓であるが、馬に乗った長官オリビリウスが、羊の番をしている彼女に言い寄るところから、拷問の方法に至るまで全て聖女マルガリータの伝説と一致する。唯一違うのが

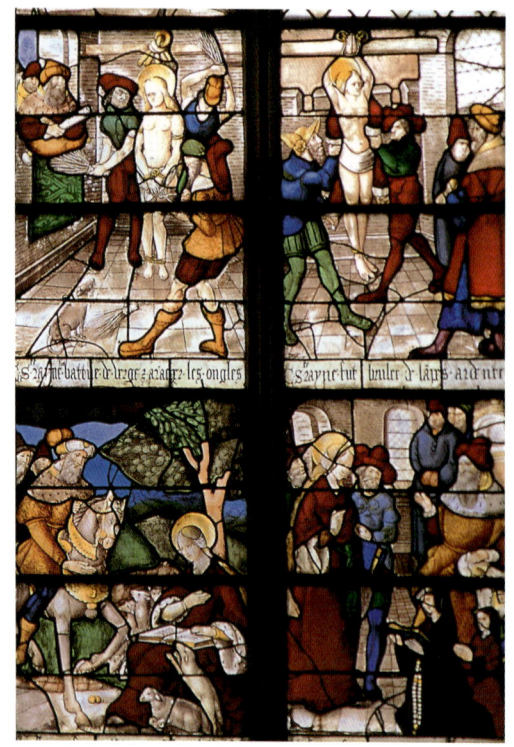

Ⅲ-110　聖女レジーナの殉教　1510〜1520年頃
サン・ブリ・ル・ヴィノゥ（Saint-Bris-le-Vineux）
サン・ブリ・サン・コット教会

> 最も有名な伝説である竜の場面である。これまで紹介してきた聖人達についても言える事だが、伝説が引用される事が多いのは、聖女マルガリータの伝説が当時、いかに信者達を感動させ、浸透していたかを証明することでもある。

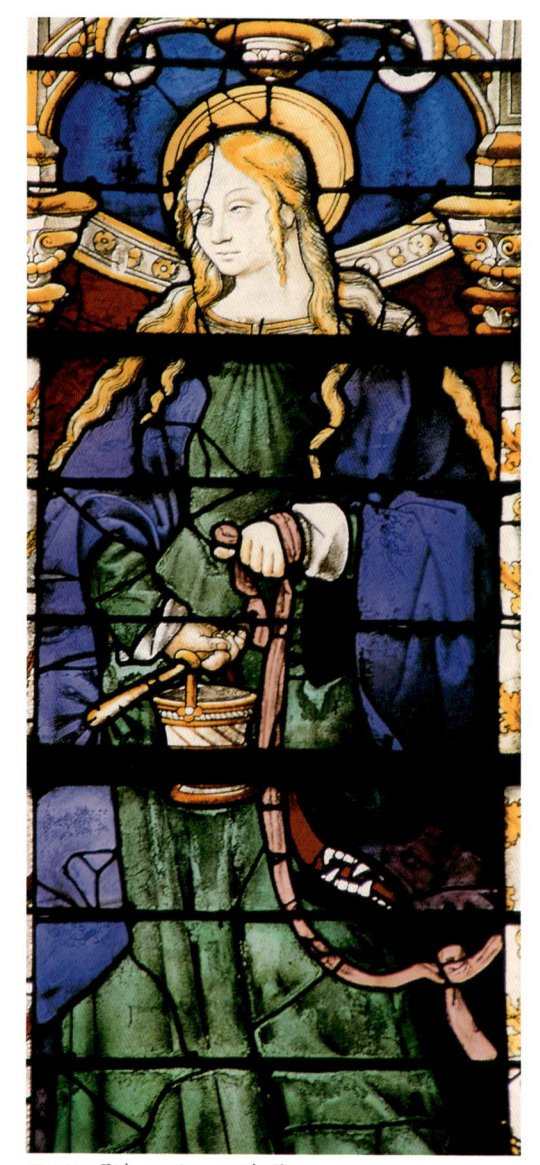

Ⅲ-111　聖女マルタ　1525年頃
モンモランシー（Montmorency）　サン・マルタン教会

聖女マルタ

（仏語）　サントゥ・マルトゥ
1世紀

　マリア（マグダラの／p179）とラザロ（p92）の姉で、早くからキリストの弟子として随行していた婦人の一人として主のお世話をしていた。

　妹マグダラのマリアを改心させ、キリストの磔刑後、マルセイユに流れ着いた話は聖女マグダラのマリアの章に記したが、彼女の伝説で最も重要なのが、悪竜タラスク退治の逸話である。

　南フランスのローヌ川に棲んでいた悪竜タラスク（黄金伝説にはこの竜の素性、つまり小アジアのガラテアからやってきて、海の怪物レヴィアタンと、ガラテアの獣オナクスの子である事なども書かれている）が、人を襲って食い殺し、様々な悪さをしていたため、聖女マルタが退治に向かった。彼女は、竜に聖水をふりかけておとなしくさせ、腰紐で縛って村人とともに退治した。現在でもローヌ川添いにある町タラスコンでは、聖女マルタ

に因んだ祭りが行われる。
　主婦や家政婦など、家事をする者の守護聖人。

　伝説にしたがって、悪竜タラスクとともに描かれ、その手には必ず灌水器（聖別された水である聖水を入れる容器で、それをふりかけるための灌水刷毛をともなう）を持ち、腰紐で竜の首を縛っている場面が描かれる【Ⅲ-111】。
　竜も水棲とされる記述にしたがい、鱗があったり、下半身が魚のように表現される場合もある。
　その他の持ち物としては、ほうきや水差し、かぎ束などがある。

聖マルティヌス

（仏語）　サン・マルタン
315年頃～397年

Ⅲ-112　聖マルティヌスの善行1　1600年頃
オビィニー・シュル・ネール（Aubigny-sur-Nère）
サン・マルタン教会

Ⅲ-113　聖マルティヌスの善行2　16世紀
リニィ・ル・フェロン（Rigny-le-Ferron）
サン・マルタン教会

　ハンガリー生まれ。父は護民官として副帝ユリアヌスとコンスタンティウスのローマ軍に属していた。幼い頃からキリスト教にふれ、洗礼志願していた彼も軍人として召集され、近衛騎兵隊としてフランスのアミアンに駐屯した。ある寒い日の朝、市門を通り抜けた所に裸同然の物乞いを見つけ、何も施す物がなかったので自分の外套を剣で二つに裂き、片方を与えたところ、その晩キリストが半分の外套を着て現われ、マルティヌスの善行を賛えた。
　18歳で洗礼を受け、その後、軍を離れるが、ローマ軍に在籍していた時の逸話として、蛮族の討伐に同行することを拒んで臆病者と言われた彼が、真の勇気と信仰を証明するために、十字架のみで敵前に立ちはだかったところ、敵が闘わずして降伏したというものがある。
　その後修道生活に入った彼は、幾つかの修道院（ポアティエのそばの、フランスで最初の修道院など）を建て、厳格な禁欲生活をして他の修道僧たちの模範となった。
　370年頃、トゥールの司教に選ばれた時、一修道僧として生きる事を望んで隠れ住むが、その場所でガチョウが鳴いたため見つかり、以後30年間同市の司教として数々の奇跡を行ったと言われる。
　フランスの教会で見るステンドグラスに限って言うなら、騎乗の聖マルティヌスを描いた作品が群を抜いて多いだろう。フランス名、サン・マルタンの名は教会に限らず、地名や人名、製品名にも多く、その人気の高さを証明するかのように、彼を守護聖人とする職業も多い。まずは騎兵隊であったことから兵士、軍人、騎士の、自分の外套を乞食に与えた事から、仕立屋、毛皮商、毛織物業者、そして水をワインに変えた奇跡のため居酒屋、宿屋、さらには酒飲みや酔っぱらいの守護聖人にもなっている。
　病では赤痢の時にその名を呼ばれ、動物で

聖人伝

Ⅲ-114　悪魔を追い出す聖マルティヌス　1300年頃
トゥール（Tours）　サン・ガディアン大聖堂

は彼が愛した馬や、彼の居場所を鳴き声で知らせたガチョウを守護している。

> 最も多いのは、馬に乗った軍人姿の聖マルティヌスが自分の外套を剣で裂いて、杖をついた乞食に与えている場面で、伝説の記述にしたがいフランスの都市、アミアン市の門が背後に描かれる【Ⅲ-112、Ⅲ-113】。
> さらにトゥールの司教として悪魔を懲らしめたり、様々な奇跡を行う場面も描かれる【Ⅲ-114】。

聖ラウレンティウス

（仏語）　サン・ローラン
3世紀

スペイン生まれで、同郷の聖人、聖ウィンケンティウスや最初の殉教者聖ステファヌスと共に三大殉教聖人の一人。

サラゴサで、教皇聖シクストゥスに見い出され、共にローマへ行き助祭に任じられる。時のデキウス帝はキリスト教徒を迫害し、教会の財産も取り上げようとして教皇聖シクストゥスを責めたてた上に処刑した。共に殉教することを願った聖ラウレンティウスに教皇は、3日間で全ての教会財産を貧しい人々に分け与える仕事を託して殉教した。

やがて財産を管理しているのが助祭長のラウレンティウスだと知ったデキウス帝は、その全てを差し出すように要求するが、ラウレンティウスが見せた宝とは、彼が施しをした多くの貧民たちであった。

怒ったデキウス帝はラウレンティウスに様々な拷問をくわえた後、下から炭を焚いて真っ赤に熱した鉄灸に彼を裸で寝かせ、焼き殺してしまった。ラウレンティウスは絶命する前に、鉄灸であぶられながら「私の片面は良く焼けたから、裏返してもう一面焼いてから食べよ」と言って神に召されたという。

彼の崇敬は早く、4世紀頃にはすでにローマで彼の祝日が祝われていた。ルネサンスのイタリアでは特に、フィレンツェのメディチ家でロレンツォ（ラウレンティウスのイタリア名）・ディ・メディチが、その名が同じことからこの聖人を崇敬し、様々な建物を造らせて捧げた。

凄まじい拷問の末に焼き殺されたことから、火事よけの聖人であり、火を使う職業、石炭販売業、ボイラーの火焚き、アイロン職人、消防士、炭焼き人、パン焼き職人、料理人、ガラス吹き職人、さらには直接的すぎるが、焼いた肉を扱うレストランの守護聖人でもある。

その他、助祭長であったことから、図書館員、本屋などの守護聖人でもある。

病では、ぎっくり腰や帯状ヘルペス、火傷や背中の痛みなどから守ってくれる聖人。

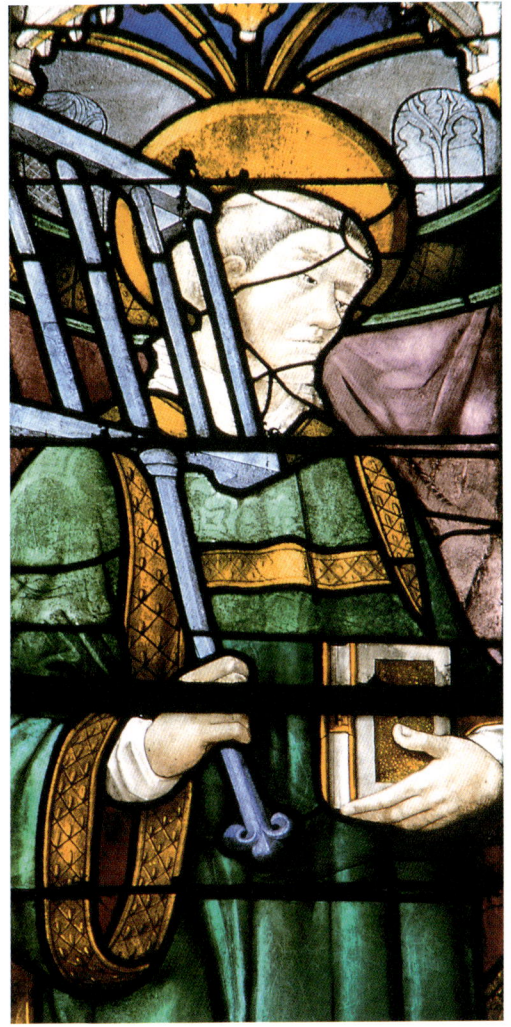

立像で象徴的に描かれる時は、美しい助祭服（ダルマティカ）を着た無髭の青年で、手には本や棕櫚の葉、振り香炉、貧民に分け与えた金貨、そして殉教具の鉄灸を持つ【Ⅲ-115】。そして最も多いのが壮絶な殉教シーンである【Ⅲ-116】。
　聖ウィンケンティウス（p148）の章で書いたように、焼き殺された（特に鉄の網などで）聖人はたくさんいて見分けが困難ではあるが、その前後に別場面が描かれている場合や、各聖人の崇敬が強い地方などを知ることで、かなり見分け易くなる。

聖女ラデグンデス

（仏語）サントゥ・ラドゥゴンドゥ
518年〜587年

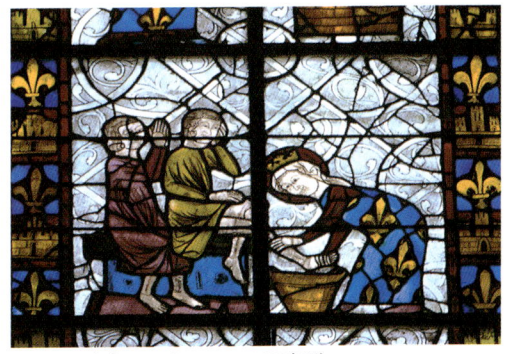

Ⅲ-115　聖ラウレンティウス　16世紀
フルーランス（Fleurance）　サン・ローラン教会

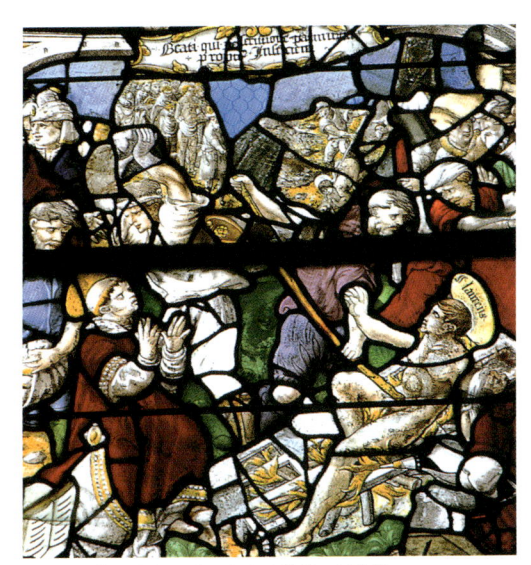

Ⅲ-117　聖女ラデグンデス　1290年頃
ポワチエ（Poitiers）　サントゥ・ラドゥゴンドゥ教会

　チューリンゲン王の姫として518年に生まれ、その後クロテール一世の人質としてフランスのサン・カンタンで育つ。無理やり結婚をさせられるが逃亡し、ポワチエにフランスで初の女子修道院を建てた。
　王族の出でありながらも、謙虚さを忘れないラデグンデスは修道院での家事を全てこなし、他の修道女たちの靴も洗っていた。様々な奇跡や病を癒す善行を行ったが、やがて彼女は修道院の運営を姉妹に任せ、自分は部屋の出口を全て壁で塗込め、小さな窓一つで外界と接して587年にその生涯を終えた。
　靴を洗った伝説から靴屋の、食器の後片付

Ⅲ-116　聖ラウレンティウスの殉教　16世紀
ルイトゥル（Lhuitre）　サントゥ・タンシュ教会

185

けをしていた事から陶器業者の守護聖人。

病では、しらくも、湿疹などの皮膚病（洗って清潔にすることから）、ペスト、悪魔除けなどの聖女。

> 王家の出身をあらわす、百合柄の衣装に王冠をかぶり、修道女たちの靴を洗う姿【Ⅲ-117】や家事をする様子が描かれる。

聖ルイ（ルイ九世）

（仏語）サン・ルイ
1214年～1270年

Ⅲ-118　聖ルイ1　16世紀
コンシュ・アン・ウッシュ（Conches-en-Ouche）
サントゥ・フォア教会

Ⅲ-119　聖ルイ2　15世紀
サン・サンス（Saint-Saëns）　サン・サンス教会

Ⅲ-120　十字軍遠征の聖ルイ　1555～1561年頃
シャンピニー・シュル・ヴォウド（Champigny-sur-Veude）
サントゥ・シャペル

　フランス王にして聖人。1226年、父王ルイ八世が十字軍の遠征先で急死したため11歳で即位した。しばらくは母であるカスティリア女王ブランシュが摂政を務めるが、やがて王としての能力を発揮し、中世君主の鏡と言われる名君となった。

　聖遺物を集めることに熱心で、コンスタンティノーブルから「茨の冠」と「十字架の破片」をフランスに持ち帰った。パリのセーヌ川に浮かぶシテ島に、1248年に建てられた有名なサント・シャペル教会は、聖ルイがこれらの聖遺物を納めるためにつくった、巨大

なガラスの宝石箱と言えるだろう。

　病床で啓示を受け、1248年十字軍の遠征を行うがマンスーラの攻防で捕虜となり、多額の身代金と兵の撤退を条件に釈放される。1270年再び兵を起こしてチュニジアへ向かうが、チェニスの近郊でペストにかかって没した。

　その後1297年に列聖され、パリの守護聖人として知られる。

　服の模様、もしくは背景には必ずフランス王家の印である白百合（イチハツ）が描かれ、頭には冠、手には王笏（この王冠と手の形をした笏、裁きの手はルーブル美術館に保管されている）、そして彼がフランスに持ち帰ったキリストの茨の冠、などが描かれる【Ⅲ-118、Ⅲ-119】。

　聖ルイにまつわる様々な作品は、パリを中心にしたイル・ド・フランスに限らず、十字軍遠征の出発港である南フランスなどにもあったと思われるが、それらはフランス革命のさいに破壊され、いまは存在していない事が残念である。

　ロワール川沿いの町シャンピニー・シュル・ヴォウドには、16世紀に制作された、聖ルイの十字軍遠征の様子を描いたステンドグラスが残っている【Ⅲ-120】。

　フランスのステンドグラスに、王族の衣装で白百合の紋章を付けている聖人が描かれている場合、この聖ルイ以外に多いのが、聖カルル大帝（p157）であるが、百合の紋章はフランスに限らず王権を象徴するため、他の国の王家にも使われる事がある。

　その他、聖女でも聖女ラデグンデス（p185）のように王族の生まれを強調するために、百合柄の衣装で描く事もある。

聖ロック

（仏語）サン・ロック
1350年～1379年

　フランスのモンペリエ出身で、生まれた時

Ⅲ-121　聖ロック１　15世紀末
コルマール（Colmar）　ウンターリンデン美術館蔵

その胸に赤い十字の痣があったので、信仰生活に入る事が約束されていたと言われる。両親の死後、財産を全て貧しい人々に分け与えて、自分は巡礼の旅に出る。ローマへの旅の帰途、立ち寄った町の住民がペストに苦しんでいるのを見て、十字を切りながら次々に治療していった。

　その他の町でも多くのペスト患者を治したが、ピアチェンツァの町で自分もペストに感染したことを知った彼は、死を覚悟して一人

聖人伝

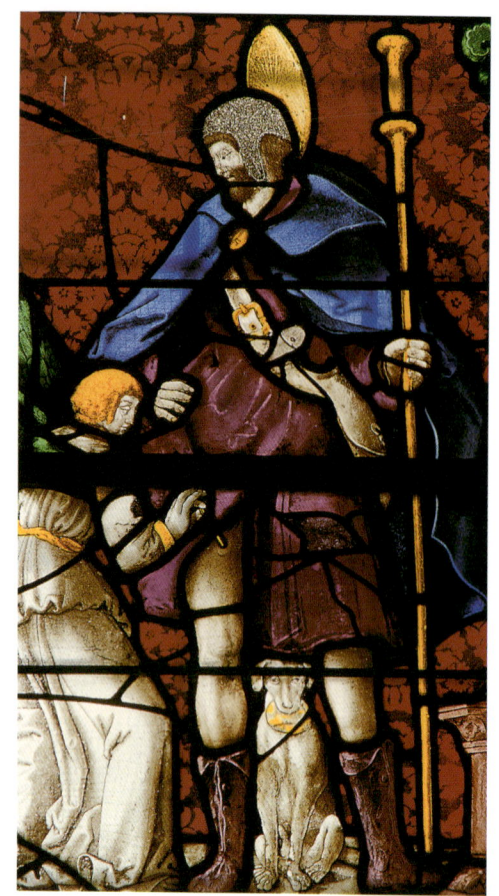

Ⅲ-122　聖ロック2　1548年頃
エヌリー（Ennery）　サン・マルセル教会

トよけの聖人、聖セバスティアヌス（p165）や聖アントニウス（p145）、聖アドリアヌス（p143）などと共に描かれることもある。

その名が岩を意味するため、石切工、道路の舗装業者などの守護聖人。

病では、ペスト、コレラ、等の伝染病、家畜の流行病（彼の祝日8月16日は、家畜の伝染病の予防に効く薬草を祝別する日として知られる）、葡萄のネアブラムシ病などからも守ってくれる聖人。

フランスのモンペリエ、イタリアのベニスの守護聖人。

> 聖ロックは、はっきりと決められたアトリビュートによって、比較的見分けやすい聖人に属する。
>
> 巡礼者の服装に頭陀袋を下げて杖を持ち、16世紀以降はその隣には必ず、天使と、パンをくわえた犬が描きそえられる【Ⅲ-121】。
>
> さらに分かりやすいのは、ロック自身が裾をまくって内股の傷（ペストによるリンパ腫の跡）を見せているか、もしくは天使がそこに刺さった矢を抜いている（中世には、ペストは天使が放つ矢によって感染すると考えられていたため）様子が描かれることである【Ⅲ-122】。実際の傷はもっと上、つまり陰部に近い位置であったと思われるが、後の作家たちはそれを下品であると判断し、次第に傷の位置が下になり膝の上くらいの作品もある。
>
> 他には、帽子に付いた鍵が交差した標や、伝染病の患者が自分の位置を知らせるための、鳴り板などが描かれる。

森の奥に身を隠した。

神はロックのペストを治療し、孤独を癒すために一人の天使を送り、森には奇麗な水の湧く泉をつくり、食料は毎日、犬が一切れのパンを領主のテーブルから運んできた。

やがて治癒したロックは、生まれ故郷のモンペリエに帰ったが、長い巡礼の旅や闘病生活のため変り果てた彼を誰も知る者がなく、ロックは他国のスパイとして捕えられ、牢の中で息をひきとった。天からの光に照らされた彼の遺体のそばには、「ペストに苦しむ全ての人のために代願するロック」と書かれてあり、その後彼の崇敬が高まった。

聖ロックを描いた絵画やステンドグラスは、ペストを含む伝染病除けのお守りとして、教会だけでなく病院や家庭むけにも制作されたため、その数は比較的多い。その他のペス

第 IV 章

その他の図像

LES ÉVANGÉLISTES

(仏語) エヴァンジリスト

四福音史家

聖マタイ
（サン・マティウ）

聖マルコ
（サン・マルク）

聖ルカ
（サン・リュック）

聖ヨハネ
（サン・ジャン）

四福音史家とは、新約聖書の冒頭をかざるマタイ、マルコ、ルカ、ヨハネそれぞれによる福音書[※1]の著者とされる4人を意味する。

マタイとヨハネ[※2]は12使徒でもあり、マルコはパウロ（p 169）とともにイエスの亡きあと伝道に歩いた使徒、ルカはアンティオケア生まれの医者だったと言われ、聖書で福音書に続く「使徒言行録」の著者とも言われる。

※1　ギリシャ語で「喜ばしきこと」（エヴァンゲリオン）を伝える書として、イエスの生涯を記録したもの。

※2　福音史家ヨハネと、使徒のヨハネ、それに黙示録のヨハネ、さらにはヨハネの手紙（1〜3）の著者を、全て同一人物とする説は無理があり（1世紀におよぶ開きがある）、様々な意見があるが、ここではどれが正しい説かを論じるのではなく、当時のステンドグラスが、その図像で何を伝えたかったのかを知ることが大切である。したがって、ここでは福音史家、使徒、預言者の三つの形を同一としてステンドグラスが制作されたことを優先する。

IV-1　四福音史家　15世紀　サン・ジュリアン（Saint-Julien）　サン・ジュリアン教会

IV-2　福音書の象徴　17世紀前半　パリ（Paris）　サン・テチエンヌ・ドゥ・モン教会

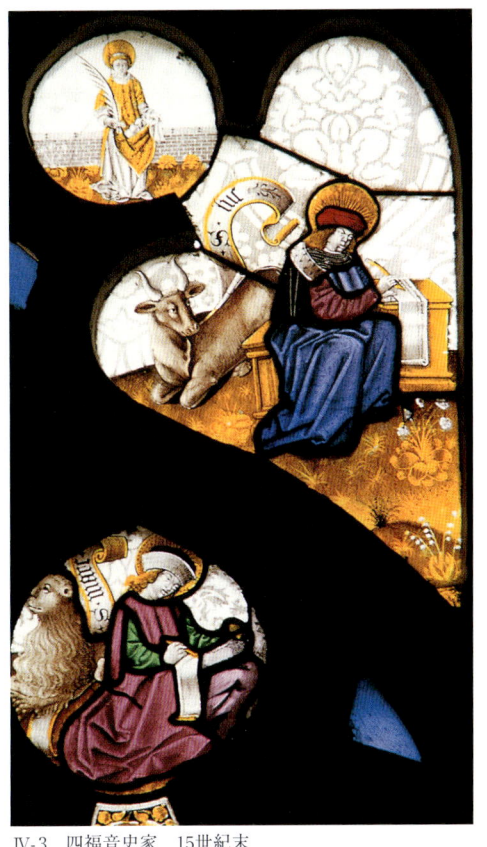

Ⅳ-3　四福音史家　15世紀末
サントゥ・クロワ（Sainte-Croix）　サントゥ・クロワ教会

Ⅳ-4（Ⅳ-3に同じ）

　四福音史家として描かれる時、象徴的に表現される場合と、人間として描かれる場合、さらに、その両方が合体した形などが存在する。

　それぞれを象徴するものとして、エゼキエル書（1-5～10）の「四つの生き物の姿」から、次のように表現される場合がある。

マタイ＝人間（キリストの人間性を伝える書として。翼がついているので、天使の様に表現される）
マルコ＝獅子（砂漠に響く、福音を伝える声）
ルカ＝牛（犠牲となる救世主を意味する、生け贄の牛）
ヨハネ＝鷲（空から神の言葉を伝える）

【Ⅳ-1】は虹に座り最後の審判を下すキリストを囲む「四つの生き物」。

【Ⅳ-2】は実りの葡萄で造った、ぶどう酒（福音）を運ぶ「四つの生き物」。

　次に人間として描かれる場合、マタイが古株の使徒として、最も年寄りに描かれ、ルカとマルコは、世代的に新しいため、若く描かれる（ヨハネは、様々な解釈から一定しない）。

　皆、本か巻物に福音を書き込む姿で（時には読んでいたり、ペンの先を削る姿が描かれる事もある）描かれ、その側には四つの生き物がそえられる【Ⅳ-3、Ⅳ-4】[※3]。

　使徒としての聖マタイと聖ヨハネの図像はp192を参照。

※3　【Ⅳ-3】の左上は聖ステファヌス、【Ⅳ-4】の右上は聖女バルバラ。

LES APÔTRES

（仏語）アポートゥル

十二使徒

使徒とは（つかわされた者）の意味で、キリストが弟子の中から選んだ12人を十二使徒という。使徒の数はイスラエルの十二部族の数に合わせたもので、実際はもっとたくさんの使徒がいた。後に教会の長老、司教などの形に発展し、様々な権限を持つようになる。

新約聖書で、キリストやマリアの生涯における諸場面に登場する十二使徒の役割は重要で、その中でもステンドグラスに頻繁に登場し、キリストの昇天後にも主な役割を果たした使徒を中心に紹介していく。

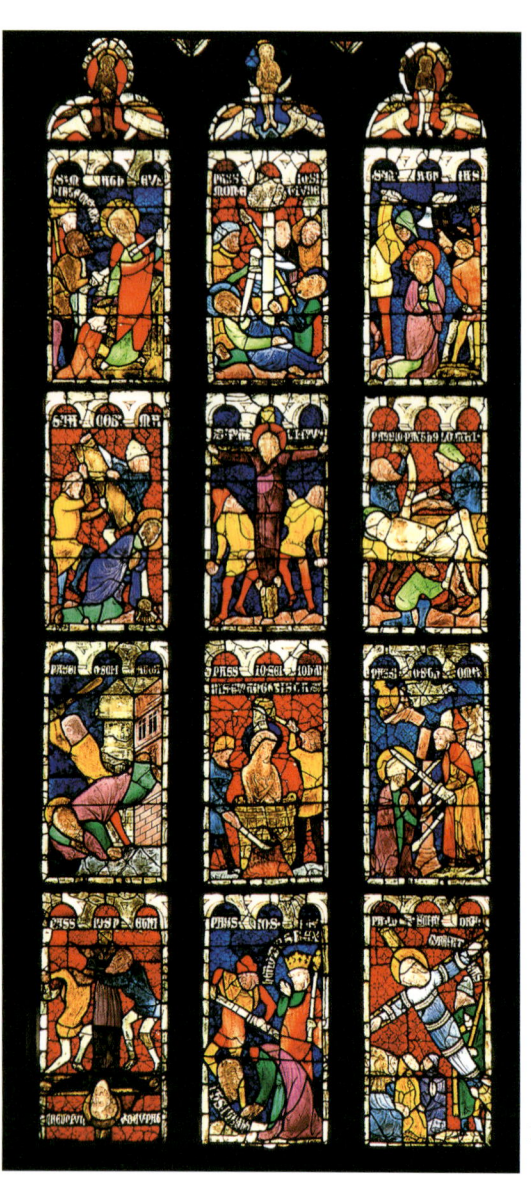

十二使徒がそのアトリビュートを持って描かれることは多いが、同時に【IV-5】に見られる様に、なぜそのアトリビュートになったのかを説明するかの如く、全員の殉教シーンを描くステンドグラスも存在する。

左下から右への3枚は、
（逆さ十字架につけられた聖ペトロ）
（首を切られる聖パウロ）
（斜め十字架の聖アンデレ）
　下から2段目、左から
（撲殺される聖小ヤコブ）
（油釜ゆでの聖ヨハネ[※1]）
（剣で刺し殺される聖トマス）
　下から3段目、左から
（斬首される聖大ヤコブ）
（十字架上で石打ちされる聖ピリポ）
（生皮をはがれる聖バルトロマイ）
　最上段、左から
（剣で貫かれる聖マタイ）
（槍と鋸で殺される聖シモンと聖ユダ・タダイ）
（石責めと斧で斬首の聖マティア）

イスカリオテのユダが抜けて11人になったところに、補欠使徒のマティアと聖パウロが加わって13人、最上部で2人が一緒に描かれて12パネルにおさまっている。

※1　ヨハネは、この拷問で死んだ訳ではなく後に高齢で没。

IV-5　十二使徒の殉教　1360〜1370年頃
ニーダハスラッハ（Niederhaslach）　サン・フロラン教会

(仏語）サン・ピエール

聖ペトロ 1

十二使徒の筆頭。ガリラヤの漁師で、最初にキリストによって召命された弟子（p91）。教会の礎として、岩を意味する名をもらった。

ローマの初代教皇であり、キリストに天国の鍵を授かった事から、主なアトリビュートは鍵となる。使徒、もしくは教皇の服装でティアラ（三重冠）をかぶり、大きな鍵を持って描かれる【Ⅳ-6、Ⅳ-7】。

その他キリストの生涯の場面以外でも、「聖ペトロの生涯」をテーマにしたステンドグラスも多い。【Ⅳ-8】はヘロデの迫害により牢につながれるが、夜中に天使が出現して彼を助け出す場面。他には「魔術師シモン」や「逆さ十字架での磔刑」などがよく描かれる。

他のアトリビュートは、聖書、逆さ十字架、鶏（鶏が鳴くまでの間キリストを三度否定した）などである。

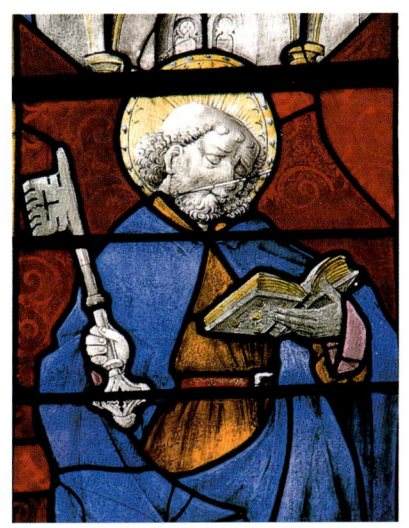

Ⅳ-6 聖ペトロ 1　16世紀
ヴィルフランシュ・シュル・ソーヌ（Villefranche-sur-Saône）
ノートル・ダム・デ・マレ教会

Ⅳ-7 聖ペトロ 2　1470～1485年頃
アンビエール（Ambierle）　サン・マルタン教会

Ⅳ-8 天使に助けられる聖ペトロ　16世紀
モンモール・ルシー（Montmort-Lucy）　モンモール教会

（仏語）サン・ジャック・ル・マジョー

2 聖大ヤコブ

その他

同じく使徒でアルパヨの息子、ヤコブと区別するため大ヤコブと呼ぶ。これは年齢や大きさではなく、先に弟子として召命された事による。

聖大ヤコブも、その伝説が豊富でキリストの生涯以外でも多くの図像が存在している。

使徒や司教の姿で描かれることも多いが、やはり巡礼者の図像が多く、どちらの場合も、貝殻の印が描かれるので分かり易い【Ⅳ-9】。

彼はスペインの守護聖人で、遺体があるサンティアゴ・デ・コンポステラ[※1]への巡礼者が、胸や帽子にサン・ジャック（帆立貝）の貝殻をつけて歩くのは有名である。

【Ⅳ-10】は、聖ヤコブの遺体を、弟子たちが船に乗せてスペインに運び大きな石に載せたところを描いている。この続きとして、大石をのせた車を牛が引いて、サンティアゴ・デ・コンポステラへ運ぶ図がある。

【Ⅳ-11】は、聖ヤコブの死後伝説で有名な、サラセン人（イスラム教徒）との戦いで、劣性であった国王ラミレスを励まし、白馬に乗って敵陣を崩した話で、このことからもスペインを解放した聖人として人気が高い。

帆立貝以外のアトリビュートは、殉教具としての剣、十字架の杖（スペイン最初の大司教として）、巡礼者の頭陀袋や水いれ、貝殻のマークが付いた帽子などである。

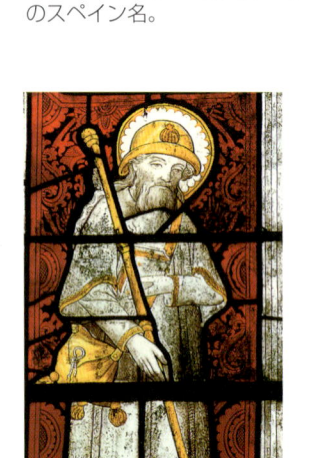

※1 サンティアゴは聖ヤコブのスペイン名。

Ⅳ-9 聖大ヤコブ 15世紀後半
アンブロネイ（Ambronay）
サントゥ・マリー修道院教会堂

Ⅳ-10 スペインに運ばれる聖大ヤコブの遺体 16世紀
ノートル・ダム・デュ・クラン（Notre-Dame-du-Crann）
ノートル・ダム・デュ・クラン教会

Ⅳ-11 聖大ヤコブの聖域 1525年頃
シャロン・シュル・マルヌ（Châlons-sur-Marne）
ノートル・ダム・アン・ヴォー教会

(仏語) サン・ジャン
聖ヨハネ

3

　使徒であり福音史家（p190）であり預言者でもある、聖ヨハネは、前記の聖大ヤコブの弟であり、ヨハネによる黙示録（p202）の著者と言われている。

　キリストに大変愛された弟子で、聖書でも様々な場面（最後の晩餐ではキリストにもたれかかり、磔刑場面にも描かれる）に登場し、キリストが自分の亡きあと、聖母マリアの晩年を託したといわれる。

　図像も豊富であるが、福音史家とヨハネによる黙示録に関しては各章を参照。

　ヨハネは小アジアに伝道し、エフェソに７つの教会を建てた後、捕らえられ、油の釜でゆでられたが【Ⅳ-12】、神の力で乗り越え、その後パトモス島に流されて黙示録を書き、またエフェソに戻って福音書を書いたという。

　キリスト教を迫害していたドミティアヌス帝の命令で、毒杯を口にするが、蛇の形となって毒が杯の外に出たため、平気でそれを飲み干した。その為、小さな悪魔や蛇が出た杯を持って描かれる【Ⅳ-13】。その他のアトリビュートは本や鷲。

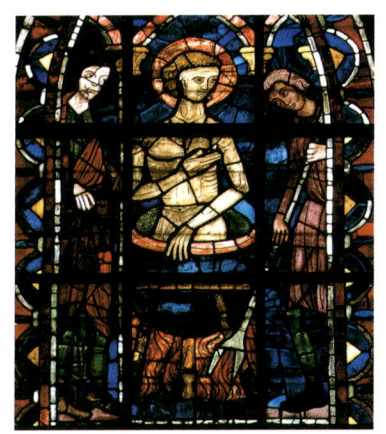

Ⅳ-12　油釜の聖ヨハネ　13世紀
トロワ（Troyes）　サン・ピエール大聖堂

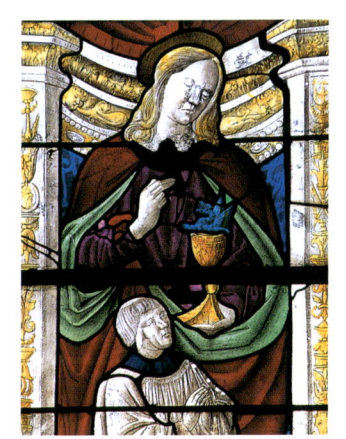

Ⅳ-13　聖ヨハネ　16世紀
サン・ソルジュ（Saint-Saulge）
サン・ソルジュ教会

(仏語) サン・タンドル
聖アンドレ

4

　聖ペトロの弟でガリラヤの漁師。聖書には記録がないが、その後の彼はギリシャに伝道し、たくさんの奇跡を行ったという。

　ローマの総督に捕らえられて鞭打ちの末、Ｘ型の十字架で殉教したため【Ⅳ-14】、今日でも有名なアンドレア十字[※1]（エックス型の十字）が持ち物となる。

　その他のアトリビュートは聖書や魚網など。

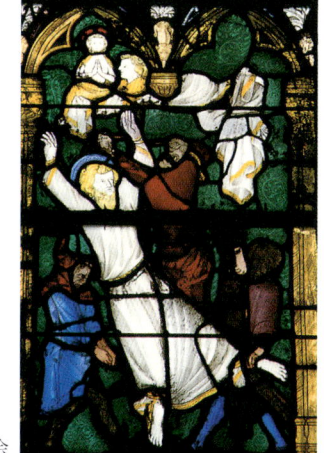

※1　14世紀末まではＹ型であった。

Ⅳ-14　聖アンドレの殉教　14世紀
ルーアン（Rouen）サン・トゥーアン教会

（仏語）サン・バルテレミー
聖バルトロマイ 5

聖バルトロマイについての記述はあまりない。伝説によれば、インドやメソポタミアまで伝道に出かけたが、異教徒に捕まり生皮をはがれて殉教した。

その為、彼のアトリビュートは大きな皮剝ナイフや、はがれた人間の生皮などである【IV-15】。右は「授乳の聖母」※1。

※1　聖母マリアの母性を表す図として、中世ヨーロッパで大変愛好された。ローマではすでに3世紀頃からこの図像の原型が見られるが、これは古代エジプトの女神イーシスの授乳像の影響が大きいと思われる。

IV-15　聖バルトロマイと授乳の聖母　15世紀後半
サン・テリエール（Saint-Hèlier）
サン・バルテレミー教会

（仏語）サン・マテュー
聖マタイ 6

使徒で福音史家（p190）。キリストに弟子として召命されるまでは、徴税人のレビと呼ばれていた。キリスト昇天後、エチオピアに伝道して多くの奇跡（悪竜退治など）を行う。ドミティアヌス帝により、石責め、火あぶりの末、斬首で殉教。

有翼の人間の他のアトリビュートは、ペンとインク壺、剣、矛槍など。

（仏語）サン・フィリップ
聖ピリポ 7

もとは洗礼者聖ヨハネ（p64）の弟子であったが、キリストの教えを受けて使徒になる。

ヒエラポリスにて、十字架上で石責めにあい殉教。

アトリビュートは十字架と石など。

（仏語）サン・トマ
聖トマス 8

「不信のトマス」（p122）の場面や、聖母マリアの被昇天についても不信を抱き、聖母は天から腰帯を落として見せる。

東方（インド）に伝道し、その地で火責めなどにあうが、最後は剣で刺されて殉教。

持ち物は大工の曲がり定規。

（仏語）サン・ジャック・ル・ミナー

聖小ヤコブ 9

アルパヨの息子で、イエスの従兄弟とも言われる。後にエルサレムの最初の司教となる。キリストとそっくりであったため、ユダは捕まえに来た兵士に、どちらがキリストかを知らせる意味で接吻（p106）をしたといわれる。

大司祭アンナスの陰謀で、こん棒で打ち殺される。

こん棒がアトリビュート。

その他

（仏語）サン・シモン

聖シモン 10

ローマや支配階級に対抗する、過激な集団「熱心党」の党員であったと言われる。

各地（シリア、メソポタミアなど）に伝道の旅をした後、鋸で切られて殉教、十字架にかけられて死んだという説もある。

アトリビュートは鋸か、小さな十字架。

（仏語）サン・ジュダ・タデ

聖ユダ・タダイ 11

聖小ヤコブの兄弟で、聖シモンとともに、シリアなどに伝道し、最後は槍か剣で殺されたという。図像や殉教シーンでも、聖シモンとともに描かれる事が多い。

こん棒、剣、斧、十字架などがアトリビュートとなる。

（仏語）サン・マティアス

聖マティア 12

イスカリオテのユダが抜けたあとに補充された使徒で、ユダヤやエチオピアに伝道の旅に出て、石責めの末、手斧で斬首された。

アトリビュートは、手斧、槍、剣など。

（仏語）サン・ポール

聖パウロ

（p169）の聖人伝の項目参照。

197

LES PROPHÉTES

預言者

その他

　預言者とは、「神の啓示を受け、神の名によって語る人」であり、直接神から啓示を受けることができない大多数の人間のために、神から預かった言葉を伝える役目を持ち、決して未来を予測する占い師的な意味ではない。日本語に訳す場合あえて「予言」ではなく「預言」を使うのはその為である。

　旧約聖書にその言葉が載っている預言書は、ダニエル（p55）、エゼキエル、イザヤ、エレミヤの四大預言者によるものと、ホセア、ヨエル、アモス（p199）、オバデヤ、ヨナ（p56）、ミカ、ナホム、ハバクク、ゼファニヤ、ハガイ、ゼカリヤ、マラキの十二小預言者によるものであり、それぞれ四福音史家と十二使徒に対応する[※1]。

　キリスト教にとっては、旧約聖書で預言された事が、キリストによって成就されたと証明すること、つまり旧約聖書は新約聖書の預型である事を知らしめなくてはならない。

※1　最も分かり易く、有名なものが【Ⅳ-16】の例で、バラ窓の下部ランセットに四福音史家をおんぶする、四人の預言者が描かれている。つまり、新約聖書は旧約の預言の成就であると示すものである。

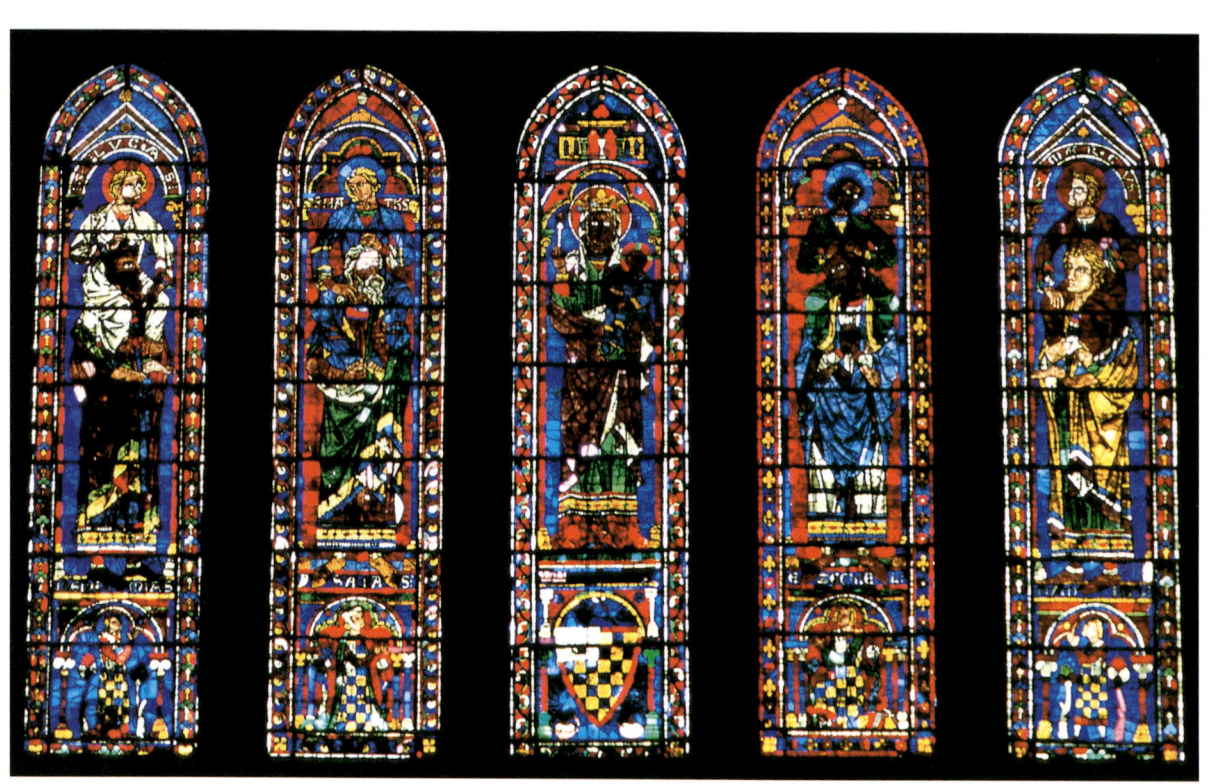

Ⅳ-16　預言者と福音史家　1221～1230年頃　シャルトル（Chartres）　ノートル・ダム大聖堂

　ステンドグラスに単独で描かれることが多いのは、四大預言者とヨナやゼカリヤくらいで、あとは十二使徒や新約聖書の諸場面の脇に、もしくはエッサイの樹（p200）[※2]を囲む半円の中などに描かれる場合が多い。

※2　この頃ステンドグラスに描かれる預言者の数や名前は一定せず、必ずしも上記の12人だけではない。

女預言者

前章の「預言者」に対し図像的に対応するのが、シビュラ（巫女）といわれる女預言者で、これは原典となる古代ギリシャの、巫女の名や数、存在自体が伝説的であり、実際に存在する人間を描くものではない。

中世末期から、12人の地名にちなんだ巫女が、女預言者として、先の12預言者や使徒、聖母マリアの生涯などにも関連づけられるようになる。

通常描かれるのは、ペルシア、リビア、デルフォイ、キンメリア、エリュトライ、サモス、クマエ、ヘレスポントゥス、フリギア、ティブル、ヨーロッパ、アグリッパの12人。

Ⅳ-17　シビュラの樹　1555年頃
エタン（Étampes）　ノートル・ダム・デュ・フォー教会

Ⅳ-18　ヨーロッパとアモス　1513年頃
オーシュ（Auch）　サントゥ・マリー大聖堂

【Ⅳ-17】は女性版エッサイの樹とも言える「シビュラの樹」と題されるステンドグラスであるが、中央の下段には、聖母マリアの誕生や受胎告知を預言したとして、最もポピュラーなエリュトライが描かれ、その預言の成就として母アンナに抱かれるマリアが最上部に描かれる。アグリッパ（アフリカ）やリビア、サモスも美しい衣装で登場する。

この様に家系図風に描かれたステンドグラスが、16世紀フランスに多く制作された。

【Ⅳ-18】は幼児虐殺を預言したと言われるため、豪華な衣装で剣を持つヨーロッパ（左）と、アモス書の預言者アモス（右）。

イザヤ書11-1〜

エッサイの樹

内容

　エッサイの株からひとつの芽が萌えいで　その根からひとつの若枝が育ちその上に主の霊がとどまる（イザヤ書11-1〜2）。

　その日が来ればエッサイの根はすべての民の旗印として立てられ国々はそれを求めて集う。そのとどまるところは栄光に輝く（11-10）。

　この預言と、旧約聖書でサムエルが、エッサイ王の息子ダビデを、イスラエルの王として選んだ（p51）ことから、救世主（キリスト）はダビデの家系から出なくてはならず、それを印象づけるのに貢献したのが「エッサイの樹」である。

　旧約聖書に登場する、イスラエルの王たちと、キリストを結びつけるこのステンドグラスは、中世からルネサンスにかけてヨーロッパ中の教会に造られ、今日、フランス国内に残っている作品だけでも200を越える。時代や地域によって、姿を変えるこの図像は大変興味深い。

　【Ⅳ-19】は最も有名で正統派とも言える、12世紀のエッサイの樹である。一番下に白昼夢をみるエッサイ王が横たわり、その腹部から太い樹が生えている。エッサイの息子ダビデ、その子ソロモンと続き、最上部には聖母マリアの頭から生えた実のように、キリストが7羽の鳩の形をした聖霊に囲まれている。

　【Ⅳ-20】には40人以上の王たちが登場するが、マタイによる福音書にその名が出る、全ての王たちが描かれている。堅琴を持つダビデ王や、ソロモン王、自分を燔祭にすべく薪をかつぐイサクなどは良いが、何の特長もないほとんどの王たちは、名板なしで識別することはできない。

　樹の生え方も、お腹や肩、背中や股の間まであり、エッサイ王も、目をつむっているものや、しっかりと開いている場合もある。

　この図像から発展して、女預言者の家系図（p199）や、神秘の葡萄搾り（p201）、マリアの生涯などの図像と組み合わせて描かれることも多い。

Ⅳ-19　エッサイの樹1　1145〜1155年頃
シャルトル（Chartres）　ノートル・ダム大聖堂

Ⅳ-20　エッサイの樹2　1512年頃
セッフォン（Ceffonds）　セッフォン教会

葡萄にまつわる象徴

内容

葡萄の木や実、葡萄酒などは、キリスト教の図像に使われる植物の中で最も多く、それはキリスト教誕生の頃から使われているモチーフである。

Ⅳ-21　葡萄を運ぶ人　1190年頃
オルベイ（Orbais）　サン・ピエール修道院教会堂

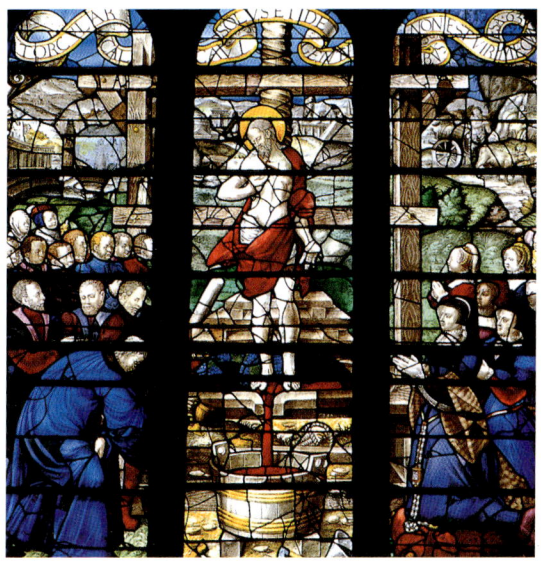

Ⅳ-23　神秘の葡萄搾り2　1625年頃
トロワ（Troyes）　サン・ピエール大聖堂

Ⅳ-22　神秘の葡萄搾り1　1552年頃
コンシュ・アン・ウッシュ（Conches-en-Ouche）　サントゥ・フォア教会

【Ⅳ-21】の「葡萄を運ぶ人」といわれる二人の人物は、神に約束された地の、芳醇な恵みの象徴である葡萄の房を担いで帰る使者である。当然葡萄はキリストを意味し、前を歩く人物はユダヤ教徒で、後ろがキリスト教徒である。重い荷を担って、歩まなくてはならないのは二人とも同じであるが、後ろのキリスト教徒には、人類を救う芳醇な恵み、つまり救い主のキリストが見えている。前を進むユダヤ教徒には、ただつらい道のりを恵みも見ずに歩んでいるという図像。

【Ⅳ-22[※1]、Ⅳ-23[※2]】の「神秘の葡萄搾り」とは聖アウグスティヌスによる、キリストは人間の罪を贖うために、摘まれて葡萄搾り（つまり十字架での死）にかけられた、「神秘の葡萄」という解釈から生まれた図像である。

[※1]　搾り機の上に直立したキリストの足下から流れ出した葡萄酒（キリストの血）が手前の樽に溜められていて、それを寄進者たちが礼拝している。
[※2]　エマイユ（七宝顔料）を多用して制作された作品（1625年リナー・ゴンチエ作）で、葡萄搾り機に押しつぶされるキリストの姿が描かれている。キリストの上には葡萄の木がのびて、その枝には十二使徒が描かれており、これは「エッサイの樹」と同じ形で、キリストの犠牲によって使徒達に受け継がれた信仰を表現している。

L'APOCALYPSE

※1 7つの教会とはエフェソ、スミルナ、ペルガモン、ティアティラ、サルディス、フィラデルフィア、ラオディキア。

※2 エーゲ海に浮かぶ岩石島。

聖ヨハネ（p195）は、キリストの昇天後、ローマ帝国の属州である小アジアに布教し、7つの教会※1を建てた。それに怒ったローマ皇帝ドミティアヌスは、彼を捕らえて煮えたぎった油の桶に投げ込んだが、神の力で守られたヨハネは涼しい顔でそこから出てきた。その後も布教を続けるヨハネを、皇帝はパトモス島※2へ流刑にした。ここで聖ヨハネが天使を通じてキリストから受け取った啓示、つまり神が地上に起こす、恐ろしい裁きの幻を書きとめたのが「黙示録」である。

ヨハネの黙示録

「ヨハネの黙示録」は、その図像も含めて大変興味深いものであり、多くの研究者が専門的な書を著しているが、中でも10世紀初頭の※3 90点に及ぶ挿し絵を伴う「ベアトゥスの黙示録注釈」や14世紀初めの「クロイスターズ黙示録」、殊に16世紀のステンドグラスに大きな影響があるアルブレヒト・デューラーの木版画「黙示録」（1498年）などは聖書の本文「ヨハネの黙示録」（1〜22章）と照らし合わせて見ると、大変おもしろいテーマである。

ステンドグラスには、ほぼ全ての場面の図像が存在するが、あまりに膨大な説明が必要になるので、ここでは七つの封印、七つのラッパの中から、幾つかを見ていこう。

※3 スペインの修道士ベアトゥスが刊行した黙示録注釈（786年頃）がもとになっている。

IV-24　黙示録　1210〜1215年頃　ブールジュ（Bourges）　サン・テチィエンヌ大聖堂

IV-25　四天使の殺戮　1529年頃　サン・フロランタン（Saint-Florentin）　サン・フロランタン教会

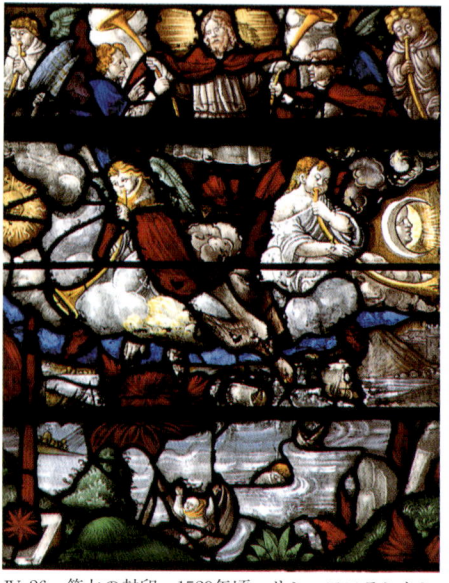

IV-26　第七の封印　1529年頃　サン・フロランタン（Saint-Florentin）　サン・フロランタン教会

IV-27　バビロンの大淫婦　1529年頃
サン・フロランタン（Saint-Florentin）　サン・フロランタン教会

IV-28　第一から第四の封印　1549～1598年頃
ラ・フェルテ・ミロン（La-Ferté-Milon）　サン・ニコラ教会

　ステンドグラスにこのテーマが表現される場合、13世紀頃の作品においては、ヨハネが見た神の幻想「七つの金の燭台の中央に見える人の子、右の手に七つの星、口からは鋭い両刃の剣」が描かれ【IV-24】、その他、解かれた封印の内容も単純化かつ象徴的に描かれる。

　また前記のデューラーの木版画「黙示録」1498年を下絵として制作される16世紀のステンドグラスの場合は、いくつかの場面をひとつの画面にまとめて描き込む事が行われる。

　【IV-25】は「解放された四天使による殺戮」（黙示録9-13～21）で、ユーフラテス川の辺りにつながれていた天使が解放され、人間の三分の一を殺す。

　【IV-26】は、子羊が第七の封印を開き、その後七人の天使のラッパに応じて、火と雹で地上の三分の一が焼け、大きな燃える山が海に投げ込まれ、星が水源に落ち、太陽と月と星の三分の一が隠れて暗くなり、鷲が天から「不幸だ、不幸だ、不幸だ」と三度叫びながら降りてくる（黙示録8-13）、などの様子が一枚のパネルに凝縮されて描かれている。

　【IV-27】は、「大淫婦が裁かれる」（17-1～8）で、全身に神を冒瀆する言葉を書いて、七つの頭[※4]と十本の角を持つ赤い獣にまたがったバビロンの淫婦が描かれる。彼女は紫と赤の衣に、金と宝石と真珠を付け、汚れに満ちた金の杯を持つ。

　背後には「バビロンの滅亡」（18-1～）が描かれる。

　【IV-28】は、やはり同じ原画（デューラーの木版画）をもとにした作例で、第一の封印から第四の封印、つまり白馬（勝利）赤馬（戦争）青馬（飢餓）青白い馬（死）が天から出てくる。それぞれの持ち物は、弓、剣、秤、死神のカマである。

　窓全体に、15枚程度のステンドグラスで構成される「黙示録」は、以上のテーマを幾つか含んでいるので大変見分けやすいが、修復を繰り返して、一部分しか残っていない作品の場合は大変見分けずらいことも多い。

※4　七つの頭は、ローマの七人の王をさす。

LES ANGES

天使

天使は、キリスト教芸術に欠かすことのできない存在であり、ステンドグラスに描かれる数も、どんな聖人、聖女よりも多い。しかし、天使が主役の図像となるとかなり少ないため、一般には、その識別や役割、名前や階級、さらに根本的な存在そのものが誤解されている場合が多い。

人の話を聞いていると、天使の認識でどうやら一番勘違いが多いのは、キリスト教の天使と、ギリシャ神話のキューピット[※1]を混同している点である。ルネサンス以降の絵画やステンドグラスも、幼児の天使プット（天童）と呼ばれる、明らかにキューピットからイメージしたと考えられるものが存在しているし、キリスト教徒以外の人にとって、お菓子のマークや仮装用の衣装などが、天使だろうがキューピットだろうが、大した問題はない。さらに「天使のような人」という言葉を「仏様のような方」と同じように使っているのを聞くと、神の下す罰とは言え、すさまじい形相で、子供もお年寄りもかまわず、数千人単位で殺しまくる黙示録の天使（p202）や、出エジプト記で、一晩にして全てのエジプト人の長子を殺戮する天使、ソドムとゴモラの滅亡、などの図像を見せるに忍びない。とにかく我々、聖人や義人とは、かけ離れた罪深い生活を送っている者が天使を見るとき、それは間違いなく命を落とすときである。

それはさておき天使の図像に話を戻すと、ステンドグラスに登場する天使には、かなりはっきりとした階級と役割分担がある。

6世紀頃の神学書[※2]や聖グレゴリウス（p161）以後に確立した天使の階級（聖秩）によると、天使は大きく三級に分類される。

上級が、セラピム（熾天使）[※3]、ケルピム（智天使）、トロネ（座天使）

中級が、キュリオテテス（主天使）、エクソウシアイ（力天使）、デュナメイス（能天使）

下級が、アルカイ（権天使）、アルカンゲリ（大天使）、エンゲリ（天使）となっている。

それぞれの役割や、様々な物語、どの場面に誰が登場するのかなど実に興味深く、私的な楽しみとして、天使のステンドグラス写真を中心に注意して分類している。

ここでは、新約聖書に関連が深く、登場回数の多い天使を見ていこう。

※1 アフロディーテ（ヴィーナス）とアレースの不倫から生まれた子、エロースがモデルとなっている。
　いわば、初期キリスト教徒が多くの血を流し闘ってきた、偽神に属するものである。

※2 「偽ディオニシウス文書」で著者のディオニシウスは（p166）とは、別人。

※3 熾天使と智天使は、新約、旧約聖書により、入れ替わる事もある。

（仏語）サン・ミッシェル

大天使聖ミカエル 1

ミッシェル（仏）、マイケル（英）、ミハエル（独）、ミケーレ（伊）、など各国で名を聞く事が多いのは、この天使がそれだけ愛され、多くの子供にその名がつけられているからである。

最後の審判でラッパを吹き鳴らす、天使の長で、闘う天使軍団の総帥、神の信頼あつく天国の鍵を預かり、「聖」の称号を持ち、キリスト教国全体[※1]の守護天使でもある。それなのに、大天使は下級三段の下から二番目、一番下のエンゲリ（エンジェル）は、全ての人間についている天使[※2]なので、事実上最下位に甘んじているようなものだ。しかし旧約聖書では上級に属し、この聖秩においても例えば上級三段は、水晶天という神の領域にいたり、楽園を守っていたり、直接人間など関わらないし、中級の主天使は空気の支配、力天使は水の支配など漠然としていて、実際に人間の祈りを届けたり、神の使者として動くのは下級三段に属する天使のようだ。

因みに、権天使のルキフェルは神に背いて堕天使となり、地上でサタン（神に背くもの）となった。

武装した美しい姿の大天使ミカエルが描かれる場面は、（p124）で魂を天秤にかけたり、（p34）でイサクを犠牲にしようとするアブラハムを止めたり、（p76）で聖母マリアの死を告げたり[※3]と様々だが、やはり最も多く、しかも主役なのが「悪魔を退治する聖ミカエル」【Ⅳ-29、Ⅳ-30】である。黙示録にある「天での悪魔軍団との戦い」に勝利するたくましい天使である。

その他

※1　日本に伝道したフランシスコ・ザビエルは、日本の守護天使としてミカエルを定めたという。

※2　人が何か良からぬ事を企んでいるときに、頭の上で白い天使が黒い悪魔と葛藤している漫画があるが、エンゲリは一人に一人ずつついて、良い行いを勧めていると言われる。

※3　お告げの天使聖ガブリエルだったと言う説もある。

Ⅳ-29　大天使聖ミカエル 1
15世紀
グェンガット（Guengat）
サン・フィアクル教会

Ⅳ-30　大天使聖ミカエル 2
1547年頃
シャルトル（Chartres）
サン・テニョン教会

2 大天使 聖ガブリエル
(仏語) サン・ガブリエル

聖ミカエルと同じく「聖」の称号を持つ天使長。お告げの天使として知られ、受胎告知（p70）や「エリザベトのお告げ」（p153）に、美しい衣装を着て描かれる、神の第一使者である。

持ち物は、王笏や百合の花（受胎告知）【Ⅳ-31】。

Ⅳ-31　大天使聖ガブリエル
1448～1450年頃
ブールジュ（Bourges）
サン・テチィエンヌ大聖堂

3 大天使 聖ラファエル
(仏語) サン・ラファエル

もう一人の大天使、聖ラファエルはトビアとともに旅をする天使である（p57）。巡礼や旅人、そして全人類を守る守護天使で、トビアの話でもわかるように、病を癒す天使でもある。杖を持った旅装束、または豪華な衣装で剣なども持つ。

「羊飼いへのお告げ」（p82）の天使はラファエルだったという。

その他の、大天使はウリエルしか名が知られてないが、四大天使とも七大天使とも言われる。

4 奏楽の天使
(仏語) アンジュ・ミュージシャン

大勢の天使たちが、思い思いの楽器を手に天空を舞う姿は、まさしく神を讃える聖歌隊である。ステンドグラスでは窓の上部やバラ窓に配される事が多く、その動きの美しさと、教会の雰囲気で本当の音楽が聞こえて来るような気えする【Ⅳ-32、Ⅳ-33】。

楽器の代わりに、キリストの受難に関する様々な物を持って描かれる天使たち。

「受難具を持つ天使」【Ⅳ-34】では、キリストの茨の冠を持つ天使が描かれるが、他には十字架、釘、鞭、梯子（十字架降下の）、槍、などを持つ。

※1 聖フランチェスカに、アルウェルナ山頂で聖痕を与えたというセラピムも十字架につけられていた。

　その他トレサリーの形に応じて描かれる、6枚翼のセラピム【Ⅳ-35】、十字架にかけられるセラピム[※1]【Ⅳ-36】など美しい天使たちがたくさん描かれた。

その他

Ⅳ-32　奏楽の天使のバラ窓　1517～1519年頃
サンス（Sens）　サン・テティエンヌ大聖堂

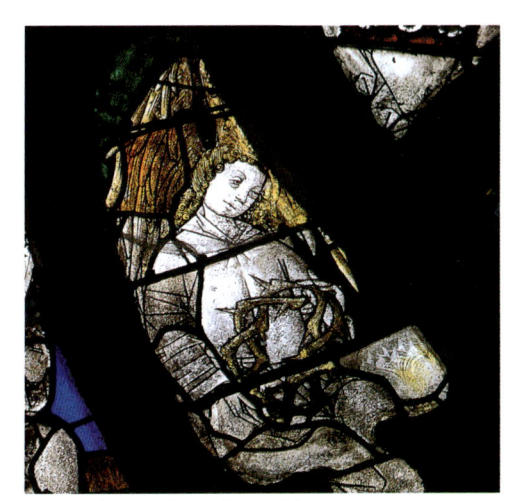

Ⅳ-34　受難具を持つ天使　15世紀
トンクエデック（Tonquédec）　サン・ピエール教会

Ⅳ-33　（Ⅳ-32の部分）

Ⅳ-35　天使のトレサリー　15世紀
コーデベック・アン・コウ（Caudebec-en-Caux）
ノートル・ダム教会

Ⅳ-36　十字架にかけられるセラピム　1525～1545年頃
モンモランシー（Montmorency）　サン・マルタン教会

207

無原罪の御やどりの聖母

内容

ルネサンス時代、けがれ無き聖母マリアの神性を強調するために、聖書の中でマリアを象徴すると解釈されている様々なものを描いている。

IV-37　無原罪の御やどりの聖母１　1540年頃
コンシュ・アン・ウッシュ（Conches-en-Ouche）
サントゥ・フォア教会

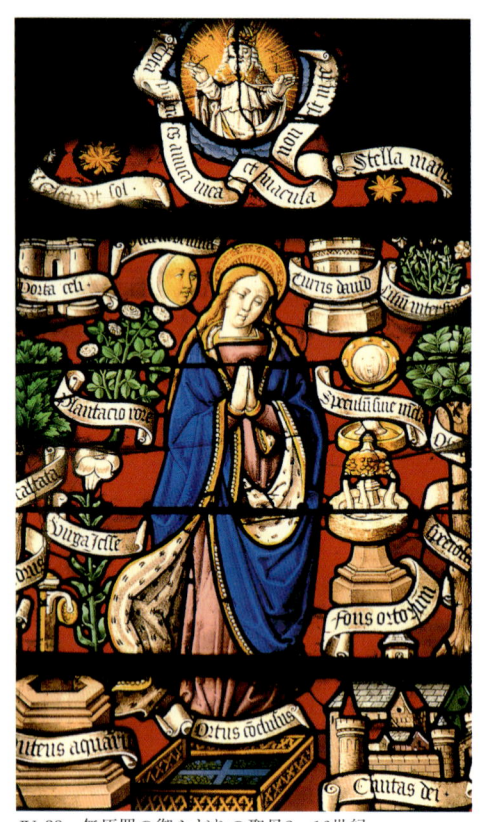

IV-38　無原罪の御やどりの聖母２　16世紀
シャロン・シュル・マルヌ（Châlons-sur-Marne）
サン・アルパン教会

　作例のほとんどが15〜16世紀に制作されたもの※1で、その表現形態も似通っているが、フランスではとても作品数が多いテーマである。
　【IV-37、IV-38】に見られるように、中心で手を合わせる聖母マリアを取り囲むように描かれる象徴は次の通りである。
・太陽と月（黙示録12-1）
・白百合（純潔の象徴で、受胎告知のさいにもガブリエルが持つ）
・刺の無いバラ（楽園にあったバラは、人間が罪をおかす前まで刺が無かった）
・閉ざされた園（雅歌4-12　わたしの妹、花嫁は閉ざされた園。閉ざされた園、封じられた泉。）
・封じられた泉（同上）
・レバノンの杉（詩編92-13）
・閉じられた門（エゼキエル書44-2）
・清き鏡（聖母を映す、汚れない鏡）
・ダビデの塔（ダビデ王が建てた塔のようにマリアは神に威光を示す）
・星（星の冠）
　そしてマリアの上には、雲に囲まれて聖母を祝福する神が描かれる。

※1　さらに古いものは、金門の邂逅（p66）や聖家族の中に、別の形で表現される。

三位一体

内容

　325年のニカイヤ公会議で承認された三位一体の教義は、神は実体においては一つであるが、その存在の仕方において三つの顔（父なる神・子なる神・聖霊なる神）を持つ、「三つの位格（ペルソナ）、一つの実体」というもので、この教義が図像に様々な影響を与えることになる。

　そもそも三位一体という言葉は、聖書に出てくるわけではなく、その解釈や正統性についての意見は、時代や地域によって様々である。従って絵画やステンドグラスにおける描写法もたくさん存在している。

　特に父なる神についての描写は、十戒のうち第二の戒め「いかなる像も造ってはならない。」に反していると考えられ、初期の図像では避けられていた。しかしその後、雲から現れる手や、頭部、上半身と描かれるに連れ、だんだんとその意識が薄れ、ルネサンス期には白髪の老人として定着した。子なる神、キリストは若く十字架に架けられて表現され、聖霊なる神が鳩の形で表現される。

　しかし同時期にも様々な表現があり、統一された図像ではない。

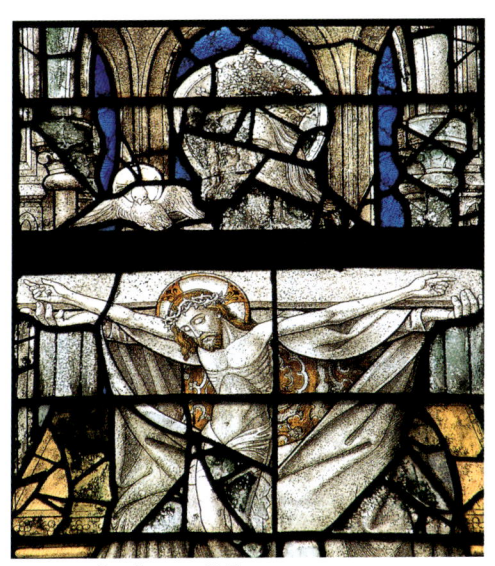

IV-39　三位一体1　15世紀
リエール（Lierre）ベルギー　サン・ゴメール教会

IV-40　三位一体2　1540年頃　パリ（Paris）　サントゥ・メリー教会

　15〜16世紀のヨーロッパで、最も代表的で作例が多いのが【IV-39】のように、白髪の老人で大きく描かれる「父なる神」が後ろで十字架の横棒を支え、その十字架には「子なる神」キリストが架けられ、上もしくは横に鳩の形をした「聖霊なる神」が飛んでいる図像である。この時、父なる神はローマ教皇の冠、ティアラ（三重冠）をかぶって描かれることもある。

　【IV-40】は三人の若い人物によって単一性を表現した三位一体で、三人の年齢を変えて表すものもある。

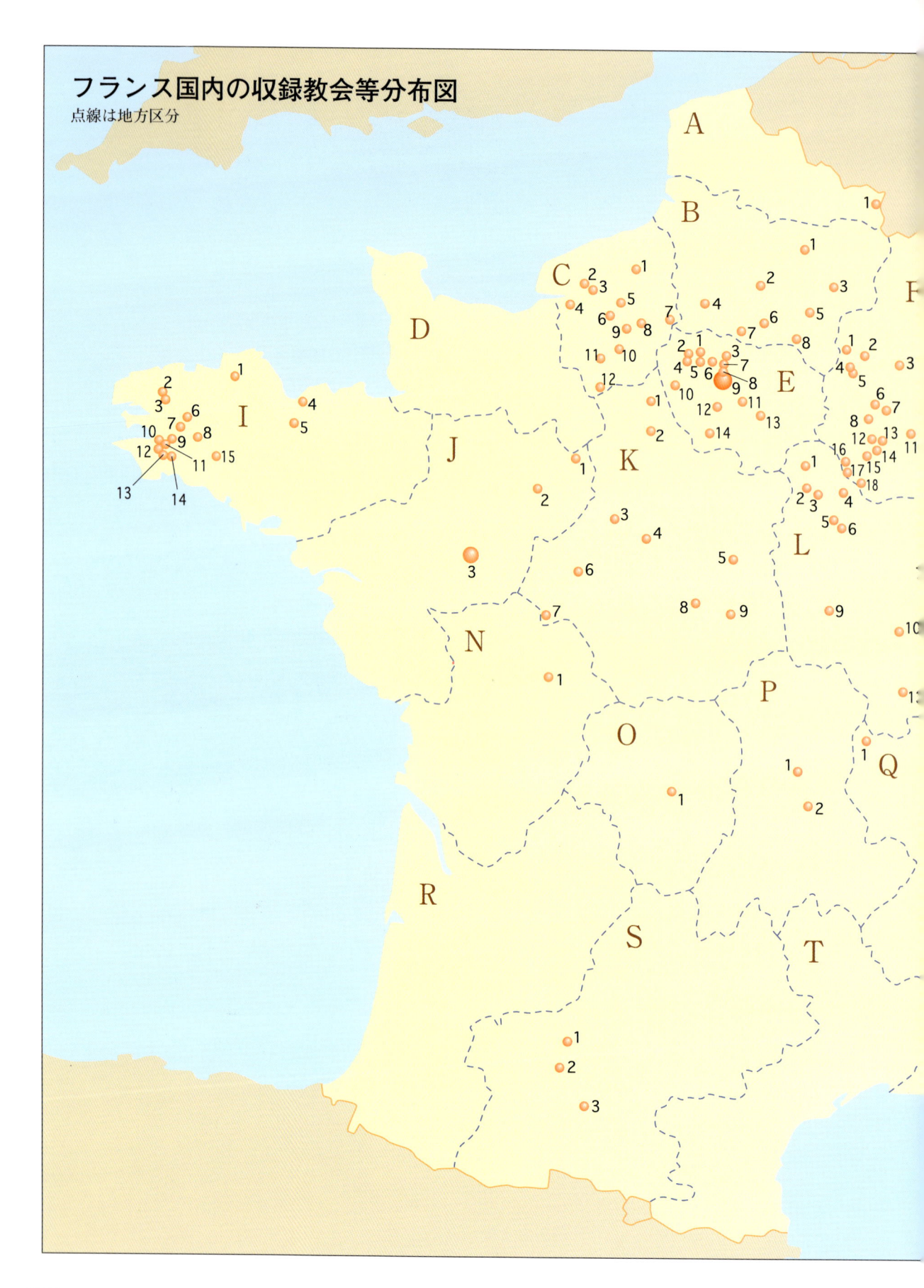

フランス国内の収録教会等分布図

点線は地方区分

教会等所在地名索引

※左の地図と対応させてご覧下さい。なおフランス以外の国については末尾にまとめて紹介しました。

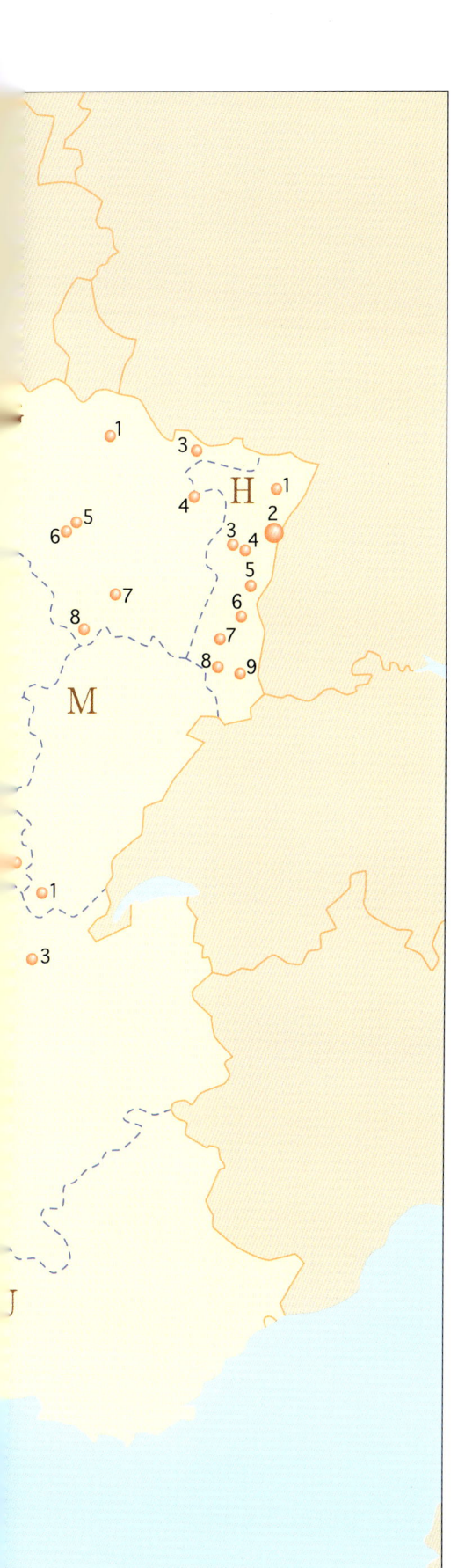

教会等が所在する地名　左の分布図上での地点
ルイトゥル　F-7
　サントゥ・タンシュ教会／143、185
教会等の名称　本文中の頁

【ア行】

アンジェ　J-3
　サン・モーリス大聖堂／70

アンビエール　Q-1
　サン・マルタン教会／131、173、175、193

アンブロネイ　Q-3
　サントゥ・マリー修道院教会堂／194

イル・アン・ドドン　S-3
　サン・アドリアン教会／21

ヴァンドーム　K-3
　トリニテ修道院礼拝堂／7

ヴィル・コントゥ　P-2
　サント・シャペル・デ・コントゥ・ドーヴェルニュ教会／28、29、49、56

ヴィリー　L-13
　サン・バルテレミー教会／129、157

ヴィルフランシュ・シュル・ソーヌ　Q-2
　ノートル・ダム・デ・マレ教会／193

ヴェルヌイユ・シュル・アーヴル　C-12
　サントゥ・マドレーヌ教会／98

ヴュー・タン　H-8
　サン・ドミニック教会／81、163

エイムティエ　O-1
　サン・テチィエンヌ教会／145

エヴルー　C-10
　ノートル・ダム大聖堂／9、104

エタン　E-14
　ノートル・ダム・デュ・フォー教会／199

エヌリー　G-1
　サン・マルセル教会／181、188

エペルネー　F-2
　ノートル・ダム教会／19

エルヴィ・ル・シャテル　F-18
　サン・ピエール・エ・リアン教会／81

エルゲー・ガベリック　I-14
　サン・ギナル教会／106

エルビス　F-6
　アサンプション教会／88

エルブッフ　C-6
　サン・ジャン教会／72

エルブレイ　E-5
　サン・マルタン教会／74

オーシュ　S-2
　サントゥ・マリー大聖堂／28、33、34、170、199

オータン　L-10
　サン・ラザール大聖堂／51

オッセール　L-5
　サン・テチィエンヌ大聖堂／22、31、51、135、151

オビィニー・シュル・ネール　K-5
　サン・マルタン教会／183

オルウィー　B-6
　サン・レミ教会／119、175、178

オルベイ　F-4
　サン・ピエール修道院教会堂／201

211

【カ行】

カンペール　I-13
　考古学博物館／37
クール・シュル・ロワール　K-4
　サン・ヴァンサン教会／67
グェンガット　I-12
　サン・フィアクル教会／9、205
クレネー・プレ・トロワ　F-13
　サン・オヴォンタン教会／76
グロスレイ　E-7
　サン・マルタン教会／168、170
ケメネヴェン　I-9
　ノートル・ダム・ドゥ・ケルゴート礼拝堂／124
コーデベック・アン・コウ　C-2
　ノートル・ダム教会／43、44、47、139、145、153、164、166、207
コルマール　H-6
　ウンターリンデン美術館／187
コンシー・レ・ポ　B-2
　サン・ニケーズ教会／64
コンシュ・アン・ウッシュ　C-11
　サントゥ・フォア教会／144、186、201、208

【サ行】

サヴィアンジェ　L-11
　サン・レヴェリアン教会／189
サン・カンタン　B-1
　サン・カンタン教会／77、156
サン・サンス　C-1
　サン・サンス教会／75、116、186
サン・ジュリアン　G-8
　サン・ジュリアン教会／75、109、132、190
サン・ジュリアン#　M-1
　サン・ジュリアン教会／87
サン・ジュリアン・ドゥ・ソー　L-2
　サン・ピエール教会／102、155
サン・ソルジュ　L-9
　サン・ソルジュ教会／158、195
サン・タルバン　I-4
　サン・タルバン教会／117、121、124
サン・テチエンヌ・スール・バルビュイーズ　F-8
　サン・テチエンヌ教会／114
サン・テリエール　L-7
　サン・パルテレミー教会／196
サン・ドニ　E-8
　サン・ドニ修道院教会堂／7、40、41、42、43、48、70、85、86
サン・プアンジュ　F-15
　サン・プアンジュ教会／83
サン・ブリ・ル・ヴィノウ　L-6
　サン・プリ・サン・コット教会／10、159、166、167、174、176、182
サン・フロランタン　L-4
　サン・フロランタン教会／19、132、168、202、203
サン・ミッシェル・シュル・オルジュ　E-12
　サン・ミッシェル教会／46
サンス　L-1
　サン・テチエンヌ大聖堂／151、207
サントゥ・クロワ　L-12
　サントゥ・クロワ教会／191
サンリス　B-7
　ノートル・ダム大聖堂／130

ジゾール　C-7
　サン・ジェルヴェ・エ・サン・プロテ教会／69、72、74、84、139
シャルトル　K-2
　サン・テニョン教会／205
　ノートル・ダム大聖堂／8、127、198、200
シャロン・シュル・マルヌ　F-3
　サン・アルパン教会／71、208
　サン・テチエンヌ大聖堂／18、20、23、24、34、68、109、113
　ノートル・ダム・アン・ヴォー教会／77、85、117、181、194
シャンピニー・シュル・ヴォウド　K-7
　サントゥ・シャペル／186
シャンボー　E-13
　サン・マルタン教会／66
ジュイ・ル・ムティエ　E-2
　ノートル・ダム・ドゥ・ラ・ナティヴィテ・エ・サン・ルー教会／140
ジュワニー　L-3
　サン・ジャン教会／180
ショロア・メニョ　G-6
　アサンプション・ドゥ・ラ・ヴィエルジュ教会／7、63
ストラスブール　H-2
　ウーヴル・ノートル・ダム美術館／6、11、52
　サン・ギヨーム教会／118
　ノートル・ダム大聖堂／52、84、93、121
スワッソン　B-5
　サン・ジェルヴェ・エ・サン・プロテ大聖堂／43、139
ゼッティン　G-3
　サン・マルセル教会／25、35、45
セッフォン　F-10
　セッフォン教会／22、121、137、200
セレスタ　H-5
　サン・ジョルジュ教会／143、156
ソール・ル・シャトウ　A-1
　サン・ピエール教会／108

【タ行】

ディジョン　L-8
　地方裁判所／52
トゥール　K-6
　サン・ガディアン大聖堂／7、16、22、101、119、148、149、184
トゥリエール・シュル・セーヌ　E-4
　サン・マルタン教会／99、100
トゥル　G-5
　サン・ジョングール教会／12、132
トロワ　F-12
　サン・ニジェール教会／160、165
　サン・パンタレオン教会／110、135
　サン・ピエール大聖堂／12、39、54、55、57、96、97、129、195、201
　サン・マルタン・エ・ヴィネ教会／11
　サントゥ・マドレーヌ教会／15、17、107、114、156
トンクエデック　I-1
　サン・ピエール教会／117、207

【ナ行】

ニーダハスラッハ　H-3
　サン・フロラン教会／65、92、154、176、192
ヌベクール　G-2
　サン・マルタン教会／171
ノートル・ダム・ドゥ・クラン　I-8
　ノートル・ダム・ドゥ・クラン教会／10、78、79、80、83、88、106、124、153、194

ノジョン・ル・ロワ　K-1
　　サン・シュルピス教会／66、67、82、86

【ハ行】

パリ　E-9
　　クリュニー美術館／124
　　サン・ジェルベ・サン・プロテ教会／140
　　サン・テチィエンヌ・ドゥ・モン教会／11、30、31、45、93、135、190
　　サン・トゥスタッシュ教会／152
　　サントゥ・メリー教会／209
　　ルーヴル美術館／21、152
ピュエルモンティエ　F-9
　　ピュエルモンティエ教会／154
ブーズモン　G-7
　　サン・ジョルジュ教会／87、162
ブールジュ　K-9
　　サン・テチィエンヌ大聖堂／70、94、98、124、135、136、178、202、206
フェネトランジ　G-4
　　サン・レミ教会／172
ブリ・コントゥ・ロベール　E-11
　　サン・テチィエンヌ教会／36
ブリエンヌ・ル・シャトウ　F-11
　　サン・ピエール・サン・ポール教会／27
フルーランス　S-1
　　サン・ローラン教会／179、185
プレベン　I-7
　　サン・ジェルマン・ロクセロワ教会／115
プロゴネック　I-11
　　サン・チュリオ教会／146
ベリュル　F-17
　　ナティヴィテ・ドゥ・ラ・ヴィエルジュ教会／100
ボーヴェイ　B-4
　　サン・ピエール大聖堂／149
ポワチェ　N-1
　　サン・ピエール大聖堂／114
　　サントゥ・ラドゥゴンドゥ教会／185
ポントゥ・オドゥメール　C-4
　　サン・トゥーアン教会／10、72、165
ポントワーズ　E-1
　　サン・マクル大聖堂／111

【マ行】

マッセイ　K-8
　　サン・マルタン教会／139
マルイユ・ル・ポール　F-1
　　マルイユ・ル・ポール教会／18、110、111
ミュールーズ　H-9
　　サン・テチィエンヌ教会／50、135
モンコントゥール　I-5
　　サン・マチュラン教会／64、148
モンフォール・ラモリー　E-10
　　サン・ピエール教会／120
モンモール・ルシー　F-5
　　モンモール教会／193
モンモランシー　E-6
　　サン・マルタン教会／126、129、135、142、158、172、182、207

【ラ行】

ラ・フェルテ・ベルナール　J-1
　　ノートル・ダム・デ・マレ教会／122

ラ・フェルテ・ミロン　B-8
　　サン・ニコラ教会／81、108、203
　　ノートル・ダム教会／112、174
ラ・マイユレ・シュル・セーヌ　C-3
　　シャペル・ドゥ・シャトー／129、161
ラ・マルティル　I-3
　　サン・サロモン教会／105
ラ・ロッシュ・モーリス　I-2
　　サン・ティーヴ教会／103、104、107
ラオン　B-3
　　ノートル・ダム大聖堂／41
ラネデン　I-6
　　ラネデン教会／150
リニ・ル・フェロン　F-16
　　サン・マルタン教会／183
リュイリー・サン・ルー　F-14
　　リュイリー・サン・ルー教会／168
リヨム　P-1
　　ノートル・ダム・ドゥ・マルチュレ／9
リヨン　Q-4
　　サン・ジャン大聖堂／177
ル・ファウエ　I-15
　　サントゥ・バーブ礼拝堂／123
ル・マン　J-2
　　サン・ジュリアン大聖堂／6、131、135、140、147、164
ル・メニール・オブリー　E-3
　　ナティヴィテ・ドゥ・ラ・ヴィエルジュ教会／142
ルイトゥル　F-7
　　サントゥ・タンシュ教会／143、185
ルーアン　C-5
　　サン・トゥーアン教会／9、195
　　サン・パトリス教会／54、152
　　サン・マクル教会／129、144
　　ノートル・ダム大聖堂／65、130
　　ルーアン大司教館（アルシュベッシュ）／118
ルヴィエール　C-9
　　ノートル・ダム教会／137
レ・ザンドリー　C-8
　　ノートル・ダム教会／24、26、90、163
ローテンバック　H-7
　　サン・ジャン・バプティスト教会／129
ロクロナン　I-10
　　サン・ロマン教会／92
ロゼンウィラー　H-4
　　ノートル・ダム・ドゥ・ラサンプション教会／123

【ワ行】

ワルブール　H-1
　　ワルブール教会／89

【イギリス】
カンタベリー　カンタベリー大聖堂／27、32、91
ロンドン　ヴィクトリア・アンド・アルバート美術館／89、95
【スイス】
ケニクスフェルデン　ケニクスフェルデン修道院教会堂／122、176
【ドイツ】
アウグスブルグ　アウグスブルグ大聖堂／6
ダルムシュタット　ヘッセン州立美術館／6、11、162
【ベルギー】
リエール　サン・ゴメール教会／129、209

参考文献

Louis Réau
Iconographie de l'Art Chrétien, 6 vols
Paris, 1955－57

Gaston Duchet-Suchaux, Michel Pastoureau
La Bible et LesSaintsGuide Iconographique
Paris, 1990

Bernard Berthod, Élisabeth Hardouin-Fugier
Dictionnaire Iconographique des Saints
Paris, 1999

Émile Mâle
L'Art Religieux de la Fin du Moyen Age en France
Paris, 1908

Jean Lafond
Le Vitrail
1978

Marcel Aubert
Le Vitrail en France
Paris, 1946

M. Aubert, A. Chastel, L.Grodecki, J. J. Gruber
J. Lafond, F. Mathey, J. Taralon, J. Verrier
Le Vitrail Français
Paris, 1958

L'ottin
Le Vitrail
Paris, 1896

Lawrence Lee, George Seddon, Francis Stephens
Le Vitrail La Merveilleuse Histoire d'nn Art
1977

Louis Grodecki
Le Vitrail Roman
Fribourg, 1977

Louis Grodecki, Catherine Brisac
Le Vitrail Gothique
AU XIIIe siècle
Fribourg, 1984

Jean Rollet
Les Maitres de la Lumiere
Paris, 1980

Catherine Brisac
Le Vitrail
Paris, 1985

Jean Lafond
Le Vitrail Origines, Technique, Destinées
1988

Corpus Vitrearum France
Volume I-V
Paris

『聖書』（日本聖書協会／新共同訳）2000年版

『キリスト教美術図典』（柳　宗玄・中森義宗編／吉川弘文館）1990年

『キリスト教図像辞典』（中森義宗訳編／東京近藤出版社）1970年

『キリスト教図像学』（マルセル・パコ　松本富士男・増田治子共訳／白水社・文庫クセジュ）1970年

『黄金伝説1〜4』（ヤコブス・デ・ウォラギネ　前田敬作・今村孝訳／人文書院）1979〜1987年

『聖書　その歴史的事実』（新井　智／NHKブックス）1976年

『聖書小辞典』（小嶋　潤／社会思想社・現代教養文庫）1981年

『使徒のはたらき』（塚本虎二訳／岩波書店）1977年

『キリスト教シンボル図典』（中森義宗／東信堂）1993年

あとがき

　聖書の諸場面については、多くの優れた文献が解説しており、それを描いた図像についても、以前に比べて多くの書物が紹介するようになった。そこで本書は、日本で比較的文献が少ない、聖人伝にできるだけページをさくことにした。最初に選んだ聖人や象徴的図柄の数は150項目を越えてしまったため、今回は作例の豊富なものに絞り込んで編成した。

　本書は、写真集のように見て楽しむ本と言うより、鞄に詰め込んでヨーロッパの教会へ持っていって欲しいために、サイズを小さめにして制作された。初めはただ荘厳で神聖な光の芸術というだけで満足していたステンドグラスが、そこに描かれている物語を理解した瞬間に、壮大な光の絵巻物に変わるのである。

　最後になりましたが、キリスト教図像学について、ステンドグラスに偏った知識しか持ち合わせない私に、その指導、及び参考となる資料の多くを、快く提供してくださった中森義宗先生に深く御礼を申し上げます。そしてフランス語の資料について、解釈の困難な多くの部分についての助言や、100以上に及ぶ地名の、最もフランス語の発音に近いカタカナへの変換などご協力頂いた、フランスの友人、前田宏、モニック夫妻に深く御礼申し上げます。そしてステンドグラスの本当の素晴らしさと、作家としての技術的な自信を与えてくださった、恩師ルネ・ジルー先生に心から感謝致します。

　これからも作家としての活動と共に、フランスをはじめとする全ヨーロッパに遺る、過去の大先輩たちが造り上げた名作を、出来うる限り多くの人に紹介していきたいと考えております。

ステンドグラス作家
志田政人

著者近影
サントゥ・ジャンヌ・ダルク教会（ルーアン）の前にて

志田政人（しだまさと）

1958年	秋田市生まれ。
1981年	渡仏。フランス国立高等工芸美術学校（ENSAAMA）ステンドグラス科に入学し、伝統的ステンドグラスの技法（古典絵付け技法など）をルネ・ジルー教授に学ぶ。
1984年	同校卒。在学中及びその後もフランスを中心とした、600あまりの教会のステンドグラスを撮影、取材する。
1985年	帰国後、アトリエ・ルプランスを設立し、制作活動をする。作家としての活動とともに、毎年渡仏して教会のステンドグラスを取材。
2000年	フランス、パリ市郊外のイヴリー・シュル・セーヌに研究のための自宅、兼アトリエを設立。

現在、ステンドグラス作家として公共建築を中心とした建物に作品を制作するかたわら、東京四谷のアトリエ・ルプランスにて古典絵付け技法を指導する教室を主宰。
著書『ステンドグラスによる聖書物語』（朝日新聞社）『ステンドグラスの天使たち』『伝統に学ぶステンドグラスⅠ・Ⅱ』（いずれも日貿出版社）

フランス教会に見る光の聖書
新装版　ステンドグラスの絵解き

●定価はカバーに表示してあります

2001年12月1日　初版発行
2002年1月25日　2刷発行
2009年2月15日　新装版第1刷発行

著　者　志田政人
発行者　川内長成
発行所　株式会社日貿出版社
東京都千代田区猿楽町1-2-2　日貿ビル内　〒101-0064
電話　営業・総務（03）3295-8411／編集（03）3295-8414
FAX　（03）3295-8416
振替　00180-3-18495

印刷　株式会社　耕文社
装幀　ART ESPACE　山本　宏

© 2009 by Masato Shida ／ Printed in Japan

ISBN978-4-8170-8151-3　http://www.nichibou.co.jp/